EL AMOR ES PARA LOS FUERTES

Psicografía de
MARCELO CEZAR

Por el Espíritu
MARCO AURÉLIO

Traducción al Español:
J.Thomas Saldias, MSc.
Trujillo, Perú, Agosto 2020

Título Original en Portugués:
"O AMOR É PARA OS FORTES"
© Marcelo Cezar, 2010

Revisión:
Kaori Fiestas Brocca

World Spiritist Institute
Houston, Texas, USA
E-mail: contact@worldspiritistinstitute.org

DEL MÉDIUM

Nacido en la ciudad de São Paulo, Marcelo Cezar publicó su primera novela a fines de la década de 1990. Años más tarde relanzó "La vida siempre vence" en una versión revisada y ampliada.

En una entrevista con el diario Folha de S.Paulo, el autor dice: "No es así, de un día para otro, que empiezas a publicar libros y entras en la lista de los más vendidos. El proceso comenzó en la década de 1980. Luego, más de veinte años después, salió el primer libro. Para ver lo duro que fue y sigue siendo el entrenamiento. Solo el amor no es suficiente, hay que tener disciplina para escribir."

Su novela "Trece almas", relacionada con el incendio del Edificio Joelma, ocurrido en 1974, se convirtió en best-seller y superó la marca de los cien mil ejemplares vendidos.

A través de su obra, Marcelo Cezar difunde las ideas de Allan Kardec y Louise L. Hay, una de sus principales mentoras. Fue con ella que Marcelo Cezar aprendió las bases de la espiritualidad, entre ellas, el amor y el respeto por sí mismo y, en consecuencia, por las personas que lo rodean. Sus novelas buscan retratar precisamente esto: "cuando aprendemos a amarnos y aceptarnos a nosotros mismos, somos capaces de comprender y aceptar a los demás. Así nace el respeto por las diferencias."

En enero de 2014, el libro "El Amor es para los Fuertes", uno de los éxitos de la carrera delescritor, con más de 350 mil ejemplares vendidos y 20 semanas en las listas de los más vendidos, fue mencionado en la telenovela Amor à Vida, de TV Globo. En entrevista con Publishnews, el autor de la novela, Walcyr Carrasco, dice que él personalmente elige libros que se ajusten al contexto de la trama.

En 2018, después de dieciocho años en la Editora Vida & Consciência, Marcelo Cezar publicó la novela "Ajuste de Cuentas", con el sello Academia, de la Editora Planeta. En 2020, el autor firmó una sociedad con la Editora Boa Nova para lanzar sus novelas y relanzar obras agotadas.

Participa en diversos eventos a lo largo del país, promocionando sus obras en ferias del libro, talk shows, entre otros. En 2007, fue invitado por la entonces *Livraria Siciliano* para ser patrocinador de su tienda en el Shopping Metrópole, ubicado en la ciudad de São Bernardo do Campo. Con la marca actual de dos millones doscientos mil ejemplares vendidos, Marcelo Cezar es autor de más de 20 libros y admite que tiene mucho que estudiar y escribir sobre estos temas.

Se supone que los libros están inspirados en el espíritu Marco Aurelio[1].

---

[1] Fuente: Wikipedia, la enciclopedia libre.
https://marcelocezar.com.br/o–autor/

Del Traductor

Jesus Thomas Saldias, MSc., nació en Trujillo, Perú.

Desde los años 80's conoció la doctrina espírita gracias a su estadía en Brasil donde tuvo oportunidad de interactuar a través de médiums con el Dr. Napoleón Rodriguez Laureano, quien se convirtió en su mentor y guía espiritual.

Posteriormente se mudó al Estado de Texas, en los Estados Unidos y se graduó en la carrera de Zootecnia en la Universidad de Texas A&M. Obtuvo también su Maestría en Ciencias de Fauna Silvestre siguiendo sus estudios de Doctorado en la misma universidad.

Terminada su carrera académica, estableció la empresa *Global Specialized Consultants LLC* a través de la cual promovió el Uso Sostenible de Recursos Naturales a través de Latino América y luego fue partícipe de la formación del **World Spiritist Institute**, registrado en el Estado de Texas como una ONG sin fines de lucro con la finalidad de promover la divulgación de la doctrina espírita. Actualmente se encuentra trabajando desde Peru en la traducción de libros de varios médiums y espíritus del portugués al español, habiendo traducido más de 160 títulos así como conduciendo el programa "La Hora de los Espíritus."

ÍNDICE

CAPÍTULO 1 9
CAPÍTULO 2 17
CAPÍTULO 3 31
CAPÍTULO 4 40
CAPÍTULO 5 49
CAPÍTULO 6 59
CAPÍTULO 7 69
CAPÍTULO 8 77
CAPÍTULO 9 85
CAPÍTULO 10 91
CAPÍTULO 11 104
CAPÍTULO 12 113
CAPÍTULO 13 126
CAPÍTULO 14 135
CAPÍTULO 15 145
CAPÍTULO 16 155
CAPÍTULO 17 159
CAPÍTULO 18 167
CAPÍTULO 19 175
CAPÍTULO 20 184
CAPÍTULO 21 193
CAPÍTULO 22 199
CAPÍTULO 23 207
CAPÍTULO 24 215
CAPÍTULO 25 222

CAPÍTULO 26	232
CAPÍTULO 27	239
CAPÍTULO 28	247
CAPÍTULO 29	254
CAPÍTULO 30	264
CAPÍTULO 31	272
CAPÍTULO 32	284
CAPÍTULO 33	295
CAPÍTULO 34	302
CAPÍTULO 35	307
CAPÍTULO 36	314
CAPÍTULO 37	320
CAPÍTULO 38	327
CAPÍTULO 39	336
EPÍLOGO	345

CAPÍTULO 1

Era media tarde en un día caluroso y bochornoso, muy típico del verano. Habían pasado días desde que había caído una gota de agua y la sensación térmica en las calles era infinitamente mayor que la que mostraban los termómetros esparcidos por la ciudad.

Edgar apoyó el auto contra la acera, apretó el botón intermitente y salió. Tampoco le importó el aliento caliente y el sudor resultante que comenzaba a gotear por su frente tan pronto como abrió la puerta del vehículo. Sonrió para sí mismo y se encogió de hombros. Era feliz. Era un día especial y se había olvidado de las rosas rojas, las favoritas de su esposa.

– ¡A Denise le encantará la sorpresa! – murmuró mientras caminaba hacia uno de los puestos de flores esparcidos por las paredes del cementerio Araçá. Incluso puede parecer un poco morboso comprar flores para la amada en las barracas esparcidas a lo largo del muro que rodea un cementerio; sin embargo, el lugar es muy frecuentado y es habitual que los paulistas compren flores en estos puestos, no importar cual sea la ocasión, ya que funcionan todos los días de la semana, sin cierre, además de ofrecer siempre hermosas flores, frescas y precios cómodos a tener muy en cuenta.

Edgar eligió rosas rojas colombianas, aquellas de pétalos grandes y colores muy brillantes. Señaló el jarrón y dijo:

– Quiero una docena de esas.

– ¿Quieres que lo envuelva para regalo?

– No, es un arreglo que haré yo mismo para mi esposa – respondió, con una amplia sonrisa en los labios.

Así que recogió el ramo de rosas, pagó a la vendedora y se fue feliz. No le importaba el insoportable calor, cuyo reloj cercano, en la esquina de la Rua Cardeal Arcoverde, marcaba unos increíbles 36 grados.

La vendedora suspiró y cerró los ojos mientras se abanicaba con un abanico.

– ¡Qué hombre tan romántico! Cómo quería uno de estos en mi vida.

– Qué feo, Berenice —protestó en son de broma la señora en la barraca al lado. – ¡Estás casada, date respeto!

– ¡Casada con un hombre poco romántico! Wesley no es un marido, sino una tremenda carga. Después de casarnos, nunca más me invitó a cenar ni al cine.

– ¿Por qué?

– No sé, me quejé y me dijo que cuando salíamos, la vida era diferente, no teníamos hijos, cuentas que pagar. Dijo que ahora estamos llenos de responsabilidades, que divertido quien tiene novio. Marido, no.

– ¿En serio?

– ¿Y sabes qué tuvo la osadía de decirme también? – La vecina estaba muy interesada en el tema:

– ¿Qué?

– ¿Por qué pagaría una función de cine si hay un montón de películas en la televisión? ¡Gratis! Oh, qué rabia.

La vecina del puesto de flores se encabritó.

– Por eso nunca me casé. Solo quiero saber cómo tener una cita. Es más fácil, no hay trabajo y todos viven en casa. ¿No funcionó? Empaca tu mochila y vete. Punto.

– Este hombre que acaba de salir de aquí es romántico, simpático, fragante...

– Pero parece somnoliento. Debe ser esclavo de una mujer.

– Apenas viste al chico. ¿Cómo puedes hablar con tanta certeza?

– Soy una mujer viva, liguera y, además de la que más trabajo en esta barraca desde hace muchos años, conozco los más variados tipos masculinos. El que acaba de irse es un idiota, de esos que temen incluso a su mujer que nunca discute. Solo dice que sí. Te lo aseguro.

– Es verdad. Es amigable, pero parece un perro sin dueño.

La conversación continuó entre las dos dueñas de puestos de flores hasta que apareció otro cliente. Berenice tenía razón en una cosa: Edgar era un romántico incorregible. Estaba enamorado de su esposa, era un esposo devoto. Cumplía todos los deseos y caprichos de Denise. No se quejaba de nada en absoluto. Al contrario, besaba el suelo en el que pisaba su esposa.

No era ni feo ni guapo. Tenía una cara cuadrada, muy común. Tenía una estatura promedio de alrededor de 1,75 de altura, una figura delgada en función de una alimentación saludable y ejercicio, mucho ejercicio físico. Edgar había sido un niño obeso y había luchado por mantener el equilibrio toda su vida, hasta que logró alcanzar el peso adecuado después de realizar ejercicio físico con regularidad. La piel blanca contrastaba con el cabello negro y ligeramente ondulado peinado hacia atrás; sus expresivos ojos verdes estaban ocultos detrás de las gafas medicadas, lo que de alguna manera hacía que su rostro se volviera más serio de lo habitual, dándole una mirada seria.

El muchacho tomó la dirección del barrio Sumaré y se dirigió feliz hacia su casa. Era media tarde y el tráfico seguía tranquilo. El embotellamiento aun no había comenzado. Luego de dar la vuelta a un pequeño parque lleno de verde y hermoso jardín, estacionó el auto en el garaje del edificio y presionó el control remoto. Nada. Dio dos ligeros bocinazos.

- Lo siento, pero la puerta aun no se ha reparado. El encargado de mantenimiento lo arreglará mañana - dijo Juan, el portero.

- ¡Vamos muchacho! Tengo prisa, hombre - dijo Edgar, sin aliento, pero amable y sonriente.

Necesito tener todo listo antes que llegue mi esposa.

El portero se acercó a la puerta de hierro y pasó la llave. Mientras empujaba la barandilla hacia adentro, hizo señas con las manos para que Edgar entrara sin raspar el auto contra la pared.

- ¡Estás muy emocionado hoy! - exclamó.

- Juan, ¡hoy celebramos cinco años de matrimonio!

- ¿Tanto tiempo?

- ¡Cinco! - Abrió la mano y la sacó del vehículo.

- El tiempo pasa rápido.

- Estoy muy feliz.

- Eres un hombre enamorado. Denise es una mujer afortunada.

- Yo soy el afortunado, Juan. ¡Yo! Denise es y siempre será mi princesa, mi reina, mi diosa. La voy a sorprender así - dijo, moviendo la punta de la oreja con los dedos.

Juan se rio y movió la cabeza de lado.

- Este chico está realmente enamorado de su esposa. Lástima que sea tan estúpida y antipática. Hermosa, pero ruda y sin educación. Me trata a mí y a los demás empleados del edificio como si fuéramos animales. Ella no tiene corazón. No se merece un buen hombre como Edgar - dijo en su mente.

Edgar entró con el coche y se detuvo junto al portero.

- ¿Llegó alguna encomienda para mí, Juan?

- Sí señor. Delis tomó los paquetes y los puso en el refrigerador. Aquí está tu llave.

- Gracias.

El chico le agradeció con un asentimiento. Subió la ventanilla del coche y bajó hasta su estacionamiento. Aparcó y en unos instantes estaba en su apartamento del décimo piso.

Todo estaba limpio y ordenado. El día anterior, le había pedido a Delis, que viniera, una criada que había trabajado para la pareja durante años, quien solía venir los viernes para mantener el apartamento impecable para celebrar esta fecha tan especial. Le gustaba la casa limpia y ordenada. El olor a limpieza con un ligero toque de lavanda en la habitación lo dejó feliz y satisfecho.

Edgar preparó la mesa del comedor con cuidado. Las castañas, nueces y albaricoques se colocaron delicadamente sobre la fuente de porcelana; sobre el mantel de lino, obsequio de una tía que, bordaba allá en Funchal, en la isla de Madeira, y se lo enviara como regalo de bodas.

Delis siguió sus órdenes y dejó el salmón precocido debidamente envuelto en uno de los estantes del refrigerador. Solo tenía que calentarlo en el microondas y verter la salsa dulce sobre el pescado. Luego revisó su mini bodega. El vino blanco para acompañar la cena estaba a la temperatura ideal. Las rosas rojas estaban delicadamente dispuestas en un jarrón de cristal que luego colocó en la esquina de la mesa del comedor.

Edgar tomó un CD de las canciones románticas de Roberto Carlos y lo puso en el reproductor. Consultó el reloj y se fue a bañar, tarareando las canciones.

Se tomó su tiempo en el baño y se vistió con esmero. Llevaba pantalón de sarga, camisa de piel, blazer bien cortado y cinturón combinado con mocasines. Luego de rociarse sobre sí mismo el perfume que Denise decía amar con pasión, extendió pétalos de rosa por el piso, desde la entrada social hasta el dormitorio de los esposos, haciendo un bonito camino, finalizándolo con otro pequeño y delicado arreglo sobre la cama. Era una canasta de mimbre con un osito de peluche adentro, vestido con una remera roja donde estaba bordada la frase "te amo."

Se sentó en el sofá y mantuvo los ojos fijos en la puerta, se fijó en el reloj de pulsera. Denise solía llegar alrededor de las ocho de la noche. El reloj marcaba las ocho y veinte y nada. Se rascó la cabeza con ansiedad.

– ¿Será que tuvo otra reunión de última hora? – Se preguntó a sí mismo. – ¡Cómo es responsable mi esposa, cómo trabaja! ¡Estoy muy orgulloso de ella! De lo contrario, debe estar atascada en el tráfico. Cada día es peor.

Llamó a su teléfono celular. Dio el buzón de voz. Llamó de nuevo. De nuevo cayó en el buzón de voz. Edgar respiró hondo y trató de ocultar su ansiedad tarareando las canciones del CD. Sonó el teléfono y respondió de inmediato:

– ¡Al fin!

– ¿Edgar?

– El mismo.

– ¡Hola soy yo!

– Hola Adrián. Perdón por responder de forma ansiosa. Pensé que era Denise. No había reconocido tu voz de inmediato. Hay un ruido tremendo.

– Estoy en el gimnasio.

– ¿Así?

– ¿No vienes a la clase de *spinning?* Ya va a comenzar. Llegarás tarde.

– Te avisé que hoy no iría al gimnasio. Es mi aniversario de bodas, ¿lo olvidaste?

– Es verdad. Lo comentaste. ¡Lo había olvidado! Felicidades.

– Gracias.

– ¿Vas a llevar a Denise a cenar a un buen restaurante en Vila Madalena?

– No. He preparado algunas cositas aquí en casa. Esparcí pétalos de rosas rojas por el suelo de todo el departamento.

– ¡¡Caramba!! siseó Adriano.

– Luego le serviré salmón a la plancha con salsa. Lo vi en el programa de Ana María Braga el otro día. Ah, y también compré un osito de peluche.

Adriano se rio al otro lado de la línea.

– A Denise no le gustan esas cosas. ¿Por qué insistes en hacer esto?

– Deja de tonterías, hombre. A Denise le encanta. Ella hace una escena de puro encanto, solo para darle vida a nuestra relación. En el fondo, ama todo este romanticismo.

– No sé. A tu esposa no le gusta ese tipo de demostraciones de afecto.

– Parece que no nos conoces, Adriano.

– Salimos algunas veces y Patricia me aseguró que Denise no es del tipo romántica.

– Tu esposa no es nada romántica. Nunca he visto a Patricia pegarse a ti.

– Realmente no lo hace. Mostramos nuestro cariño en la privacidad de nuestro hogar. Patricia me comentó que se dio cuenta, en la última reunión, de cómo Denise te había tratado con dureza varias veces.

– Tu esposa está equivocada, amigo mío – dijo en un tono que trató de ocultar el enfado. A Edgar no le gustaba que la gente hablara mal de Denise. Ni amigos ni nadie. Resopló y concluyó: – A mi princesa le encantan estas cosas. Es difícil provocarme, para hacer más atractiva en nuestra relación. Ella es muy femenina, a diferencia de otras mujeres.

Por supuesto, las otras mujeres eran Patricia. Adriano no se sujetó a la indirecta. Estaba algo acostumbrado a la actitud protectora de Edgar hacia su esposa. Pensó que era mejor terminar la conversación.

– Comenzará la clase. Buena suerte. Antes que se me olvide, ¿vamos a correr mañana en el Parque Ibirapuera?

– Sí. Te llamo antes de salir de casa.

– Pero ¿y si sucede algo por la noche promete?

– No hay problema – Edgar sonrió. – Me perderé la clase de hoy por un motivo especial. No puedo y no quiero dejar de hacer ejercicio mañana. Sabes que nunca llego tarde. Te llamaré antes de salir de casa. Ya verás: mañana, temprano en la mañana, corremos juntos, llueva o haga sol.

– De acuerdo. ¡Que te diviertas!

– Gracias.

– Buenas noches.

Edgar colgó el teléfono y bajó la cabeza hacia los lados.

– Mi amigo Adriano no conoce a las mujeres. Apuesto a que Patricia debe extrañar el cariño, los mimos. Debe ser por esta razón que ella es algo fría e incluso algo antipática. Pobrecita. A las mujeres les gusta que las traten bien, que las mimen. Nunca vi a Adriano comprar un osito de peluche para Patricia. Nunca.

Edgar volvió a consultar el reloj y no apareció ninguna esposa. Empezó a impacientarse. El CD terminó y tomó otro de la estantería. Esta vez, eligió uno de Tim Maia. Si bien Denise no apareció, trató de ocultar su ansiedad tarareando la canción:

– *Tú, eres algo así, eres todo para mí, eres como soñé baby. Estoy feliz ahora, no, no te vayas, no, te voy a extrañar...*

CAPÍTULO 2

Al otro lado de la ciudad, en un piso encantador ubicado en el medio del barrio de Moema, Denise se estiró desnuda en la cama y sonrió feliz. Se sentía la mujer más lograda del mundo. Leandro era un hombre de verdad, con mayúscula. No se compara con el idiota de su marido. Estaba cansada de fingir estar complacida con Edgar. Con Leandro era imposible fingir el clímax. Era un gran amante. Sabía cosas.

Leandro salió del baño y, mientras se secaba, Denise se pasó la lengua por los labios con malicia, gimiendo de placer. Subió la sábana para cubrir su cuerpo y se sentó en el borde de la cama.

– Qué guapo eres – suspiró.

De hecho, Leandro era un hombre muy guapo. Era un par de centímetros más alto que Edgar, un hombre rubio, su cabello y vello corporal eran muy claros. Cuerpo fuerte, delgado y bronceado. Incluso a la edad de cuarenta y cinco años, tenía un físico y apetito sexual para poner en aprietos a cualquier niño en pantuflas.

Leandro era director de un gran fabricante de dispositivos electrónicos, ubicado en el norte del estado de São Paulo. Fue considerado uno de los mayores fabricantes de televisores y monitores de plasma del país, conocida a nivel nacional como "la Compañía".

Su familia vivía en la ciudad de Rio y su trabajo lo mantuvo más en la ciudad de São Paulo, ya que toda la parte administrativa de la Compañía había sido trasladada a la metrópoli, hacía dos años, en un edificio moderno y elegante construido sobre el río Pinheiros.

Denise era gerente de ventas de una gran tienda minorista que operaba en la región sureste del país, la Domményca. Los dos se conocieron en una reunión de negocios trivial. Además de conseguir un buen descuento en la compra de televisores para la cadena de tiendas, Denise también se ganó un admirador. Después de intercambiar miradas furtivas y una buena cena, la admiración creció y ambos terminaron en la cama esa noche.

Había pasado poco más de un año desde que se reunían religiosamente todos los jueves. Leandro estaba casado, tenía un hijo y, aunque tenía una bella esposa, no se sentía satisfecho con su esposa. Leticia se había vuelto fría y ya no eran íntimos. La buscaba y ella decía tener dolores de cabeza o bien se inventaba una lista de excusas tontas: una hora era la menstruación, luego los problemas de la casa, su hijo... Cada día tenía una excusa en la punta de la lengua para no entregarse a marido. Las actitudes de su esposa lo entristecieron profundamente.

Después que Emerson, el padre de Leticia, falleciera, la cama se volvió completamente fría y la distancia entre ellos se volvió tan obvia que ya no dormían en la misma habitación. Cada uno tenía su propia suite. La intimidad, en cierto modo, había muerto entre ellos.

Esta vez, Leandro fue a buscar lo que no tenía dentro de la casa. Frecuentaba algunos bares especializados en la venta de bebidas y servicios sexuales, pero el ambiente no le agradaba y no le gustaba salir con chicas jóvenes. Realmente deseaba una mujer de unos treinta años, no una niña de dieciocho años, apenas sin pañales. Leandro tenía amigos que habían cambiado a sus esposas por brotecitos, niñas más jóvenes, y se dio cuenta que este tipo de relación no duraba mucho. Después de un tiempo, luego de la aventura de vivir una relación basada solo en el placer y mostrar a la novia a los amigos como un gran premio, los maridos intentaron regresar a la familia y al hogar. Pocos fueron perdonados.

Leandro no pensó en tener un amante. Para él, si una mujer era un trabajo duro, ¡imagina dos!

Necesitaba una mujer para el sexo, eso era todo.

- Si Leticia colaborara - se repitió - no necesitaría estar buscando sexo. Ella ya no me ama. No puedo estar atado a una mujer que no me desea. Yo tengo mi dignidad. Si no fuera por mi hijo, me habría separado de ella, lamentablemente.

Hasta que Denise apareció en su camino.

Denise era una mujer fogosa y Leandro encontró en sus brazos las caricias y placeres que Leticia no le había dado en años. Guapa, treinta y dos años, cuerpo bien formado, piel suave y cabello corto y sedoso cortado con estilo. Siempre bien vestida y perfumada, la morena sabía equilibrarse en un salto de quince con maestría. Revoloteaba elegantemente cuando caminaba y, por supuesto, atraía la atención de los hombres dondequiera que iba. Lo mejor de todo es que Denise tampoco quería nada serio con él. Quiero decir, eso fue lo que pensó Leandro.

Ella se levantó de la cama y lo abrazó.

- Quisiera tenerte todos los días. Todos.

- Nos hartaríamos el uno del otro.

- Lo que sería genial.

- Pero seremos amantes.

- ¿Y cuál es el problema...?

- No quiero comprometerme.

Denise se pasó la lengua por los labios. Era una mujer de temperamento fuerte y odiaba que la ignoraran. Mantuvo el matrimonio porque sabía que tenía un control absoluto sobre su marido. Ella tenía el poder. Y si tuviera el poder, podría controlar y manipular a Edgar a voluntad.

El problema es que Denise estaba empezando a involucrarse demasiado con Leandro. Trató de luchar contra ese sentimiento; sin embargo, aunque no quería admitirlo, se enamoró de él. Trató de ocultar la sensación de fragilidad y darle un tono natural y amigable a su voz. Dijo rápidamente:

– Será mejor que dejes a tu esposa, te prometo que dejaré a Edgar. ¿Por qué no hacemos eso?

– ¿Para qué?

– Bueno, para estar juntos – aventuró.

– No. Todavía amo a Leticia.

– ¿La amas? ¿Estás seguro?

– Sí. Si ella fuera menos fría y no me rechazara, no estaría aquí contigo. Eso lo sabes muy bien.

– Solo sirvo para calentar tu cama –. Leandro se encogió de hombros.

– Nunca te engañé, Denise. Nunca. Siempre he sido sincero. Solo quiero sexo, eso es todo. Estuviste de acuerdo.

– Es cierto que nunca mentiste. Sin embargo, llevamos más de un año saliendo. Pensé que...

Leandro la cortó con suavidad.

– Pensaste mal.

Se mordió el labio y apretó los dientes para controlar su ira.

– Trabajo en la empresa de su padre.

– ¿Y qué tiene que ver la Compañía con todo esto?

– Muchas cosas. Leticia es hija única y su madre asume el liderazgo del consejo de accionistas para vigilar mis pasos.

– Las suegras siempre se interponen en nuestro camino.

– No lo sé con certeza. Mi suegra y yo no simpatizamos el uno con el otro; sin embargo, me doy cuenta que quiere sobreproteger a su hija. Teresa tiene buen olfato y su instinto se da cuenta que estoy saltando la valla. No la culpo por no apreciarme. Si estuviera en sus zapatos, podría haber actuado de la misma manera.

– Mi suegra también es difícil. Apuesto a que tu esposa y tu suegra están aliadas.

– Lo dudo. Leticia tenía una relación más sólida con su padre. Teresa siempre estuvo muy apegada a los dictados de la sociedad.

– Siempre veo fotos de Teresa en esas revistas de celebridades.

– Teresa valora lo que dicen los demás. Es su manera de ser. No guardo rencor por eso. Tenemos una relación muy formal y distante. Pero al final, es una buena madre y una buena abuela.

Denise sonrió.

– Una pícara, sí.

– ¿Por qué dices eso? ¡Ni siquiera la conoces!

– Soy mujer vivida, experimentada. Los suegros siempre están tramando algo en contra de su nuera o yerno.

– Mi suegra no es así.

– Mi santo no coincide con el de mi suegra. Me encantaría que mi santo latiera, de verdad, ¡eso sí! Sin embargo, es muy aburrida.

– No puedo salir de casa. Tan pronto como el inventario esté listo, Leticia se convertirá oficialmente en miembro mayoritario de la empresa, por lo tanto, en mi jefa.

– Ah, ahora entiendo por qué no quieres separarte. Hay mucho dinero en juego –. Sacudió la cabeza hacia un lado.

– Estás equivocada. Estamos casados con total separación de bienes. Nunca podría involucrarme con una mujer por interés. Me casé porque amé a Leticia desde el primer momento en que la vi. No estoy casado con la empresa. Lejos de eso. No soy un aprovechador.

– Entiendo.

– Poco a poco, después que todo se asiente y mi hijo sea más grande, si realmente no me quiere, lamentablemente no tendré otra salida: tendré que separarme.

– Ricardo tiene doce años, es un buen chico. Hoy en día, un niño de esa edad sabe cómo manejar bien la separación de sus padres. Es algo natural.

– No para mí. No creo que la separación sea natural. Me casé e hice votos en la casa de Dios. Hasta que la muerte nos separe. Sabes muy bien, y te repito, para no dejar ningún tipo de duda en tu cabeza, que, si Leticia no fuera tan fría y no me negara el cariño y el sexo, yo no estaría aquí contigo.

Denise sintió una pizca de ira. ¿Qué tenía esta tal Leticia que no tuviera? ¿Será que esta estúpida siempre llamaba la atención donde quiera que esté?

Si ese fuera el punto, Denise no podría pelear en igualdad de condiciones. Leticia era una *socialité* mimada por los medios y amada por todo el país.

La habían equiparado con la princesa Diana en lo que respecta al carisma. La compararon con Jacqueline Onassis, por su forma discreta de ser, y Audrey Hepburn, por su elegante vestido. Denise se llevó el dedo a la barbilla y recordó una entrevista que Leticia había dado en un programa de televisión hace unos años. Era una mujer delgada, elegante, amigable y hermosa. Denise se sintió más enojada.

– Por supuesto, no dejaría a su esposa tan fácilmente. La tonta es considerada por la sociedad, tiene Cortez, hace donaciones a las víctimas que han sido afectadas por las catástrofes y los desafortunados que casi mueren de hambre en este país. Ella es la lindita de los medios – se dijo a sí misma. Luego, volviéndose hacia Leandro, corrigió: La diferencia entre ella y yo es que yo no aparecía tanto en estas estúpidas revistas de celebridades. No soy una mujer inútil, no soy una idiota. Trabajo duro. Soy una mujer seria y buscada por los medios de comunicación para asuntos relacionados con la economía. Si quieres saber, en términos de belleza soy incluso más sexy que ella. ¿Por qué diablos te derrites tanto por esta mujer?

Leandro simplemente respondió:

– Porque la amo. Amo a mi esposa.

Denise sintió una punzada en el pecho. Su sinceridad resultaba desconcertante. Leandro siempre había sido sincero con ella, desde el inicio de su relación. Había dicho que amaba a su familia, pero que necesitaba descargar sus baterías porque su esposa no se había acostado con él durante siglos. Le gustaba estar con Denise porque aparentemente ella no le quitó el pie.

Al principio, Denise tampoco quería compromisos serios, buscaba un hombre interesante para poder tener momentos de placer, porque acostarse con Edgar se había convertido en una tarea dura y aburrida. El caso es que había pasado el tiempo y Denise se había encariñado con Leandro. Y en su cabeza contaminada por el orgullo, ella es la que podría cansarse de él. Nunca al revés. Habló rápidamente en un tono muy irónico:

– ¡La amas, pero Leticia no te ama! ¿Por qué seguir casado con alguien que no te ama? – Leandro dejó caer la toalla sobre la cama y comenzó a vestirse. Tenía un gran sentimiento por su esposa. Si fuera una mujer que cumpliera los votos matrimoniales al pie de la letra, él no estaría con Denise. Ni con ella, ni con ninguna mujer. Se quedó pensativo por un momento.

– Ya te dije que no sabes lo que es el amor. Amo a Leticia, aunque me trata con tanta frialdad. Pero apuesto a que no amas a tu marido.

Ella resopló y respondió con desdén:

– No puedo soportar más estar casada.

– No tienes ninguna razón para permanecer casada. No amas a tu marido.

– ¿Y tendré que seguir teniéndote solo una vez a la semana?

– Sí.

– Es muy poco.

– Es todo lo que puedo ofrecerte.

– Podemos alargarnos los fines de semana.

– Sabes que todos los fines de semana lo dedico exclusiva y únicamente a mi hijo Ricardo.

Denise sonrió y se mordió el labio. Si no fuera por el mocoso de doce años, ella también tendría a Leandro los fines de semana, o incluso él estaría separado de esa esposa sin deseo sexual. Estaba enojada con el niño porque creía que era una gran molestia, lo que dificultaba su relación con Leandro. Sin embargo, a su debido tiempo, ella lo tendría como amante todos los días. Denise era una serpiente, una mujer con gran experiencia en manipular a las personas, especialmente a los hombres. ¡Y ella era inteligente! Nadie dudaba de su inteligencia.

– Puedo vivir en este piso, por ejemplo.

– No te gustaría estar aquí. Siempre decías que te gustaría vivir en una hermosa casa en Jardins.

– Es verdad. Nací y crecí en el barrio de Cambuci, en una calle que sufría constantes inundaciones. Salí de casa para vivir con una tía en Pacaembu. Fue allí donde entré en contacto con la comodidad, con la belleza.

– Sepárate y vuelve a vivir en Pacaembu.

– Está fuera de mis planes duda. Aquí tengo todo lo que necesito. Una suite espaciosa, una sala de estar, una cocina bien equipada. Tiene mucama todos los días, lavandería, valet. El trabajo está cerca y no soportaré tanto tráfico. Y ya no necesitarás permanecer en el hotel pagado por la empresa.

– De alguna forma. No mezclo la vida personal con el trabajo. Este piso es solo para nuestras reuniones.

– Pero...

Leandro la cortó amablemente.

– Ni lo pienses, Denise. A veces recibo mensajeros de la empresa en el hotel y no sería bueno que me vieran contigo a mi lado. Soy discreto, prácticamente como figura pública, casado con una bella mujer y adorada por los medios.

Denise odiaba cada palabra positiva que le daba crédito a su esposa. Estaba a punto de explotar, pero tenía que hacerlo, tenía que mantener la flema a toda costa. Apretó los dientes y corrigió:

– ¡Pero siempre salimos juntos de aquí!

– Somos discretos. Yo salgo primero, tú te vas minutos después.

– Pero los empleados saben lo que está pasando aquí.

– Están entrenados para no ver, no oír, no comentar. Y es un entra y sale de este piso que la gente apenas nota. En el hotel hay otros empleados de la empresa que vienen directamente de la fábrica. No quiero dar qué hablar.

Ella sonrió disgustada:

– No quería volver a casa. Hoy no.

– ¿Por qué?

– Después de tan buenos momentos a tu lado, tener que afrontar un fin de semana junto a ese inútil... será difícil.

Leandro terminó de vestirse. Mientras se ajustaba la corbata alrededor del cuello, sugirió:

– Mañana regreso a casa. ¿No puedes escapar del trabajo y venir conmigo a pasar el día?

– ¿Pasar el día?

– Podemos alojarnos en un hotel con mucho encanto en Flamengo. El personal del hotel me conoce, son personas muy discretas, respetan la privacidad del cliente y...

Ella estaba encantada.

– ¿Viajar contigo a Rio? ¿Mañana?

– Necesito compañía. Tengo que firmar unos papeles de inventario en un bufete de abogados del centro de la ciudad. Voy a tomar el primer puente aéreo. Debería estar libre desde la hora del almuerzo hasta las cinco de la tarde. Podemos estar juntos, dar un paseo, ir a un buen restaurante...

– Yo voy. ¡Claro que voy!

– ¿Puedes tomarte el día libre?

– Llamaré a mi asistente e invento una excusa.

– ¿Y tu esposo?

– ¿Qué tiene él?

– ¿Qué pretexto?

– Nada. No voy a dar explicaciones.

– Puede cuestionar el motivo del viaje.

– Tonterías. Está acostumbrado a mis viajes de negocios. En este matrimonio soy yo quien da las cartas.

– Me gustaría entender mejor: tengo un hijo, pero tú no tienes hijos. Si no amas a tu marido, ¿por qué sigues casada?

Denise se mordió los labios y estuvo pensativa por un momento.

– He estado aquí pensando y no sé por qué sigo atrapada en este matrimonio sin sal y sin sazonar.

– Creo que solo estamos atados a quienes realmente amamos. Si no es así, es una pura pérdida de tiempo.

– ¿Sabes que me diste una gran idea? Me separaré.

– Ya es tiempo. Al menos liberas a tu pareja y lo dejas libre para ser feliz con otra persona.

Denise se rio, una sonrisa burlona e histórica.

– No puedo imaginarme quién podría estar interesado en Edgar. No es tan tonto, tan sin condimentar, la ropa de cama con él sabe a ensalada de chayote.

Leandro se rio.

– ¿No dice el refrán que toda olla tiene su tapa?

– Es verdad.

– Verás que no eres la tapa adecuada para Edgar.

- Definitivamente no.

- Todavía puedes ser feliz -. Ella se encogió de hombros.

- Me voy a casa a preparar mi maleta para el viaje y le diré que no quiero seguir con este aburrido matrimonio. La semana que viene, después de nuestro delicioso fin de semana juntos, viviré aquí. Puedes venir con más frecuencia, por supuesto, si quieres.

Leandro ni siquiera escuchó lo que dijo. Terminó de vestirse, metió algo de ropa en la bolsa y preguntó:

- Reúnete conmigo en la sala de espera del aeropuerto de Congonhas a las seis de la mañana.

- Duerme conmigo hoy, ve.

- No puedo. Tengo algunos contratos que revisar y no quiero tomar decisiones equivocadas. Necesito concentración. Estamos en un momento de crisis y no me importa un comino. Cualquier decisión equivocada - hizo una señal de pulgar hacia abajo - y hundiré a la Compañía. Y hay algo más.

- ¿Qué es?

- Te advierto que no te emociones demasiado. Solo estaremos juntos mañana. Te hice la invitación porque eres liberal, tienes buena cabeza y no te impones en mi vida. Somos amigos que de vez en cuando somos íntimos, eso es todo. Sabes que todos los fines de semana me quedo con Ricardito. Es algo sagrado para mí estar con mi hijo los fines de semana.

- Podrías hacer una excepción el próximo fin de semana, ¿verdad?

- Negativo. Solo pasaremos mañana el día juntos. A última hora de la tarde subiré a Barra da Tijuca.

- ¿Y estaré sola en la ciudad?

- Mañana estaremos juntos toda la tarde, ¿no es bueno? Eso es todo lo que puedo ofrecerte. Salimos a caminar, comemos algo y otras cositas. La reserva es válida hasta el mediodía del sábado. Disfrutas del día y al final de la tarde regresas a São Paulo.

– Puede ser. Quiero quedarme más tiempo, disfrutar de la ciudad.

– Bueno, si quieres puedes salir y hacer tus recorridos. Estas libre. Pero el fin de semana lo paso con Ricardo, de todos modos. No renunciaré a eso.

Denise parecía de pocas amigas. Se mordió los labios de nuevo para ocultar la molestia. Dijo entre dientes:

– ¿Ese desgraciado hijito tuvo que arruinar mi fin de semana?

– ¿Qué dijiste?

– Nada – cambiaba de tema y consultaba el reloj – Pasadas las nueve. Necesito irme. Me prepararé y volveré al piso más tarde. Mañana por la mañana llamaré a mi asistente e inventaré cualquier mentira. La gente me tiene terror allá en Domményca.

– Llegada al aeropuerto a la hora prevista. Quiero tomar el primer vuelo desde el puente aéreo.

– De acuerdo.

Se despidieron y Leandro se fue primero, como de costumbre. Denise cerró la puerta y se sentó en la cama, mientras se cepillaba el pelo, gritaba:

– ¡Maldito hijo! ¿Por qué tiene que estar en medio de nosotros? Quiero a Leandro solo para mí –. Leandro tomó el ascensor, bajó y se dirigió a la zona de estacionamiento. El coche lo siguió. Se acomodó en el asiento, aceleró y tomó el camino hacia el hotel. Llegó, pasó por la barra, tomó un whisky y subió a su habitación, pensando en llamar a su esposa. Mientras mantenía una relación distante, estaba bien conectado con la familia. Realmente se preocupaba por Leticia y Ricardo.

Puso el móvil para cargar la batería, se tumbó en la cama y se aflojó el nudo de corbata. Cogió el teléfono y llamó. Trató de ser amable.

– Buenas noches, Leticia, ¿cómo estás?

– ¡Hola, Leandro! ¿Estoy bien y tú?

- Para variar, estoy trabajando, pero todo es genial.

Hubo un silencio incómodo. Leandro se aclaró la garganta y preguntó:

- ¿Cómo están las cosas?

- Muy bien - dijo, en un tono que luchaba por mantener la calma y ocultar la emoción que sentía cada vez que escuchaba la voz de su esposo.

- ¿Que has estado haciendo?

- Necesitaba un par de sandalias. Fui a Barra Shopping y almorcé con Mila.

- Me gusta que salgas con Mila.

- Es como si fuera mi hermana. Tenemos muchas afinidades y ella entiende mis gustos.

- Ella es una excelente amiga.

Leticia cerró los ojos y suspiró profundamente. Estaba celosa de su marido, incluidos estos comentarios inocentes. Sin embargo, ¿cómo cobrarle algo a Leandro? Había perdido el interés por el sexo y no creía que fuera justo mostrar sus celos. No tenía derecho a cobrarle absolutamente nada. Una lástima. Preguntó:

- ¿Vuelves el viernes por la noche?

- Así es - mintió.

- Ricardito está contando las horas.

Leandro sonrió feliz. Con solo escuchar el nombre de su hijo, sus labios se abrieron en una amplia sonrisa y su pecho se llenó de alegría.

- Dile que compré otro juego nuevo para su *PlayStation*.

- Arruinarás a este chico.

- ¿Por qué? No es el último hijo. Sé que los padres siempre dicen que sus hijos son especiales, diferentes... Pero Ricardito está fuera de serie. ¿Qué chico de doce años le gusta tanto leer los clásicos de la literatura universal, jugar videojuegos o patinar?

- Es verdad. Hoy comenzó un campeonato de patinaje aquí en el condominio. ¿Adivina quién ganó el campeonato?

- Ricardo.

- Él mismo. Está todo feliz.

- Además, ha estado obteniendo excelentes calificaciones en la escuela, nunca nos dio ni un gramo de trabajo en nada. Absolutamente nada.

- Estoy de acuerdo. Sabes que hoy en el almuerzo leyó una entrevista del Primer Ministro inglés en la revista y se pasó toda la tarde haciéndome preguntas sobre el Reino Unido, la Reina Isabel II, el Primer Ministro...

- Es inteligente y un hijo maravilloso. Se merece un nuevo juego.

- Sí, se lo merece.

Leandro quería preguntar cómo fueron las sesiones con el analista, si Leticia se sentía más cómoda para hablar de sus intimidades, pero tenía miedo de avergonzarla. En cambio, simplemente habló sobre los problemas de la empresa, los efectos de la crisis económica mundial, la demora en cerrar el inventario de su padre y colgó el teléfono con una simple buena noche.

Leticia colgó el teléfono y suspiró con tristeza.

- ¿Por qué estoy tan triste?

Ella no escuchó; sin embargo, se escuchó una voz masculina en la habitación:

- No te pongas triste. Ese idiota no merece tu amor. Yo te cuidaré, como siempre lo he hecho.

CAPÍTULO 3

Mientras conducía a casa, Denise imaginó formas, las más absurdas, de tener a Leandro en sus brazos, lejos de su esposa e hijo. Cuando la imaginación negativa cedió, obviamente comenzó a formarse alrededor de su cabeza, una energía de color oscuro que, con cada pensamiento sórdido, se volvía más espesa y negra.

En una esquina de una calle, después de casi atropellar a un peatón, cambió el tenor de sus pensamientos.

- Entonces pensaré en una manera de tener a este hombre comiendo aquí en la palma de mi mano. Los hombres siempre han comido en mi mano.

Denise pensó por un momento y recordó a Edson, un gerente de banco que había conocido poco antes de casarse con Edgar. El color de su piel se enrojeció de odio durante unos momentos. Aunque quería borrar a este hombre de su vida, su memoria parecía complacerse enormemente al hacerle recordar eventos pasados. Tampoco podría ser de otra manera.

Denise había conocido a Edson cuando abrió una cuenta corriente. Intercambiaron miradas significativas, hubo coqueteo e interés de ambas partes. Edson era un hombre apuesto de unos treinta y cinco años, alto, fuerte y varonil. Casado y padre de tres hijos, salía con Denise por pura diversión. Le gustaba su esposa, pero, como él decía, no le gustaba comer arroz y frijoles todos los días. Necesitaba variar el menú. Y Denise había sido una alternativa.

Unos meses después decidió dar por finalizado el caso. Denise no aceptó. Edson fue duro e incluso un poco agresivo.

También era el tipo de hombre que hacía comer a toda mujer en la palma de su mano. Estaban atados. Denise estaba frente a alguien que se parecía a ella.

Denise no se rindió. Se dijo a sí misma:

– ¿Ah, así? Espera el vuelto.

Vengativa y llena de odio, un día estacionó en el garaje del Banco, fingió ir al cajero automático a retirar dinero, y cuando volvió al garaje, sin que nadie se diera cuenta, raspó todo el costado del auto de Edson con una navaja. A ambos lados. Luego, no satisfecha, vació los cuatro neumáticos del coche. Para completar el cuadro, deformó los dos parabrisas. Ella sonrió con alivio y sintió venganza. Se subió a su coche y salió de la agencia riendo como una loca.

De vuelta al presente, Denise se echó a reír.

– Ese idiota de Edson se llevó su vuelto. Ese fue el hombre que intentó burlarse de mí. El único. Leandro, no juegues conmigo – apartó sus pensamientos moviendo su cabello hacia los lados – ahora necesito llegar a casa y terminar mi matrimonio. De una cosa estoy segura: será hoy. No sé por qué no tomé esa decisión antes.

Condujo el coche hasta la puerta del garaje y pulsó el mando a distancia. Nada. Enfurecida, dejó escapar un gruñido y puso la mano en la bocina, haciendo un ruido estridente. Juan llegó corriendo.

– Lo siento señora. La puerta todavía está malograda.

– ¿Cómo? ¿Aun no han reparado esa cosa? ¿Para qué es el dinero para el condominio? Que es bastante alto por cierto.

– Mañana vendrá el técnico a arreglarlo. Tenga un poco de paciencia, doña Denise

– Hablaré con el gerente y me quejaré de su lentitud.

– La puerta es pesada. Cálmese un poco, por favor.

– Empleados como tú merecen estar en la calle. No sé por qué tenemos que pagar salarios para gente tan incompetente como tú, Zé. ¡Vamos, abre esa puerta, infeliz! – Juan asintió y la abrió. Tan pronto como pasó por el interior del coche, suspiró:

– Edgar no se merece a esta mujer. Y además de eso, siempre se equivoca con mi nombre. Me llama a mí y a todos los demás empleados de Zé.

Denise estacionó, se bajó del auto y apenas saludó a la criada del vecino que acababa de llegar. Al contrario, se apresuró a tomar el ascensor sola. La chica aceleró el paso tratando de equilibrar las bolsas del mercado, respirando con dificultad hasta el ascensor, pero no pudo entrar. Denise todavía vio el rostro de frustración que hizo la pobre mujer cuando la puerta se cerró, pero se encogió de hombros.

– Odio tomar un ascensor con una criada. Gente suelta. Debería tomar el ascensor de servicio. Miró un letrero pegado a la puerta y vio el nombre del propietario. Murmuró:

– ¿Por qué voy a perder el tiempo hablando con el gerente? Si voy a dejar este agujero. Al diablo con este maldito edificio.

Llegó al piso, salió y puso la llave en la puerta. Al abrirlo, notó algo diferente. Las luces estaban apagadas. Muy extraño. Varias velas, de diferentes colores, tamaños y olores, formaban un interesante camino desde el pasillo hasta la sala de estar. Ella lo miró todo con un suspiro de incredulidad.

– ¡¿Qué es esto?! ¿Alguna noticia?

– ¡Sorpresa! – apareció Edgar sosteniendo un pequeño arreglo de rosas en sus manos.

– Edgar...

No la dejó hablar. La abrazó y la besó varias veces en la mejilla.

– ¡Yo te amo! ¡Te amo!

– Suéltame, Edgar. Me estás invadiendo. Pareces un perro babuino. ¡Qué cosa!

– Felicidades.

– ¿Qué estamos celebrando? – preguntó mientras entraba a la habitación y se quitaba los zapatos de tacón.

– Hoy es nuestro aniversario.

– ¿Así?

– Cinco años.

Denise hizo un esfuerzo mental y recordó el día que firmó los malditos papeles en el registro.

– Ni siquiera lo recordaba.

– Sé que no te importan las fechas. Pero a mí sí me importan.

Abrió y cerró la boca. Estaba cansada de esa relación. ¿Por qué se había casado con él? ¿Por qué había hecho eso? Desde que dejó el departamento hasta ahora, su mente no había encontrado una respuesta. Buscó en la papelera de memoria...

Denise había sido una niña muy enamoradora. Había salido con los chicos de la cuadra de la calle donde vivía y de todo el barrio; luego, cuando su madre agradeció a Dios que se fuera a vivir con su tía en Pacaembu, se involucró con muchas otras personas del barrio, la escuela y la universidad. Cuántas y cuántas veces fue pillada en el estadio de fútbol, cerca de casa, en escenas dignas de películas estrenadas solo para mayores de dieciocho años. La tía; ya vieja y un poco senil, no entendía realmente lo que estaba pasando y a Denise no la llevaron a la comisaría, ni la ficharon porque también se acostó con la policía. Era una chica liberal, promiscua incluso, del tipo muy fácil y mal hablado. Ni siquiera le importaban los comentarios de otros. Milagrosamente, nunca contrajo ningún tipo de enfermedad de transmisión sexual.

Conoció a Edgar en una fiesta de graduación de uno de sus conocidos. Ella salió con él, lo llevó a casa y no le gustó en absoluto la intimidad compartida. Según ella, Edgar no tenía huella. Lo iba a despedir al día siguiente. Resulta que la tía simpatizaba con el muchacho y le prometió a su sobrina un aumento sustancial en la asignación si salía con ese chico.

Denise hizo todo por el dinero y así tomó el noviazgo; sin embargo, no dejó de salir con otros hombres al mismo tiempo que estaba saliendo con Edgar. Salía con otros hombres a escondidas. Luego vinieron los sitios de redes sociales en Internet y todo se volvió más fácil. Programaba reuniones con hombres que venían por negocios en la capital paulista. Allí, fue en una de estas reuniones donde conoció a un alto funcionario en Domményca. Después de algunas salidas y amenazas, el hombre estaba casado, Denise consiguió un trabajo en la prestigiosa empresa. Y no tuvo que ponerle los cuernos a su novio.

Edgar no se dio cuenta. Cuando un amigo, como Adriano, por ejemplo, vino a contarle sobre las salidas de Denise, estaba poseído. Pensaba que sus amigos se inventaban historias estúpidas para romper su relación. Todo por envidia creyó. Pura envidia.

Hasta que Denise quedó embarazada, quién sabe de quién. Trató de abortar. No lo consiguió.

Llegó a la clínica de abortos clandestina, un lugar sucio y maloliente en el centro de la ciudad y tenía previsto regresar en dos días. Cuál fue la sorpresa al encontrarme con una amiga de la tía - ¡siempre la tía! - a la salida del edificio. La mujer, muy inteligente, unió dos con dos y pronto dedujo lo que Denise estaba haciendo por allá. No dio otro: se enteró del aborto y le contó todo a su tía.

Mabel, así se llamaba su tía, se estaba volviendo senil, pero tenía una religiosidad sin precedentes. Era fervientemente católica y totalmente en contra del aborto.

– Si abortas a ese niño, te desheredo.

– Soy joven, tía. Ese niño arruinará mi futuro profesional. Ahora que mi carrera ha despegado en la empresa, no puedo estar embarazada.

– Pensaste en tu carrera mientras haces... Haces... ¡Estas cosas en la cama, pecadora!

– Me equivoqué, tía; sin embargo...

– No te quedarás con ninguna herencia. Serás pobre, sin hogar y volverás al agujero del que viniste.

Denise entró en crisis. ¿Volver a vivir en esa calle siempre llena de agua y ratas? Nunca.

– No voy a volver a casa. Ni muerta.

– Entonces tendrás este hijo.

– Pero, tía, con respecto al padre... – Dudó Denise. No podría decir que no sabía quién era el padre. Se había acostado con muchos hombres.

– Por supuesto que sé quién es el padre – dijo Mabel, en un raro momento de aparente lucidez.

– ¡¿Ya sabes?!

– Claro que sí. Por supuesto que sedujo y quedó embarazada de ese chico, Edgar.

Denise mordisqueado los labios e inclinó la cabeza. Sonrió astutamente. Cambió deliberadamente la modulación de voz.

– Es verdad. No quería decírtelo. Tenía miedo. A la familia de Edgar no le agrado y él no tiene la culpa. El condón se rompió y...

Mabel se sonrojó. Ella era una mujer seria y modesta.

– Ni te atrevas a decirme cómo sucedió todo. Ahórrame los comentarios sórdidos. Lo que me interesa es que te cases con ese chico y tengas un hijo. O voy a donar este caserón al ayuntamiento. ¿Estamos de acuerdo?

– Si puedes convencer a esa serpiente de su madre...

Y así se hizo. Mabel fue humildemente a la casa de los padres de Edgar y le contó sobre el embarazo. Fue un desastre infernal. Los padres de Edgar, católicos portugueses y éticos hasta el último cabello, conversaron con el hijo extenuados. Era un joven recién salido de la universidad, tenía un buen trabajo. Si no quería casarse, tendría el apoyo de sus padres siempre que asumiera el hijo.

Mabel no dio marcha atrás. Simplemente dejaría esa casa con la promesa que su sobrina tendría el hijo y que Edgar se casaría con ella.

Edgar optó por casarse y ni siquiera consideró la posibilidad de una prueba de ADN. En su cabeza ingenua y apasionada, Denise le era fiel. Su madre, doña María José era una perspicaz portuguesa que sospechaba de Denise y nunca le agradó ni aprobó el noviazgo de su hijo. Si por un lado Mabel se mostró intransigente, por el otro María José exigió la prueba de paternidad.

Después de mucha charla, Edgar acordó casarse con Denise sin tomar la prueba.

– Puede que ese hijo no sea tuyo – espetó la madre.

– Nunca más digas semejante barbaridad, mamá. Denise me ama y se acuesta conmigo.

María José midió a la futura nuera de arriba a abajo. Levantó las cejas y negó con la cabeza. Se acercó a Denise y le susurró al oído:

– Puedes casarte con mi hijo, pero siempre estaré alerta –. Denise sonrió y le devolvió la afrenta con un nuevo susurro:

– No te tengo miedo. Ni de ti ni de tu bigote, so víbora portuguesa.

– No me conoces, descarada.

– ¡Uy! ¡Ni tú me conoces! – respondió Denise, en tono lúdico en relación a la expresión muy utilizada por los portugueses, que sería algo así como nuestra actual "Pucha"

– Si lastimas a mi hijo, te juro que te odiaré por el resto de mis días –. Denise se encogió de hombros.

– Mi tía quiere que me case con su hijo. Aquí hay un juego de intereses. Me caso, tengo un hijo y, después que mi tía muere, me separo.

– ¡No tienes corazón! ¿Cómo puedes ser tan fría y cruel?

– Hago lo que es mejor para mí. Que se hundan los demás. ¿Me voy a preocupar por los demás? Mientras que me lleve bien...

– ¡Cuidado! Soy una madre búho y Edgar es todo lo que tengo. Si lastimas a mi hijo, te juro que oraré mucho para que Dios te dé una gran lección.

– Haz lo que te parezca mejor, Carlota Joaquina – respondió en un desenfreno. Así se hizo y al mes siguiente se casaron.

María José había sido una joven muy hermosa y muy inteligente. Estudiante de ciencias sociales, ella y Fernando, su esposo, participaron activamente en el fin de la dictadura en Portugal. Poco después de la Revolución de los Claveles quedó embarazada y posteriormente se presentó en un concurso y ganó una beca para hacer su doctorado en Brasil.

La joven y apasionada pareja hizo las maletas y emigró a aquí unos meses después. Fernando había recibido dinero de una pequeña herencia y decidió abrir una tienda de suministros eléctricos en la Rua Floréncio de Abreu, en el centro de la ciudad. Se enamoraron del país a primera vista y nunca quisieron volver. Se instalaron en una cómoda casa en Pacaembu. Allí, María José podía cultivar sus orquídeas en un gran invernadero que Fernando había construido en la parte trasera de la casa, especialmente para ese propósito.

A principios del año siguiente, después de un embarazo difícil y un parto complicado, que le impidió tener otros hijos, nació Edgar. Hijo único, había crecido como un romántico obstinado. Quería vivir una historia de amor como sus padres. Este matrimonio con Denise parecía ser su cuento de hadas. Iba a casarse con su amada, su princesa.

Dos meses después de la boda, Denise tuvo un cólico seguido de una hemorragia abundante y perdió al bebé. Continuó con el matrimonio y traicionó a su marido a diestra y siniestra, sin que él lo sospechara. Hasta que conoció a Leandro y se cansó de su marido.

Ya era hora de poner fin a esta relación aburroda y poco atractiva. Denise estaba cansada de mantener una relación desgastada. Edgar era un buen hombre, pero era muy pegajoso, meloso. Hacía y estaba de acuerdo con todo. Nunca estuvo en desacuerdo con nada. No elegía lugares para ir o viajar. Dejo que Denise elija absolutamente todo. Y, según su propia opinión, era muy convencional en la cama. De todos modos, era un pequeño robot que vivía solo para complacer a su esposa.

CAPÍTULO 4

Denise se sacudió los pensamientos haciendo un gesto enérgico con una mano. Volvió a la realidad como si hubiera salido de un shock anafiláctico.

– Me perdí en mis pensamientos. Debe haber sido la bebida – se pellizcó la piel del brazo y gritó – ¡No es posible! ¡No fue un sueño!

– Por supuesto que no mi amor. ¡Es el día de nuestra boda!

– ¡¿Qué?!

– ¡Cinco años! – exclamó Edgar. Luego la tomó de la mano y la condujo al dormitorio. Ella entró y puso cara de disgusto.

– Mira el peluche. Dice lo que siento: "te amo."

Denise quería atrapar al osito de peluche y matarlo con sus uñas rojas, largas y afiladas.

– Sabes que odio los peluches. Tengo alergia al cabello.

– Ah, pero este osito de peluche es especial. Y también está la parejita abrazándose, tallada en madera – mostró.

Recogió el animalito y lo arrojó sobre la cama. Exhaló un suspiro desagradable:

– Cada año recibo un peluche. ¡Qué cosa! ¿Y esta parejita de madera? ¡Qué es esto! ¿No pensaste en una joya, por ejemplo?

Edgar se rio y movió la cabeza de lado.

– Amor, cariño, llevamos cinco años casados. ¡Celebramos el aniversario de madera! Lo compré en la feria Embu das Artes.

– ¿Bodas de madera, Edgar? Yo nunca oí hablar de eso.

– Sin embargo. Por eso decidí regalarte esta estatua de madera. El año que viene vamos a tener una boda de azúcar y, cuando cumplamos quince, que es una boda de cristal, te juro que te regalaré una joya en un cuenco de cristal. ¡Lo prometo!

Denise no estaba interesada en saber sobre todas las bodas. Solo un lunático aburrido hizo que su marido supiera el significado del aniversario de bodas. Ella suspiró disgustada:

– Edgar...

– No tienes idea de lo que hice – dijo, interrumpiéndola emocionado y feliz. – Compré estas rosas rojas porque son tus favoritas. También pedí salmón fresco y fui al mercado a recogerlo. Delis aderezó tu plato favorito. Y no me he olvidado del vino blanco.

Corrió a la cocina, abrió la pequeña bodega y tomó la botella. La abrió y llenó dos copas. Regresó corriendo a su habitación y le entregó una copa a su esposa.

– Un brindis. ¡Que podamos renovar nuestros votos por otros cinco, diez, veinte, cincuenta años!

Denise tomó la copa y sorbió profundamente. Necesitaba la bebida para no explotar de odio. No había más para continuar. Estaba cansada de tanto edulcorante. Ella solo tenía ojos para Leandro. Solo para él. Respiró hondo, tomó la botella de las manos de su marido y lo bebió del pico.

– Calma amor. Vas a marearte.

Edgar se acercó y trató de besarla. Denise lo empujó con fuerza.

– ¡Basta de besos asquerosos!

Se detuvo asombrado. Nunca la había visto tan agresiva.

– ¡Oye! ¿Qué pasa?
– Basta, Edgar. ¡Basta!
– ¿Que pasó mi amor?

– No pasó nada. Quiero decir, sucederá – Dejó la copa en el aparador y abrió la puerta del armario. Entró y recogió una maleta. Regresó y la arrojó sobre la cama.

– ¿Qué estás haciendo? – preguntó, sin comprender.

– Te dejaré.

– ¿Cómo?

Denise dio un grito que hizo eco en todo el apartamento.

– Te voy a dejar, ¿entiendes ahora?

– ¿Dejarme?

– Sí. Me separaré de ti. ¿O necesito tomar un papel y dibujar?

Giró y volvió al armario. Cogió algo de ropa y de cualquier forma la metió en la maleta. Luego se dirigió al baño y recogió artículos de tocador y de aseo personal. También tomó dos frascos de perfume y puso todo en un estuche.

– Me voy. Para siempre.

– Yo te amo. No puedes hacerme eso.

– Lo estoy haciendo. Nuestro matrimonio se acabó.

– Vamos a hablar. ¿Qué hice?

– Nada.

– ¿Algo malo? Lo corrijo.

– No.

Edgar se arrodilló y la agarró por las piernas.

– Por favor, mi amor; dime ¿qué pasó?

– Para con estas escenas, ni siquiera pareces un hombre. Qué cosa más fea.

– Eres todo para mí.

– ¡Ten un mínimo de dignidad!

Las lágrimas escaparon sin control. Edgar entró en un estado de desequilibrio total.

- ¡No me dejes! Eres la mujer de mi vida. ¡Mi gran amor!

- No soy, no.

- Claro que lo eres.

Necesitaba terminar esa escena incómoda. Gritó:

- ¡Tengo otro!

Edgar sintió un dolor inigualable en el pecho. Denise lo empujó violentamente. Cerró la maleta y se puso un par de sandalias.

- El lunes paso a recoger el resto de la ropa. No quiero nada más de esta casa - parecía disgustada -, ¡claro, tenía que ser decorado por tu madre! Odio a esa mujer. Es tan descortés, tan falta de buen gusto. Lo único que funciona aquí en este cubículo es mi ropa y mis zapatos. Ah, y mis perfumes importados.

- No te vayas, por favor. Un matrimonio de cinco años no termina así de la noche a la mañana.

- El nuestro terminó el día que firmé los papeles.

- No digas tal cosa.

- Realmente nunca te amé.

- No hay problema. Mi amor es suficiente para los dos.

- Ya dije que no.

- Por favor quédate. Prometo que cambiaré, mejoraré y seré el mejor esposo del mundo.

- No aguanto más, Edgar. Perdí interés en ti.

- Es una fase. Pasará.

- No lo hará.

- Has estado trabajando hasta el agotamiento. Vamos a tomarnos unas vacaciones.

Denise sabía que, si no usaba sus fuerzas, Edgar pasaría la noche tratando desesperadamente de convencerla que regresara. Estaba decidida y disparó, solo para poner fin a la discusión:

- ¿Sabes de una cosa?

– No.

– Amo a otro hombre – dijo en tono provocativo. – Duermo con otro hombre y disfruto con él.

Edgar palideció, su color desapareció y su voz también casi desaparece.

– ¡¿Cómo?! ¿Otro hombre?

– Sí. Es mejor ser honesta y hablar de una vez.

– Esto es una broma de mal gusto. No puedes haberte enamorado. Trabajas muy duro, vives para la empresa y...

Lo cortó bruscamente, haciendo grandes gestos con las manos.

– Estoy enamorada y en cuanto estén listos los papeles de separación nos casaremos.

– Me traicionaste.

Denise no respondió. Él repitió:

– Me traicionaste.

– Un poquito, si se mide lo que traiciona. Pero no esperaba enamorarme.

– ¿Quién es él?

– No te interesa.

Edgar la tomó de los brazos y los sacudió con fuerza:

– ¿Quién es el bastardo?

– ¡Dije que no te interesa! – ella gritó –. Ahora suéltame. Me estás lastimando.

– Si no eres mía, no serás de nadie más –. Ella se rio a carcajadas.

– ¡Perro que ladra no muerde! Eres un debilucho. ¡Un don nadie!

– No sabes de lo que soy capaz.

– Que vas a hacer conmigo ¿Atarme y hacerme quedar encadenada a tu lado por la eternidad?

– Por favor, no lo veas. Quédate. ¡Hazlo por mí!

– Eres un débil. Ni siquiera eres lo suficientemente bueno para retener a las mujeres.

– No me ofendas.

– Es correcto. No tenemos nada más de qué hablar.

– Por favor...

– ¡Deja de decir por favor! Me está irritando.

Denise levantó el asa de la maleta y la dejó en el suelo. Tiró y caminó hacia la puerta de la cocina, revisó los pétalos y apagó las velas.

– Adiós.

Rodó sobre sus talones, salió y cerró la puerta de golpe. Edgar corrió, pero ella ya había entrado al ascensor de servicio y este bajaba hacia el garaje. Se aferró a la puerta del ascensor. Lloró sin parar. Sollozó y sintió un dolor que apenas podía explicar. El pecho parecía astillado. Dejó que su cuerpo se deslizara por la puerta hasta que se detuvo en el suelo.

– Ella no puede dejarme. No puede.

Después de unos minutos se levantó, trató de componerse y miró a su alrededor para ver si algún vecino había visto la escena. Nada. Entró al apartamento y apenas cerró la puerta. Sintió otro dolor único en el pecho.

– Denise es el amor de mi vida. Sin ella, esta casa no tiene vida.

El muchacho se arrastró por las habitaciones y finalmente se tiró pesadamente en el sofá, con las manos sujetándose la cabeza, que le dolía sin cesar.

– Ella no puede dejarme, no puede dejarme – repitió.

Pasaron las horas y Edgar no podía dejar de llorar. Estaba desesperado. ¿Qué debía hacer? Amaba a Denise con todas sus fuerzas. Ella era la mujer de su vida. No podía verse a sí mismo al lado de otra mujer. Tampoco pudo ver a su esposa junto a otro. Era pura fijación, puro apego, una pasión desenfrenada y sin el menor equilibrio emocional. Lo que sentía por Denise no era amor. Edgar no lo sabía. Confundió el apego, la dependencia y la necesidad emocional con el amor.

Estaba en un estado de sentir lástima. De repente, se levantó y caminó hacia el balcón. Miró hacia abajo. Pensó en lanzarse allí. Dudó:

– No. No tengo coraje.

Luego volvió a la cocina y abrió otra botella de vino. Bebió la mitad.

– Denise no puede dejarme. ¡No puede!

Lo dijo varias veces alto y claro. Caminó por el apartamento y cada habitación le trajo un grato recuerdo. Viven allí desde la boda. Él había hecho todas las renovaciones que ella quería. Era cierto que su madre había elegido los muebles, pero, en general, el apartamento había sido su rostro. Ante este pensamiento, el joven lloró aun más. Amanecía y Edgar no podía dormir ni un ojo. Se atiborró de castañas, albaricoques y nueces. Escuchó el timbre del intercomunicador, pero no quiso contestar. El chico estaba muy perturbado por las ideas.

Los primeros rayos de sol atravesaron las persianas y golpearon la habitación; corrió de nuevo a la cocina. El reloj marcaba las diez para las seis de la mañana.

– Que se hundan. No iré a trabajar.

Bebió un poco más, otro poco y, mientras bebía la tercera botella de vino, tropezó y cayó al suelo. La botella cayó y se hizo añicos. Edgar miró los cristales rotos y pensó en cortarse las muñecas.

– ¡Esto no es cosa de mujeres! Tengo que pensar en otra forma de acabar con todo ese dolor. Se puso de pie y apoyó una mano en el fregadero de granito. Fue al área de servicio a recoger una escoba y un paño para limpiar la suciedad. Cuando abrió el armario sobre el tanque, sus ojos se fijaron en la etiqueta: veneno para ratas.

Aunque era casi imposible que apareciera una rata en el apartamento, tal producto en la mercería era cosa de Delis. Un vecino había comprado un hámster para su hijo y el animalito se escapó una vez y terminó en la cocina de Edgar. Delis había estado aterrorizada y había comprado el veneno, incluso después que Edgar le explicara varias veces que esa rata blanca era inofensiva y que no tenía nada que ver con las ratas de las aguas residuales.

Un destello siniestro pasó por sus ojos tristes e hinchados por el llanto.

– Veneno para ratas, tóxico y mortal.

Incluso escuchó una voz suave que le pedía:

– Por favor, no hagas esta tontería.

– Mi vida sin Denise no tiene sentido.

– Eres joven y puedes tener una nueva oportunidad, otra vida amorosa por delante. Todavía puedes ser feliz.

– No puedo. No quiero. Denise es la mujer de mi vida.

– Piensa, no seas tonto. Reflexiona. Todo esto pasará, incluido este dolor.

– No.

– Por favor, Edgar...

Apartó sus pensamientos con el dorso de las manos.

– ¡Ya dije que no!

– Pero...

– ¡Basta! – rugió.

Edgar cogió la lata de veneno y volvió a la cocina. Abrió una nueva botella de vino y la mezcló con una cucharada de la sustancia tóxica. No tuvo más tiempo para razonar. Bebió el vaso de un sorbo. Tenía un sabor amargo e hizo una mueca.

Luego se llevó las manos al estómago y su cuerpo cayó al suelo de la cocina. Pronto, una gruesa capa de líquido de color indefinible corrió por la comisura de su boca.

CAPÍTULO 5

Adriano consultó el reloj. Edgar debería haber llamado. Era costumbre que el amigo hiciera una pequeña llamada antes de salir de casa, solo para informarle que se dirigía a la carrera. Adriano no había dormido bien por la noche. Había tenido pesadillas y tenía una sensación extraña en el pecho.

– Debo haberme excedido en la cena – le dijo a su esposa tan pronto como se levantó de la cama.

– Siento que debería llamar a Edgar.

– ¿Por qué? Dentro de un rato me llamará.

– Tengo un presentimiento extraño.

– ¡Tú y tus extrañas sensaciones! ¿Tan temprano, amor?

Patricia se dio la vuelta y recogió un pequeño libro de oraciones de la mesita de noche. Lo abrió al azar y leyó una frase. Luego dijo una sincera oración por Edgar.

– No sé qué pasa, siento que tu amigo no se encuentra bien.

– Imposible. Él y Denise iban a celebrar su quinto aniversario. Edgar estaba feliz. Ciertamente, la noche fue buena y aun debe estar durmiendo.

– No lo sé.

– Edgar incluso compró un osito de peluche como regalo. Ah, ¿y recuerdas el paseo que hicimos con él en Embu el mes pasado?

– Sí.

- En la feria, Edgar compró una estatua de madera de una pareja abrazándose.

- Compró el regalo equivocado para la persona equivocada. Denise odia ese tipo de regalos. No puedo imaginarla aferrada a un peluche o una pareja de madera, contenta y feliz.

Adriano se rio.

- Confieso que yo también pienso lo mismo -. Le guiñó un ojo y continuó: - Al menos me enteré de Edgar que también teníamos un aniversario de bodas de madera.

Patricia sonrió y besó suavemente a su marido en los labios.

- No nos importan las fechas. Somos apasionados y felices. Eso es lo que importa.

- Te amo mucho.

- Yo también querido.

- ¡Si solo vieras lo feliz que estaba Edgar con los preparativos!

- A Denise no le gusta ese tipo de demostración de afecto. Después de todo este tiempo, ¿Edgar todavía no ha aprendido?

- No lo sé, querida. Es un romántico incurable. Edgar realmente la ama.

- Eso no es amor, es obsesión. Aunque el mundo ha evolucionado en varias áreas, todavía somos analfabetos en términos de amor.

- ¿Será?

- Mira a tu alrededor, Adriano. Mucha gente tiene una vida afectiva dura, pobre, llena de problemas. Pocos son los que están realmente felices al lado del que dicen amar.

- Sí. Hoy hay más separaciones que uniones. La gente no permanece mucho tiempo juntos.

- No se quedan porque no han aprendido a mirar dentro y ver lo que la naturaleza les ha dado: ¡imaginación!

- ¿Y qué tiene esto que ver con el sentimiento, con el amor?

– Todos. He leído y estudiado el tema. Nuestra imaginación es funcional, lo que nos permite la capacidad de lidiar con formas. Podemos imaginar lo que queremos.

– ¿No es genial?

– Depende – respondió Patricia con seriedad –. La imaginación puede ser responsable de las peores tragedias humanas. Locura, demencia...

– ¿Crees que Edgar está loco?

– No. No diría loco, pero no usa su imaginación de manera inteligente. Esa es la base de una mente sana. Dicho esto, los que no sepan amar sufrirán.

– ¿Por qué?

– Porque la imaginación provoca reacciones en nuestro sentido afectivo, que son emoción y sentimientos.

– Todo es lo mismo para mí – dijo mientras terminaba de vestirse.

– Son muy diferentes, querido. Las emociones son nuestros impulsos vitales, son nuestro combustible. Están representados, por ejemplo, por la ira, el entusiasmo, el placer, la risa. Y el sentimiento es la satisfacción, el logro, el agrado...

– Debes hacer un gran trabajo con etus alumnos. ¿Por qué no tuve una profesora de psicología que fuera tan hermosa y tan didáctica?

Ella lo besó, parpadeó y continuó:

– Es bueno enseñar a los jóvenes sobre los atributos del sentido afectivo. El equilibrio afectivo es vital para una vida armoniosa, plena y feliz. La imaginación está estrechamente vinculada al dominio de las emociones, porque es quien las provoca.

– ¿Provoca de qué manera?

– Cierra los ojos.

Adriano obedeció.

51

- ¿Y ahora qué hago?

- Imagínate estar conmigo en una playa desierta, en un hermoso día soleado, con el agua azul del mar a una temperatura muy agradable...

Adriano sonrió con malicia.

- Estoy disfrutando el juego.

- ¿Qué sientes cuando imaginas la escena?

- Una sensación agradable, buena y deliciosa. Un placer indescriptible.

- ¿Viste? Lo sentiste porque imaginaste una escena hermosa y placentera. Ella te provocó emociones. ¡Ahora imagina a tu equipo derrotado por tu rival!

- No me gustó - protestó, riendo -. Ni siquiera quiero pensar en esa posibilidad.

- Porque ahora tu mente ha proyectado una escena desagradable. Creemos en lo que imaginamos. Lamentablemente, nuestro querido Edgar cree que amar es llorar, sufrir, hacer todo por el ser amado, sin respetar las propias elecciones. Perdió el contacto con la realidad.

- Hablando de esa manera, incluso me estoy preocupando.

- Por eso es bueno rezar. Imaginémoslo bien, alegre, feliz.

- Es difícil imaginarlo así con Denise. Pero voy a intentar.

Adriano cerró los ojos y recordó escenas felices junto a su amigo. Entonces Patricia enmendó:

- Edgar está casado con la mujer equivocada. Denise no tiene nada que ver con él.

- Yo también estoy de acuerdo. Pero no podemos meternos en sus vidas.

- Claro que no. Bueno, voy a la cocina a preparar nuestro desayuno.

- Aun es temprano, duerme un poco más.

— Estoy de buen humor. Tengo un día ajetreado por delante. Aunque solo doy clases por la tarde, tengo un negocio y un banco para gestionar.

— ¿Quieres ir al parque conmigo a tomar aire fresco y dar un paseo? ¿Correr?

— Buena idea.

Patricia abrazó y besó a su marido. Entonces Adriano terminó de vestirse, fue a la cocina y tomó un vaso de jugo. Se sujetó el iPod a los pantalones cortos, se arregló los auriculares y poco después él y su esposa salieron caminando al Parque Ibirapuera, a pocos metros del edificio donde vivían. Llegaron al lugar habitual y no apareció Edgar. Adriano sacó su celular y llamó. Sonaba, sonaba y nada. Caía en el buzón.

Él se encogió de hombros.

— Será que la noche estuvo buena. Solo pudo haber sido eso.

— Este extraño sentimiento me dice que hay algo extraño. Eres muy amigo de Edgar. Verás que no se encuentra bien.

— No puede ser. Si hubiera pasado algo, habría llamado de todos modos.

— ¿Estás seguro, querido?

Adriano se rascó la cabeza y recordó lo que le había dicho su amigo antes de colgar el teléfono: — Sabes que nunca llego tarde. Te llamaré antes de salir de casa. Nos vemos mañana, temprano en la mañana correremos juntos, llueva o haga sol...

Patricia no dijo nada. Hizo una nueva oración por Edgar. Sabía que, si volvía a hablar del extraño sentimiento, Adriano iniciaría una discusión. Ella era sensible, además de estudiar los problemas humanos. Percibió claramente las energías a su alrededor. Estaba seguro que Edgar no estaba bien, pero ¿qué podía hacer?

— En determinados momentos, la oración es nuestro único aporte.

Patricia le sonrió a su marido y empezaron a caminar. Adriano siguió sintiendo ese extraño dolor. No se trataba de un dolor físico, sino de una molestia, una extraña sensación de incomodidad. Trató de apartar sus pensamientos con las manos.

– Me parezco a mi esposa. Para Patricia, cada sentimiento desagradable es una advertencia. Qué tontería – se dijo a sí mismo, mientras encendía su reproductor de música y se dejaba llevar, tarareando una canción.

Adriano sonrió levemente, se apoyó contra un árbol y comenzó a hacer su serie de estiramientos. Patricia continuó su caminata y Adriano luego se unió a un grupo de amigos que se reunían para correr a la misma hora casi todos los días.

– No te ves bien – comentó un colega.

– Hasta parece que no has dormido nada – añadió otro.

– ¿Dónde está tu compañero de carrera? – Adriano no respondió de inmediato.

– ¿Dónde está Edgar? – preguntó otro. Trató de disfrazar la animosidad.

– Cenó con su esposa e iban a pasar la noche en una discoteca – mintió. Amigo, creo que estás teniendo el sueño de los justos.

Mientras hacía su ejercicio matutino, escuchó una voz suave:

– Piensa bien en Edgar. Necesita recibir buenas vibraciones.

Por mucho que Adriano lo intentó, la imagen de Edgar no abandonaba su mente. Sonrió al imaginarse una escena vivida hace mucho tiempo en la que ambos se rieron de buena gana.

***

En el apartamento, Denise se desperezó mientras su celular la despertaba con música romántica.

– Necesito cambiar esta música. Cosas de Edgar. ¡Qué cursi!

Se levantó, se puso las pantuflas y fue al baño. Tenía sueño, durmió poco; sin embargo, había prometido llegar al aeropuerto a las seis de la mañana según lo acordado con Leandro. Por eso había puesto su celular para despertarla a las cinco en punto. Todavía estaba oscuro cuando salió del baño y se vistió pulcramente.

Se dio cuenta que los tacones se habían quedado en el apartamento. Los había olvidado. Además, después de toda esa escena tántrica con Edgar, ¿qué podría hacer?

- ¡Oh, qué rabia! Por seguir dándole vueltas a ese desgraciado y olvidé mis tacones. Necesito esos zapatos. No viajaré sin ellos. ¿Con sandalias planas? ¿Yo? Ni muerta.

Denise llamó de inmediato a su asistente. Cayó en el buzón. Ella se enojó y volvió a llamar. Marina contestó el teléfono con voz pastosa.

- ¿Aló?

- Debes contestarme tan pronto como te llame.

- Lo siento, pero ¿quién habla? - preguntó Marina, todavía con sueño.

- Marina, soy yo.

Tenía sueño; sin embargo, tan pronto como reconoció la voz de su jefa se despertó inmediatamente. Marina se aclaró la garganta y dijo:

- Hola, Denise. ¿Sucedió algo?

- Por supuesto que sucedió. ¿Por qué diablos iba a llamarte en este momento, criatura? ¿Para saber si tuviste dulces sueños?

Marina negó con la cabeza de lado. ¿Cómo olvidar la rudeza de la jefa? Se enderezó en la cama y preguntó:

- ¿Cómo puedo ayudarte?

- Tengo que hacer un viaje urgente.

Marina se pasó una mano por los ojos. Trató de sentarse y tomó el diario de la mesita de noche. La abrió y comprobó.

- Tiene una reunión hoy al mediodía con el Dr. Ignacio.

– Cancélala.

– Esta reunión ha sido programada y cancelada varias veces.

– Vuelve a programarla una vez más.

– Al Dr. Ignacio no le gustará. Ayer estaba intratable. Pasó más de dos veces por mi oficina para confirmar la reunión, para ver si todo estaba bien para hoy.

– Déjame ocuparme de eso más tarde. Llámalo y dile que hubo algo inesperado.

– Ha estado intentando programar esta reunión durante más de una semana. Quiere revisar algunos contratos. Ya sabes cómo es el responsable del área jurídica de la empresa y...

Denise la cortó en seco.

– ¡Calla esa matraca! Al diablo con ellos. Él y ese grupo de abogados que dirige pueden esperar.

– Está bien.

– ¿No es él quien te muestra sus encantos?

– Oye, ¿qué tiene eso que ver con la reunión?

– Bueno, aprovecha y arregla la situación. Habla suave y amablemente. Ignacio lo entenderá.

Marina se sonrojó al otro lado de la línea.

– Mire, Denise.

– Ignacio está loco por ti, ¿sabías?

Marina sintió un escalofrío a través de su cuerpo. El hombre le repugnaba.

– Nunca le di confianza.

– Deberías.

– Perdón...

– Ignacio es un abogado de renombre. Lleva años en la empresa, es el favorito de los propietarios. Está bien, no es el hombre más hermoso del mundo. Pero la belleza no paga las facturas, ¿verdad? Ignacio está muy bien y puedes hacer realidad todos tus sueños. Él puede sacarte de esta vida de clase baja, por ejemplo.

– Me siento muy cómoda aquí donde vivo.

– Ignacio puede darte un coche mejor que ese. ¿No es tu coche el que siempre se estropea y andas reparando? ¿Acaso no es un modelo ruso de los años mil novecientos?

Marina no respondió, no quiso discutir con ella.

– ¿Necesitas algo más?

– Tendrás que pasar por mi casa ahora.

– ¿Cómo?

– Eso mismo. Ahora. Tengo un par de zapatos que necesito llevar a Rio. Cógelos de mi armario. Están en el zapatero...

Denise continuó explicando dónde estaban los zapatos. Marina escuchó todo y tomó algunas notas. Era eficiente, pero le pareció absurdo tener que hacer este tipo de servicio para su jefa. Denise no respetaba la línea divisoria entre el trabajo y las solicitudes personales irracionales. Pensaba que sus empleados eran secretarios privados, mensajeros, personas dispuestas a todo, en cualquier momento.

Cuando un empleado más enojado trató de salirse con la suya a una solicitud incómoda, Denise vino con la conversación sobre la crisis financiera que estaba asolando al mundo. Coaccionó al funcionario, gritó y dijo que lo iba a despedir. Muchos de ellos, con una familia que mantener, terminaron cediendo y sometidos a sus caprichos.

Marina trató de discutir y hablar con el aullido omnipresente; es decir, que sería imposible ir al apartamento a buscar sus zapatos y llegar antes de las seis al aeropuerto.

– Yo vivo lejos. No creo que pueda llegar a tiempo.

– Piensa en tu trabajo. Con tanta gente buscando trabajo en estos tiempos de crisis, te garantizo que harás un milagro y llegarás a la sala del aeropuerto mucho antes que embarque.

– Pero Denise...

Denise colgó el teléfono. Tenía la costumbre poco elegante de colgar en medio de la conversación cuando el tema ya no le interesaba. Marina dejó su teléfono en la mesa de noche y movió la cabeza de lado.

– Esto es abuso. No me gusta que me presionen así. No podré llegar al aeropuerto en una hora. Si no dependiera tanto de ese trabajo, estaría lejos de las garras de esta mujer.

CAPÍTULO 6

Marina se levantó y fue al baño, frustrada. La conversación con Denise parecía haber salido de una película de ficción. Dejó sus pensamientos a un lado e hizo un aseo básico. Marina era una mulata muy hermosa. Bonitos, ojos grandes, verdes y expresivos, el cabello era largo y naturalmente rizado. Hija de una mezcla de razas, un hombre blanco con una mujer negra, tenía un cuerpo escultural, similar al de una bailarina de una escuela de samba.

Era hermosa y acosada, pero no le dio a nadie una correa. Era la amabilidad en persona. Tenía un alma generosa, un corazón puro. Había vivido una vida muy dura, era realmente difícil, y ahora estaba logrando tener mejores condiciones de vida.

Consuelo, la madre, había tenido una vida difícil. Pernambucana, abandonada por su marido y con un hijo pequeño, había cambiado su vida en la naturaleza por una mejor en la gran ciudad. Consiguió trabajo como empleada doméstica y más tarde nació Marina.

A los once años, Marina consiguió un trabajo como envasadora en un supermercado. El hermano mayor era el clásico vagabundo, había abandonado la escuela y nunca quiso trabajar. Jofre tenía una especie de aversión natural al trabajo y había crecido rodeado de amigos marginales y drogadictos, amistades más allá de toda sospecha. A los catorce años se vio envuelto en un pequeño atraco y acabó en un reformatorio para menores infractores. En una rebelión, Jofre se escapó, tuvo una fea discusión con su madre y nunca volvió a aparecer. Desapareció en el mundo.

Consuelo estaba agotada de tanta preocupación. Pasó noches sin dormir. Temía que Jofre se involucrara con bandas muy peligrosas.

Dos años antes había recibido un paquete con algunos billetes. Fue un regalo de Jofre. Además de las notas había una carta pequeña, escrita en muy mal portugués y con una letra muy infantil, llena de garabatos. En un breve texto, afirmó estar bien, viviendo en otra ciudad y esperaba que ella también estuviera bien. Que, si se necesitaba algo, podía simplemente enviar una carta a la dirección que figuraba en el reverso del sobre.

Consuelo lloró mucho. Metió los tres mil reales en una cuenta de ahorros y envió una, dos, tres, varias cartas a su hijo, pero todas regresaron por una dirección inexistente. Poco a poco, el corazón de su madre se dio cuenta que su hijo realmente estaba viviendo una vida marginal y trató de dejar su desesperación en las manos de Dios. Rezaba todas las noches pidiendo protección para Jofre. Marina nunca se había llevado bien con Jofre. Desde pequeño se burlaba de su hermana, llamándola fea. Consuelo le dio varias bofetadas al muchacho y él se calmó. Sin embargo, siempre que era posible, hacía pasar a la hermana pequeña por un infierno. Cuando fue arrestado y luego desapareció, Marina dio gracias a Dios. Había visto que su hermano había recibido innumerables oportunidades laborales y siempre se dejaba llevar por la vida fácil. Era un vago nato y nunca cambiaría.

Pasó el tiempo y Marina se adaptó a la gran ciudad; Trabajaba de día y estudiaba de noche. Con un gran esfuerzo, asistió a una universidad privada, tomó un curso de inglés y tuvo un buen trabajo. Había terminado una relación afectiva hacía algún tiempo y no pensaba en salir. Quería avanzar en su carrera y darle más comodidad a su mamá. Cuidó a Consuelo, hipertensa desde hacía algunos años.

Consuelo escuchó los pasos de su hija y preguntó:

– ¿Te caíste de la cama?

– No te levantes, mamá. Mi jefa me sacó de la cama.

– ¿Esa antipática te fastidió tan temprano?

– ¡Hoy empezó al amanecer!

– No entiendo por qué sigues trabajando para esa mujer. Eres tan competente, tan trabajadora. Te mereces un trabajo mejor.

– El trabajo es bueno, el salario también es bueno, pero lo que importa son los beneficios. Gracias a este trabajo tienes un seguro médico de calidad. No podría pagar un plan de salud. Es caro. Por eso no puedo perder este trabajo, por ahora.

– Puedo usar el servicio de salud pública –. Marina golpeó la cabecera tres veces.

– ¡Dios no lo quiera! No ves el sufrimiento de las personas que dependen de los hospitales públicos. No quiero ver a mi madre abandonada en el pasillo de un hospital y tardando demasiado en ser atendida.

Consuelo se sintió conmovida por el cariño de su hija.

– Yo te doy trabajo, ¿no?

– De ninguna manera. La que me da trabajo es mi jefa.

– Si pudiera volver...

– ¿Y volver a qué? Haz hecho todo bien y me criaste con amor y cuidado. Nos transmitiste a mí y a Jofre valores éticos y morales para convertirnos en buenas personas. Soy una mujer de valores incondicionales gracias a la educación que me brindaste. Lástima que no pueda decir lo mismo de mi hermano.

– No hables así de Jofre. Sufrió mucho, pobrecito.

– ¿Sufrió?

– Pasó hambre, llegamos en un palo de guacamayo de Caruaru a São Paulo. Hemos vivido en un colchón sucio y maloliente durante años. Cuando naciste, nuestra vida ya estaba más ordenada.

– Eso no es excusa. Siempre le apañabas lo que hacía y miro lo que pasó. Debe estar ahí fuera, robando o, no sé, haciéndolo peor.

– No hables así de tu hermano, sangre de tu sangre.

– Ese no ha aprendido ningún valor. Ha estado perdido en este mundo.

Marina caminaba de un lado a otro, ocupada. No le gustó nada hablar de Jofre. Se sentía muy mal cada vez que recordaba a su hermano. Los pelos de su cuerpo incluso se erizaron. Cortó a su madre con delicadeza.

– Tengo un buen trabajo y tenemos buena asistencia médica. No puedo permitirme dejar todo por el mal genio de la jefa.

– Tienes razón, querida.

– No será posible llegar a tiempo. Imposible. Es una cuestión de pura lógica.

– Rezaré para que consigas un buen marido – respondió Consuelo.

– ¿Por qué?

– Ya no necesitarás trabajar. Un marido guapo, honesto y trabajador que te apoyará...

Marina se rio.

– No tienes que preocuparte por mí, doña Consuelo, no necesito depender de un hombre para mantenerme. Yo sé cómo cuidarme. Siempre lo he sabido desde que nací.

– Lo dices porque sufriste por el final de tu compromiso.

– No quiero hablar sobre eso –. Marina cambió bruscamente de tema, fue a la cocina, tomó un vaso de agua y dos cajas de medicinas. Regresó a la habitación –. Te traje los remedios matutinos.

Consuelo se enderezó en la cama y con cierta dificultad logró permanecer sentada. Tomó el vaso con agua y las pastillas. Marina tomó el dispositivo de presión y lo midió.

– 14 con 10. Está alta.

– Estaba agitada por los recuerdos de tu hermano.

– Bueno, entonces no pienses en él.

– Soy su madre.

– Hiciste todo lo que pudiste, todo lo que estuvo a tu alcance. Si no lo aprovechó, ese es su problema. Ahora vamos, toma tu pastilla.

– Me duelen mucho las piernas – dijo Consuelo, mientras se tragaba la pastilla y sorbía un vaso de agua.

– Están hinchados. El médico sugirió caminar un poco. No puedes estar sentada todo el día en la cama o en el sofá, viendo la televisión.

– Esta negra madre tuya te da problemas, ¿no?

– Ya dije que no en absoluto.

– Pero ya ha pasado el tiempo y ¿qué me queda?

– ¿Sabes qué? Creo que tenemos una gran influencia en nuestro destino, madre. Empiece a pensar en curar tus piernas.

– Los médicos no encuentran nada. Dicen que mis piernas no son nada anormales. Y la presión sube porque me pongo nerviosa todo el tiempo. Además, con tanta desgracia en la televisión.

– Deja de ver estos programas. Lee un libro.

– Sabes que me cuesta leer.

– Te compro un audiolibro, solo escucha.

– Me da sueño.

– Hojea una revista de moda. O ve y habla con un vecino.

– Peligroso. Mucha violencia en las calles...

– Una razón de más para cambiar tu manera de pensar. Sé más positiva. Tu vida puede ser mejor.

– Gracias por el aliento, hija.

– Tengo que irme ahora. Si necesitas algo, llámame a mi celular.

– Puedes estar tranquila. Que tengas buen día.

Marina besó a su madre en la mejilla, tomó su maletín, su bolso y se fue. Vivía en un edificio muy antiguo, de tres pisos, sin ascensor, en el barrio Tatuapé. El departamento estaba en la planta baja, tenía dos dormitorios pequeños, sala, cocina, baño y una pequeña área de servicio. Marina saludó a una vecina, miró su reloj y dedujo que tal vez no agarraría el tráfico pesado del día a día para cruzar la ciudad. Arrancó el coche, ese modelo ruso muy antiguo, y encendió la radio en busca de noticias sobre la ciudad y el tráfico. El sonido era algo malo, había interferencias. Marina sacó la mano por la ventana y jugueteó con la antena oxidada. El sonido mejoró.

– Incluso sin tráfico, no podré llegar a tiempo.

Ella se encogió de hombros. Paciencia. No iba a correr como loca y poner en riesgo su propia vida y la de los demás por capricho de una jefa. De repente, el coche empezó a fallar como de costumbre. Siguió fallando soportarlo y dejó de funcionar.

– Como dijo, Denise. Debe haber sido su maldición. ¡Ahora estoy condenada! No llegaré al aeropuerto a la hora que ella quiere.

Acostumbrada a los constantes problemas en el auto, Marina logró llevarlo, a trompicones, a un poste en la esquina de su casa. Junto a ella había una tienda de neumáticos y un mecánico. Los chicos la conocían desde hacía mucho tiempo y estaban acostumbrados a reparar el vehículo.

Con mucha suerte, inmediatamente tomó un taxi y llegó al edificio de Denise, media hora después. Bajó frente al conserje. Hubo un cambio de turno y Juan se acercó y la saludó alegremente. Marina sonrió, le devolvió el saludo y explicó el motivo de su presencia.

– No puedes subir.

– Señor, es urgente.

– Debo tener una autorización por escrito para poder obtener el permiso de su esposo.

– Por el intercomunicador llame a su marido. Edgar me conoce por mi nombre, hablamos algunas veces por teléfono. Si quieres, hablaré con él desde la recepción, se lo explicaré todo y me dejará subir.

Juan se rascó la cabeza y llamó al apartamento. Nada. Llamó de nuevo. Nadie respondió.

– Edgar debe estar durmiendo. Tendrá que esperar.

– Por favor, no puedo esperar. Su esposa quiere que recoja algunas cosas en el apartamento y las lleve al aeropuerto. Si no llego a tiempo, ¡se comerá mi hígado!

Juan se mordió los labios y volvió a rascarse la cabeza.

– Es verdad. Doña Denise es una mujer muy malgeniada.

– ¡Así es!

– Pero entiendes ¿no? No puedo dejarte entrar. Son las normas.

– Inténtalo de nuevo. Todavía es demasiado temprano, no debe haberse ido a trabajar.

– No realmente. La puerta está rota y soy yo quien la abre. Edgar no se marcha hasta las siete y media.

– Llame de nuevo, por favor.

El chico volvió a llamar.

– No atiende. Quizás está en la ducha.

Juan notó la mirada preocupada de Marina. Sintió que era una buena persona y que tenía que subir de todos modos. Pero debe seguir las órdenes del condominio, de lo contrario sería despedido. Pensó, pensó y decidió:

– Bueno, tengo que llevar el periódico y puedo tocar el timbre. ¿Quieres esperar un poco más?

Marina consultó el reloj. Eran las diez para las seis de la mañana. Incluso si el chico la dejaba subir e incluso si el tráfico la ayudaba, no llegaría a Congonhas a tiempo. Denise debería estar a punto de abordar. Pero ¿qué podía hacer? Ella estaba en el edificio y se suponía que debía seguir las órdenes. De camino al aeropuerto llamaba y dejaba un mensaje en el buzón de la jefa. Entonces podría soportar los gritos y los abusos durante unos días. Miró a Juan y dijo:

– Yo espero.

Juan llamó a otro empleado y le pidió que se quedara en la recepción. Cogió el periódico y tomó el ascensor de servicio. Cuando se acercó a la puerta de la cocina del apartamento de Edgar, notó que ella se movía y divisó una luz.

– Qué extraño. La puerta está abierta y la luz está encendida.

Juan miró a su alrededor y se dirigió al contenedor de basura cercano. Regresó y llamó a la puerta. Nada. Cuando fue a tocar de nuevo escuchó un grito. Juan se desesperó y entró. Cuando vio a Edgar tirado en el suelo y con las manos en el estómago, hizo una mueca de asombro y terror:

– ¡Dios mío! – Se acercó, se arrodilló.

– ¡¿Qué hiciste Edgar?!

– Cometí un error.

– ¿Qué tomaste?

– Ingerí veneno para ratas. Ayúdame y llévame al hospital.

Juan recordó un evento que sucedió hace años con un familiar. Sus ojos recorrieron la habitación y vio la lata sobre la mesa.

Preguntó rápidamente:

– ¡Hombre de Dios! ¿Esto fue lo que tomaste?

– Sí...

Ni siquiera lo dudó. Puso su dedo en la garganta de Edgar y lo indujo a vomitar. Por suerte, el niño expulsó rápidamente todo lo que había ingerido. Juan fue al tanque, se lavó las manos y corrió hacia el intercomunicador. Le pidió al empleado que enviara a Marina al ascensor de servicio, rápidamente.

Cuando llegó al piso y salió del ascensor, tuvo una sensación extraña. Se acercó a la puerta y, al ver al hombre tirado en el suelo, se acercó.

– ¿Qué sucedió?

– Tomó veneno, niña.

– ¿Veneno? ¡Santo Dios!

– Creo que logré sacar todo, pero necesitamos llamar a una ambulancia.

Marina se olvidó de los zapatos de Denise. Sintió una tremenda compasión por ese hombre al que solo conocía por teléfono. Se inclinó y preguntó:

– ¿Puedes hablar?

Asintió positivamente.

– ¿Tiene un seguro médico?

Edgar el asintió. Marina siguió sus ojos y vio la billetera en la mesa de la cocina. La abrió y sacó la tarjeta del seguro. Llamó y consiguió una ambulancia.

– Necesita ayuda inmediata – dijo.

– Lo peor debe haber pasado. Le hice vomitar el veneno –. Juan se agachó de nuevo y preguntó:

– ¿Hace cuánto tiempo lo tomó? – Edgar miró el reloj de la cocina.

– Lo acabo de tomar. Hace pocos minutos.

Poco después llegó la ambulancia y uno de los paramédicos pidió el empaque del veneno y solicitó la presencia de un familiar para acompañar a Edgar.

Marina ya había llamado al celular de Denise varias veces y nada, solo entraba en el buzón.

– Denise ya debe estar dentro del avión – se dijo.

– Tiene un gran amigo, Adriano – dijo Juan – pero no sé su número de teléfono, no. Edgar tomó la mano de Marina. Estaba desesperado.

– No quiero estar solo. Ven conmigo.

– Yo no lo conozco.

– ¡Por favor!

– Volveré a intentar localizar a su esposa y... – La interrumpió, las lágrimas corrían por su rostro:

– Por favor. No llames a Denise. No hagas eso. Tengo miedo. Ven conmigo.

¿Qué debía hacer? – Estaba profundamente conmovida y sintió una tremenda lástima por el muchacho. Marina notó que una ligera brisa le tocaba la frente. Le pareció escuchar claramente una voz suave y amigable:

– Ve con él.

Marina incluso miró a su alrededor para ver de dónde venía la voz. Miró a los paramédicos preparando a Edgar para llevarlo y Juan atónito, en la esquina de la cocina.

– ¿Sería tan amable de acompañarlo? Edgar es un buen hombre.

– Sí, voy. Voy a llamar a la oficina e informarles que llegaré más tarde. Mi jefa viajó y no me necesitarán. Siento que debo acompañar a este hombre al hospital. Otro empleado del edificio apareció en la puerta de la cocina.

– Vi a doña Denise irse ayer por la noche bastante tarde. Llevaba una maleta y tenía cara de pocos amigos.

– Deben haber discutido.

Juan vio un nombre y un número de teléfono pegados a un imán de nevera. Era de María José.

– Voy a llamar a su madre y hacerle saber que está en el hospital –. Sacó una libreta de su bolsillo y anotó un número: – Llámame y avísame. Espero que se mejore y vuelva pronto a casa. Nos gusta mucho ese muchacho.

Ella asintió y bajó detrás de los paramédicos. Marina subió a la ambulancia y Edgar la tomó de las manos.

– Gracias por estar aquí.

Luego inclinó la cabeza hacia un lado y se durmió.

CAPÍTULO 7

Fue difícil ocultar la ira. Denise hizo un puchero, caras y bocas para ocultar el odio que sentía por Marina en ese momento.

– ¡Ella me las pagará! Parece que lo hizo a propósito. Cuando llegue a Rio la llamaré y me desquitaré con ella. Que prepare sus oídos para los insultos. Estaré así con ella por aquí – hizo un gesto con la mano junto a su cuello –. El lunes la tomaré del cuello. Leandro estaba leyendo el periódico en el asiento de al lado. Apartó su atención de verla hacer el gesto con la mano.

– ¿Qué murmuraste?

– Nada querido. Pienso en la incompetencia de una empleada.

– La situación es difícil y hay muchas personas que tienen trabajo y no honran el puesto que ocupan.

– Así es. Mi asistente es muy incompetente. Le daré un corrector el lunes.

Él sonrió.

– Eso mismo. El lunes. Si yo fuera tú, dejaría apagado mi celular hasta después del horario de oficina. No pienses en el trabajo hoy.

– Es verdad. Hoy solo somos tú y yo.

– Hasta el final del día.

Leandro parpadeó y volvió a leer el periódico. La azafata se acercó y le preguntó:

– ¿Quiere agua, café, jugo?

- Quiero paz, ¿puede ser? – respondió estúpidamente.

La azafata sonrió incómoda y le hizo a Leandro la misma pregunta. Aceptó una taza de café.

- No necesitas descargar tu enojo con la azafata.

Denise se enojó cuando le llamaron la atención. Pero en ese mismo momento, necesitaba parecer la criatura más dócil de la tierra.

- Perdóname, querido. Estaba enojada por la actitud irresponsable de mi asistente. La azafata realmente no tiene nada que ver con eso –. Denise miró hacia arriba y trató de fingir una sonrisa: - Lo siento, cariño. Un jugo de naranja por favor.

En su interior, estaba carcomiéndose de rabia por la azafata. Quería levantarse y rasguñarle la cara, o deshacer el moño de la pobre. Si eligió ese trabajo fue porque nació para servir y no sabía hacer nada más, supuso Denise.

Leandro volvió a leer el periódico y ella sonrió feliz. En unos momentos el avión aterrizaría en la ciudad. Denise dejó escapar un pequeño grito de placer al ver el puente Rio – Niterói y la Ilha Fiscal. En un abrir y cerrar de ojos, ya estaban en un taxi rumbo al barrio Flamengo.

Se alojaron en un hotel agradable y discreto y descansaron un poco. Después de amarse y bañarse, salieron a la calle.

- Seguiré tu consejo y mantendré el teléfono apagado. Encenderé el dispositivo solo al final de la tarde o mañana. Hoy quiero estar a solas contigo – dijo Denise, pegada al brazo de Leandro.

- Hagamos un buen programa.

Leandro pidió un taxi y le pidió que los llevara al Jardín Botánico.

- Quiero que conozcas.

Mientras el conductor realizaba el viaje, Denise admiró el paisaje del terraplén de Flamengo. El celular de él sonó.

- Haz como yo - dijo -. No respondas. Desconéctate.

- No puedo. Es de casa -. Denise se burló.

- Debe ser la esposa angustiada, la boba queriendo saber qué se servirá en la cena - pensó. Leandro se desprendió suavemente y tomó el dispositivo. Hizo un gesto con las manos para que Denise se callara y respondió, reconociendo la voz de la criada.

- ¿Qué pasó Iara?

- Doña Leticia está desesperada. Ricardito se cayó de su patineta y se lastimó...

La criada informó brevemente sobre el pequeño accidente. Ricardo se había lesionado en el área de juegos dentro del condominio y lo estaban vendando en el hospital. Nada serio. Pero Leandro ni siquiera terminó de escuchar. Colgó el teléfono. Se volvió hacia Denise:

- Hubo un accidente con mi hijo.

- ¿Un accidente?

- Sí. Está en el hospital, parece que no es nada grave.

- Si no es nada grave, es mejor tranquilizarse.

- No puedo.

- Llama a tu esposa más tarde.

- De ninguna manera. Mi hijo está en el hospital. Necesito ir allá.

- Pero tu familia cree que estás en São Paulo.

- Al diablo con lo que piensan. Me invento una excusa. Necesito ver a mi hijo. Tendremos que cancelar nuestro programa. Lo siento, Denise.

Leandro habló y le pidió al conductor que regresara al hotel. Bajaron y en la recepción pagó las cuentas. Preguntó a Denise:

- ¿Hasta cuándo quieres quedarte?

- Me iría ahora mismo. ¿Cuál es la gracia de estar sola? - Dijo, en un tono seco e irritado.

– Puedes disfrutar y hacer buenos paseos por la ciudad. Haremos lo siguiente: para compensar este malestar, pagaré por un día más. Puedes quedarte en la ciudad hasta el domingo.

Ella resopló.

– Está bien.

– Prometo que haremos otro paseo, otro fin de semana.

Ni siquiera la besó. Cogió la maleta que había traído el empleado hacía unos minutos y se fue al hospital. Denise sintió un odio atroz en su interior.

– ¡Desgraciado! ¿Ese mocoso tenía que salir lastimado ahora mismo? ¿Por qué no se cayó, se golpeó la cabeza y murió para siempre? ¡Qué molestia!

Respiró hondo y decidió a regañadientes a disfrutar de la ciudad. Aprovecharía la estancia pagada, la comodidad del hotel y se marcharía el domingo por la mañana. Todavía había una pizca de esperanza dentro de ella de ver a Leandro más tarde en la noche.

Denise tomó un taxi y fue a visitar lugares turísticos de la ciudad. No tenía ganas de ir al Jardín Botánico y ser picado por una multitud de insectos. Pensó en tomar el teleférico desde el Pan de Azúcar.

– Es allí que iré – se dijo a sí misma y al conductor.

Leandro llegó al hospital, se presentó en la recepción, preguntó por su hijo y lo llevaron a una sala de espera. Vio a Leticia sentada en una silla.

– Hola, Leticia.

Ella miró hacia arriba gentilmente. Se sorprendió al verlo.

– ¿Qué haces aquí?

– Iara me llamó.

– ¿Cómo llegaste tan rápido?

Se mordió los labios con aprensión y contestó:

– Cuando Iara me dijo que Ricardo estaba en el hospital, no lo dudé. Tomé un avión y corrí hacia él.

– Llegaste rápido.

– Sí, llegué rápido – respondió, un poco groseramente.

Leticia ni siquiera se dio cuenta de la mentira. Estaba realmente preocupada por su hijo.

– Estoy angustiada.

Leandro se acercó y tomó sus manos frías.

– Tus manos están frías.

Comenzó a hacer movimientos delicados sobre sus manos para calentarlas. Leticia sintió un agradable bienestar. Cerró los ojos brevemente. ¡Qué bueno era el contacto de sus manos!

Leandro preguntó:

– ¿Qué sucedió?

– Ricardito se despertó de buen humor, tomó un café y se fue a jugar con sus amigos al condominio. ¿Recuerdas el campeonato de *skate* que se organizó?

– Me acuerdo sí.

– Bueno. Media hora después, uno de los chicos llegó a casa para avisarme del accidente. No supe que hacer. Inmediatamente tomé la bolsa y corrí con él para acá.

– ¿Está bien?

– Parece que necesitó algunos puntos en la rodilla. Estaba desesperada en ese momento. Era tanta sangre y tú no estabas. Si mi padre estuviera aquí... –. empezó a sollozar.

Leandro se acercó instintivamente y su apoyó la cabeza en su pecho.

– No te pongas así. Estoy aquí contigo.

– Lamento la debilidad.

– ¡Shh! Todo está bien.

Leticia se sintió invadida por una nueva sensación agradable. Se sentía segura al lado de su marido. Ella lo amaba por encima de todo, pero parecía que algo le impedía acercarse.

73

– ¡Sinvergüenza! ¿Crees que nos engañas? Puedes engañar a mi dulce e ingenua hija, ¡pero a mí no me engañas! – rugió una voz masculina.

Leandro sintió un repentino malestar. Se apartó de Leticia y se pasó una mano por la frente.

– ¡Estás pálido! ¿Qué te pasa?

– No lo sé, de repente me sentí mal.

– Llamemos a un médico.

– De ninguna manera. Verá que es el estómago vacío. No desayuné. Leticia se puso de pie.

– Te traeré algo de comer.

Mientras se dirigía a la cafetería del hospital, Leandro continuó con esa extraña y repentina incomodidad.

– ¡Idiota! Puedo hacer que te enfermes. No puedes verme, ni oírme, no sabes cómo defenderte. Te haré sufrir.

Leandro se pasó las manos por el pelo con nerviosismo y apoyó los codos en las rodillas.

– Estuve bien hasta ahora. ¿Por qué siento este malestar?

El espíritu a su lado lo atormentaría aun más, si no fuera por una voz familiar y amorosa que lo alejaba momentáneamente de ese mal sentimiento:

– ¡Papi!

Leandro miró por el pasillo y vio a su hijo. Abrió una amplia sonrisa y, en ese instante, rodeado de una sincera ola de amor, se liberó de esa influencia negativa. Corrió y abrazó al niño, llenándolo de abrazos y besos.

– Ricardito, mi querido hijo. ¿Qué sucedió?

– Estaba jugando con mis amigos y quería tomar una curva. ¡Fue genial! ¡Parada siniestra!

– Hijo, no entiendo estas jergas –. Ricardito se rio.

– ¡Olvidé que eres demasiado mayor! – Leandro se rio, movió la cabeza hacia los lados y el hijo continuó: – Fue genial, la gente se divirtió, pero luego me tropecé con la patineta y puse la rodilla en la cerca del jardín.

– ¿Cuántas veces te he pedido que te protejas y uses rodilleras?

– Ni me di cuenta. Pero mira – señaló el vendaje – me pusieron tres puntitos. No solté ni una lágrima. Soy fuerte, como tú.

Leandro lo abrazó y lo besó en la mejilla.

– Eres valiente y fuerte, como yo. Realmente tenías que salir a alguien.

– ¿Vas a pasar el día conmigo?

– Hum... Hum... Vamos a casa, necesitas descansar y...

– ¡Qué descanso, ni nada! Estoy muy bien. El médico me recomendó que no camine tanto, al menos hoy. Y subirme a la patineta solo después de sacar los puntos...

– Pasaré el día contigo.

– ¿Y el trabajo?

– No trabajo hoy. Es suficiente. Hasta el domingo seré tu acompañante.

– ¡Bien! – Ricardo lo abrazó –. ¿Vemos esas series de televisión juntos?

– Todo lo que quieras.

Ricardo volvió a abrazar a su padre y, mirándolo a los ojos, dijo con una amplia sonrisa:

– ¡Eres el mejor padre del mundo!

Leticia se acercó con una pequeña bandeja. Tenía un bocadillo de queso caliente y un vaso de zumo de naranja. Se lo entregó a su marido.

– Necesitas alimentarte.

– Gracias.

– Mamá, papá ya no estará trabajando hoy y pasará todo el día, es decir, todo el fin de semana conmigo. ¿Puedes creerlo?

Ella acarició su sedoso cabello dorado.

– Yo creo que sí.

– ¿Nos vamos a casa, mamá?

– Tengo que firmar unos papeles y nos vamos.

– Vamos juntos – dijo Leandro –. Vine en taxi y conduciré el camibno de regreso.

Leticia sonrió. Cogió la llave del coche y se la entregó a su marido. Los dos, padre e hijo, asintieron y salieron felices hacia el estacionamiento. Leticia incluso logró mantener un buen humor.

El espíritu que estaba cerca de ellos gruñó a la distancia:

– Ahora no tengo forma de acercarme a Leandro. Cuando está con Ricardo, no puedo hacer nada. ¡Qué desastre!

El espíritu habló y luego se desvaneció en el aire.

CAPÍTULO 8

Edgar recibió el tratamiento adecuado y lo trasladaron a una habitación. Había estado en observación y fue liberado a última hora de la tarde. Marina habló con los médicos y recibió orientación.

– Su marido estará bien, sin secuelas. Era de suma importancia haber traído el bote de veneno. Mi colega hablará contigo y te dará más detalles.

Dijo el médico y se alejó rápidamente. Marina ni siquiera tuvo tiempo de decir que no estaba casada con Edgar, pero se encogió de hombros. Una simpática doctora se acercó a ella.

– ¿Eres la acompañante de Edgar?

– Sí soy.

– Soy la Dra. Helma.

– Mucho gusto.

– Es necesario que les dé alguna información.

– Dígame.

Helma indicó una silla allí y ambas se sentaron. Didácticamente, la doctora dijo:

– Los síntomas, en el envenenamiento con raticidas que se ingieren, dependen del producto y de la cantidad ingerida, gracias a Dios Edgar ingirió una cantidad muy pequeña. Si la víctima está inconsciente, somnolienta o con convulsiones, es imposible inducir el vómito de ninguna manera, debido al riesgo de aspiración pulmonar.

– ¿Cómo así? – preguntó Marina.

– Los alimentos van al pulmón, lo que puede causar bronconeumonía por aspiración.

– En su caso, quien estaba consciente...

– En el caso de su marido, como estaba consciente, inducir el vómito colocándolo de costado era la mejor solución. La doctora, con una simpatía inigualable, intentó ser muy didáctico: – En estos casos, si es posible, es bueno identificar el tipo de veneno que se ingirió y la cantidad. Si la víctima tiene conocimiento como el caso de su marido, solo debemos inducirle el vómito si los agentes tóxicos son medicamentos, plantas, comida en mal estado, alcohol, bebidas alcohólicas, cosméticos, pintura, fósforo, naftaleno, veneno para ratas o peróxido de hidrógeno.

– Yo no lo hice. Fue el portero del edificio. En cualquier caso, ¿cómo se hace para inducir el vómito?

– Poner el dedo en la garganta de la víctima es la manera más popular. Luego, llevarlo al hospital más cercano, preferiblemente con la etiqueta del empaque del veneno. Cómo actuó. ¿Había hecho esto antes?

– No sé.

– Cabe señalar que el vómito debe ser inducido en cualquier tipo de intoxicación donde el daño causado por el vómito sea menor que el daño causado por el producto ingerido.

– ¿Qué quiere decir, doctora? No entendí.

– En intoxicaciones causadas por derivados del petróleo, ácidos y productos similares, no se debe inducir al vómito. En cualquier caso – dijo alegremente la doctora – permanecerá en observación hasta mañana. Luego lo van a dar de alta y solicito que reciba asesoramiento psicológico.

Marina agradeció a los doctores y se alejó.

– Todos aquí piensan que Edgar es mi esposo. ¡Qué cosa! Al menos ahora sé cómo actuar en caso de envenenamiento – se dijo mientras caminaba en dirección a la habitación. Sonrió al entrar y lo vio con mejor aspecto.

– ¿Cómo se siente?

– Mucho mejor. El susto ya pasó.

– Menos mal que llegamos casi después que lo ingirió. Si tardábamos demasiado, tal vez los procedimientos serían más agresivos o incluso usted no estaría vivo.

Una lágrima escapó por el rabillo del ojo del muchacho. Edgar volteó el rostro a un lado, hacia la pared, sintiendo una enorme culpa.

– Casi destruyo mi vida.

– ¿Qué sucedió?

– No quiero hablar de eso ahora.

– Tiene todo el derecho a permanecer callado, después de todo, apenas nos conocemos.

– Siempre me trató de manera amable. Me gustaba su voz cuando llamaba a la empresa para hablar con Denise.

Marina sonrió.

– Ahora me conoce personalmente. Sabes que tengo mucho trabajo, no puedo quedarme aquí todo el tiempo y, por eso, Juan llamó a su madre. Ella está a punto de llegar.

– ¿Llamó a mis padres? ¿Por qué?

– No soy pariente suyo y no nos conocemos. Cómo he llegado aquí al hospital de a su lado, debo quedarme hasta que llegue un familiar o tutor. No pude localizar a su esposa y Juan tomó el número de teléfono de su madre que estaba sujeto con un imán en la nevera y la llamó.

– ¿Hablaste con Denise?

– Su celular está apagado.

– ¿A dónde se fue?

– Viajó a Rio por negocios.

- Intente localizarla. Realmente desearía poder hablar con ella.

- Haré mi mejor esfuerzo.

María José entró en la habitación y, al ver a su hijo hablando y aparentemente en buen estado de salud, levantó los brazos.

- ¡Gracias a mi Señora de Fátima! - dijo con un fuerte acento portugués. Se acercó a la cama, abrazó y besó a Edgar varias veces en la mejilla.

- ¡Apuesto a que fue una pelea con esa descarada! ¡Apuesto!

- Mamá... -. asintió y María José siguió la mirada de su hijo. Fue en ese momento que notó la presencia de Marina.

- ¿Lo acompañaste?

- Sí, señora. Mucho gusto - le tendió la mano - Soy Marina.

María José la abrazó con cariño y derramó algunas lágrimas. Estaba muy emocionada.

- ¡Salvaste a mi hijo!

- Mire, señora. Quien realmente lo salvó fue el portero del edificio. Solo lo acompañé al hospital.

- Estuviste con mi hijo cuando más lo necesitaba. Siempre te estaré agradecida.

- Hice lo que cualquier otra persona haría.

- Hizo lo que haría cualquier persona de buen corazón - respondió Fernando, que acababa de entrar en la habitación.

La pareja llenó a Marina de preguntas y ella estaba un poco mareada con la forma rápida que María José hacía sus preguntas. Ella informó lo que el médico le acababa de decir sobre los procedimientos en caso de ingestión de veneno. María José no estaba satisfecha. Escuchó a Marina y negó con la cabeza.

Aunque estaba lleno de preguntas, Marina se sentó a su lado. Se dio cuenta que eran una familia unida y que había mucho amor y cariño entre los tres. Notó la emoción con la que Fernando abrazó a su hijo. Y luego preguntó:

- ¿Dónde está Denise?

- Ella viajó padre.

- ¿Qué quieres decir con viajar?

Edgar se encogió de hombros. No quería hablar sobre la discusión que tuvo con Denise. Fernando fue firme.

- Ella era la que debería estar aquí. Tu esposa. Y no una extraña -. Miró a Marina y agregó: - Disculpe la franqueza, pero ella es una extraña en nuestra familia. Su esposa, es quien debería estar aquí a su lado.

- Discutimos, padre.

- ¿Y qué? Las peleas entre parejas son comunes.

Edgar abrió y cerró los ojos. Suspiró en un murmullo:

- Denise me dejó...

Marina se dio cuenta que era hora de irse.

- Necesito volver al trabajo. Y todavía tengo que ir para saber si mi coche estará listo. Me encantó conocerlos, aunque en una situación desagradable.

- Pero, quédate - dijo Fernando.

- No puedo. Realmente.

La joven se acercó a Edgar y suavemente le pasó la mano por la cara.

- ¿Te sientes mejor?

Le dio la mano y sonrió.

- Gracias. Mil veces, gracias.

- Hice lo que me dijo mi corazón.

- Cuando esté mejor, iré a la empresa. Tomaremos un café juntos, ¿te parece?

- Cuídense mucho. Espero que todo salga bien y seas feliz.

- Denise volverá y todo irá bien.

Marina no respondió. Estrechó la mano del muchacho y sonrió tímidamente. Luego se despidió de sus padres.

– Me compadecí mucho de ti. Fuiste el ángel bueno que apareció en el momento adecuado en la vida de mi hijo. Nunca olvidaré eso.

– Hasta luego, doña María José.

– Guarde mi tarjeta. Ven y toma un té conmigo en cualquier momento. Haré pasteles de Belén, es una receta que ha estado durante varias generaciones en mi familia.

– He estado trabajando duro, pero haré todo lo posible para vernos y conocernos mejor. También me agradaste mucho.

Se abrazaron y la joven se despidió de Fernando. Cuando salió de la habitación, Fernando dejó escapar un silbido.

– Qué hermosa morena. ¿La conoces de dónde?

– Es la secretaria de Denise.

– ¡Pobre cosita! ¿Trabaja para esa serpiente? – dijo María José.

– ¡Mamá!

– Nadie merece trabajar junto a esa descarada. Denise es el diablo con forma de mujer.

– Te quejas de ella. Siempre ha sido así, desde el inicio del noviazgo.

– ¿Recuerdas cómo se metió en nuestra familia? Tuve que aceptarlo. No querías hacerte esa prueba de ADN y te casaste.

– La amo. Nunca sospeché de su comportamiento –. María José prosiguió:

– Lo único bueno de toda esta historia fue que la pobre Mabel murió en paz. Todavía recuerdo su cara de felicidad cuando Denise entró a la iglesia.

Fernando intervino:

– Dejemos atrás el pasado, querida. ¿De qué sirve recordar todo esto ahora? – Y, volteándose hacia su hijo, le habló y le guiñó un ojo: – Hermosa y simpática esta chica que se fue de aquí. Ella me gustó mucho.

– También me pareció muy linda – corrigió María José.

– Ahora cuéntanos qué pasó, sin dar rodeos – exigió Fernando.

– Padre, no quiero hablar de eso ahora.

– ¿Por qué no?

– No en este momento.

– Nada de eso. Nada para alejarse de esto. Te conozco muy bien. Si estás aquí en esta cama de hospital, debes darnos explicaciones. ¿Qué pasó entre tú y tu esposa para dar un paso tan dramático? ¿Peleaste feo esta vez?

– ¿Ella te dejó? – preguntó María José.

Edgar asintió. María José sonrió por dentro.

– Sabía que algún día dejaría la vida de mi hijo.

Luego, con ojos llorosos, Edgar pasó a informar lo sucedido el día anterior, desde la salida de la oficina hasta el final de la noche, cuando Denise había decidido que se iría para siempre.

– Es mejor así. Ella no era buena y...

Fernando negó con la cabeza y ella entendió el mensaje. Dejó de hablar. Edgar estaba frágil, las lágrimas corrían sin parar. María José abrazó a su hijo y lo besó en la mejilla.

– Cálmate. Todo va a estar bien.

– ¿Será, madre?

– Claro. Todo pasa. Pronto volverás a casa, reanudarás tu vida.

– Eso espero. Mientras Denise vuelva a mí...

Fernando sintió pena por su hijo. Sabía cuánto le gustaba Denise a Edgar. Sabía lo difícil que era para su hijo afrontar esta separación, que, para él, desde el principio, tenía los días contados. Simplemente no esperaba que su hijo adoptara una actitud tan dramática.

María José fingió consternación, pero por dentro estaba feliz.

– ¡Nuestra Señora de Fátima escuchó mis oraciones! Necesito ir a la iglesia y agradecer la gracia obtenida. Denise dejó la vida de mi hijo y Edgar estará muy feliz. Muy feliz.

CAPÍTULO 9

Denise no se sintió muy cómoda durante su estadía en la maravillosa ciudad. El calor era prácticamente insoportable y la fila para coger el teleférico era un poco larga. Odiaba las colas. Pensó que algo estaba mal.

Hubo un grupo de turistas japoneses que no entendieron ni una palabra sobre los lineamientos del guía turístico. El sol era muy fuerte y se había olvidado de usar protector solar o incluso ponerse un sombrero. Empezaba a sentir que le ardían la piel de la cara y los hombros.

– ¡Qué pesadilla! Estoy sudando y tengo sed.

Se salió de la fila y fue a un puesto cercano. Compró una botella de agua y, después de beber unos sorbos, se sintió mejor. Regresó a la cola. Una señorita muy bajita, más baja que la media, realmente pequeña, con cara de pocos amigos, disparó:

– ¡Oye! ¿A dónde crees que vas?

Denise no la escuchó. La mujer bajita continuó con voz aguda:

– Te estás saltando la fila, blanquita.

Denise volteó el cuello hacia atrás y midió a la mujer de arriba a abajo. Respondiendo con ironía.

– ¿Estás hablando conmigo?

– ¿Hay otra chica blanca haciendo fila frente a mí?

– ¡Sal de aquí! Cállate pequeñita. Yo estaba en la fila y fui a buscar una botella de agua. Regresé a mi lugar.

– Tu lugar está detrás de mí. Denise infló su pecho.

– Quiero ver si eres una mujer para sacarme de aquí, prototipo de persona. Vamos, sácame de aquí.

– Mira que lo haré. Sufro de enanismo, soy pequeña, pero valiente.

– ¡Ve a verlo por ti misma! Vuelve al barco de Xuxa. ¿No es donde habitan los elfos y los gnomos? Algunas personas se rieron, otras se sintieron avergonzadas. Un hombre, tomando las molestias de la mujer, respondió:

– Demasiado feo para ofender a alguien. No es enana, es perjudicada verticalmente. Denise echó la cara hacia atrás en una carcajada.

– ¿Ahora se les dice afectado verticalmente? Enano es enano y punto. Esta buceadora de acuario me está molestando y nadie me va a sacar de aquí.

La situación se puso compleja. Un grupo defendió a la dama, quien, al darse cuenta de la atención recibida por la gente, adoptó una posición de víctima de la situación. Se sintió ofendida y comenzó a lloriquear. Otro grupo pensó que era absurdo que Denise se dirigiera a una persona de manera tan vulgar. Fue una gran falta de educación. Y otro grupo pensó que todo era divertido. Se divirtieron con sus diatribas y con los torpes japoneses.

– ¿Puedes llamarme blanquita y no tengo derecho a defenderme? ¿Qué democracia es esta?

– Blanquita, no. Se está poniendo colorada – gritó uno.

– Odio a los maleducados– dijo otro detrás.

Denise se puso la mano en la cintura y movió la cabeza de lado.

– ¡Gente repugnante! Odio a la gente.

Un hombre se acercó y le murmuró al oído:

– ¿Estás con ganas de salir de aquí?

Denise se volteó hacia la voz que estaba detrás de ella. Abrió una amplia sonrisa cuando vio a ese hombre moreno alto y corpulento.

– Me encantaría – respondió alegremente.

– Ven conmigo. Dentro de poco querrán despellejarte viva –. Denise notó el portugués equivocado, pero le agradaba el chico. Dijo:

– No fui yo quien inició el alboroto. Fue esta locutora de radiecito a pilas quien comenzó –. Y, volteándose hacia la mujer, sugirió: – ¿Por qué no pones finalmente la cabeza en un hueco y te suicidas? ¿O por qué no te lanzas desde el primer piso de un edificio? ¿Quieres ver que ni siquiera pagarás un boleto para ir al teleférico? Le permitirán pasar por debajo del torniquete. El hombre la sacó de allí. Si Denise abría la boca para decir una palabra más a la pobre mujer, seguramente sería ejecutada sumariamente por un grupo indignado con tantas barbaridades.

– Ven conmigo.

Aun así, giró y miró a la pequeña con el ceño fruncido.

Más adelante, lejos del grupo y del alboroto, cuando se quitó las gafas de sol y Denise notó el par de ojos verdes, no pudo evitarlo.

– ¡Dios mío! ¿Qué ojos son esos?

– Mi encanto.

– ¿Son de verdad? – levantó una mano y le tocó la cara.

– ¡Originales de fábrica!

– Estoy impresionada.

– Cuando mi discurso no seduce, utilizamos otros atributos que la naturaleza me regaló.

Cogió la botella de agua y bebió un sorbo. Fingió no escuchar el crimen que cometió con el idioma. Luego se pasó una mano por la frente sudorosa.

- Gracias. Si me quedaba allí un poco más, me despellejarían viva.

- Esa gente no entendió tu sentido del humor.

- Agradezco su amabilidad al sacarme de allí. Le tendió la mano.

- Encantado de conocerte, Jofre.

- Mi nombre es Denise – ella también se acercó y lo saludó. Sintió una sensación agradable cuando tocó esa mano grande, áspera y fuerte.

- São Paulo, ¿verdad?

- ¿Como adivinaste? – ella preguntó.

- Por el acento.

- ¿Está tanto en la cara, o más bien hablando, así? – Él se rio.

- Así es. Tiene un acento agradable, habla cantando las palabras. Ella se sintió halagada.

- Nunca presté atención a mi forma de hablar.

- Viví en São Paulo durante un tiempo.

- ¿En serio?

- Y también noté que no eres de aquí por el tono de piel. Eres demasiado blanca para ser carioca. Tu piel esta roja.

Notó el enrojecimiento alrededor de los tirantes del vestido.

- No estoy acostumbrada a tomar el sol y me olvidé por completo de aplicarme protector solar.

- Si te quedas aquí un poco más bajo el sol, te saldrán algunas manchas en el cuerpo.

- Es verdad.

- Y ese grupo no te quiere cerca. ¿De verdad quieres subir al Pan de Azúcar, mina?

- No tenía muchas opciones. Pensé en ir al Jardín Botánico, pero no quiero que me piquen los mosquitos, los atraigo como la miel atrae a las abejas.

- Tenemos muchas cosas buenas que hacer en la ciudad.

- Acepto sugerencias.

- ¿Qué tal un paseo en mi yate? - preguntó con un aire de orgullo.

- ¿Yate? - preguntó sorprendida.

- Sí. Yate, como estos barcos de lujo.

Jofre era un chico guapo, pero no parecía un hombre de buena familia ni actitud de hombre acomodado, como si la gente con dinero tuviese hoy una postura diferente. Y el portugués equivocado sin acuerdo, incluso demostró que no había asistido a un colegio.

- ¿Por qué la sorpresa? ¿Es solo por el color de mi piel?

- De ninguna manera. No tengo ningún tipo de prejuicio, todo lo contrario.

- ¡Ah bueno!

- Cuando era más joven salí con un chico mucho más moreno que tú, un hombre negro.

- ¿Y te gustó? - preguntó, en un tono lleno de malicia.

- ¡Me encantó! Nunca olvidaré a ese hombre. Alto, fuerte, musculoso.

- Si sigues hablando así, estaré celoso de ese tipo -. Denise se rio y lució encantadora. Estaba disfrutando de este pequeño juego de seducción.

- No tengas celos. Primero porque la relación con él fue hace años y segundo, eres mucho, mucho más interesante que él.

Jofre se rio y parpadeó.

- Entonces me dejas atado a ti.

- ¿Inmediatamente? ¿Eres tan rápido?

- Solo con una mujer que despierte mi deseo. Hemos estado interesados en ti desde el momento en que te vimos.

– ¿Estabas en la fila? – ya no le importaban los errores de concordancia. La lengua materna salía casi incoherente de su boca, pero Denise estaba interesada en otros atributos del muchacho.

Jofre respondía de otra manera. Era como hablar de otra persona. Siempre usó personas en lugar de mí y conjugó incorrectamente la primera persona del plural. Pensó que era una forma de impresionar a la gente.

– No. Vinimos a buscar a un amigo y recoger un pedido. He vivido aquí durante años y nunca tomamos el teleférico. Creo que tendremos que esperar otra oportunidad. Mi fierro está ahí mismo – señaló un auto importado, último modelo.

Denise esbozó una nueva sonrisa.

– ¡Es mi día de suerte! – se dijo a sí misma mientras lo acompañaba al vehículo. Ella entró y se sentó. Jofre arrancó y encendió el aire acondicionado. Denise dejó escapar un pequeño chillido de placer y se recostó en el asiento de cuero.

– ¡Aire acondicionado! ¡Qué delicia!

– Vamos a ponerlo al máximo, mina.

– ¿A dónde vamos?

– A la Marina de la Gloria. Mi barco está anclado allí.

– Nunca me subí a un bote o yate aquí en Rio

– Si dependiera de mí, lo harás cuando quieras. Y no en un barco, sino en un yate, como los de la telenovela.

Jofre habló y puso su mano en su muslo con determinación. Denise sintió una emoción de placer.

– Este hombre tiene un agarre como a mí me gusta. Más pegada que Leandro...

CAPÍTULO 10

Leticia le pidió a la criada que le sirviera el almuerzo y luego se dirigió a la sala de televisión.

– El almuerzo está servido.

– ¿Ahora? – preguntó Ricardo.

– Necesitas alimentarte, joven.

– Papá y yo estamos viendo otro episodio de CSI (*Crime Scene Investigation*).

– Luego continúan mirando.

– Ah, pero ¿ahora Grissom va a demostrar quién lo mató? Espera un poco más, vete.

– Nada que esperar. Después de todo, ¿quién va a hacerse cargo de tantas papas fritas que el cocinero frió?

– ¿Papas fritas? ¡Epa!

Leandro apagó el reproductor de DVD.

– Vamos a almorzar hijo. Luego volveremos y miramos el resto de la temporada.

Ricardo se levantó y caminó con cuidado hacia el comedor. Luego Leandro se levantó y lo siguió.

– Deberíamos reunirnos más a menudo – sugirió Leandro.

– Lástima que los negocios te quiten tanto tiempo – finalizó Leticia.

– Necesito estar en São Paulo. Es imperativo que los negocios se realicen desde allí. Además, la fábrica está ubicada dentro de ese estado. Tu padre, hace años, hizo un trato con el gobernador. Subvenciones recibidas, desgravación fiscal. No puedo imaginar cambiar el lugar de la empresa.

– Ni siquiera lo considero. Hay muchos empleados, más de quinientos. Hay muchas familias involucradas.

– Muchas familias y muchos intereses, incluso políticos. La Compañía se ha convertido en el número uno en la fabricación de televisores de plasma y LCD. También somos imbatibles en la producción de monitores de ordenador. ¡Vamos a acabar con los chinos!

– Sé todo esto. Papá era un hombre de visión y convirtió un taller de reparación de tubos de televisión en una gran empresa, admirado incluso en el extranjero. También sé que por los impuestos y otras burocracias es mejor que la administración se quede en São Paulo, pero te cansas mucho, viajas todas las semanas. No creo que sea justo.

– No me canso en absoluto. São Paulo está justo al lado. Media hora en avión y listo. No me desgasto.

– Sin embargo, Ricardito te extraña mucho. Sabes, durante la semana, comenta que le gustaría tenerte cerca para que lo ayudaras con las presentaciones escolares. El otro día dijo que le gustaría que estuvieras aquí para ver el partido del campeonato de Rio con él. Pobrecito, estaba solo en la sala.

Leandro negó con la cabeza de lado.

– Yo lo extraño mucho. Quizás podamos encontrar una alternativa.

– ¿Cuál sería?

– Tan pronto como el inventario esté listo, te convertirás en la accionista mayoritaria, ¿verdad?

– ¿Y qué?

– Debes asistir a reuniones importantes, tu presencia será cada vez más demandada.

– Ya lo pensé y decidí que te lo dejo a ti.

- No puedes, Leticia. La empresa es tuya.

- Y de alguna manera, también es tuya. Te esfuerzas y te dedicas para que la Compañía siga creciendo. Viajas por el mundo buscando nuevas tecnologías, intentando dar buenas condiciones laborales a los empleados. Eres un ejecutivo excepcional y mereces representarme en la junta. Confío en ti.

Leandro sintió un ligero ardor en el pecho.

- Gracias por confiar en mí. Pero tengo mucho trabajo por hacer. Una persona de confianza podría ocupar tu lugar. ¿Qué hay de Mila?

- Ella no lo necesita. Tiene mucho dinero. Podemos pensar en mudarnos a São Paulo.

- ¿Dejarías de vivir en la ciudad que más amas en la vida? - preguntó sorprendido.

- Sí - Leticia lo miró a los ojos -. Haría cualquier cosa para mantener unida a mi familia por más tiempo.

- No creo que sea necesario. Estudiaré mis compromisos con detenimiento y prometeré que seré un padre y un esposo menos ausente.

Leandro habló y tomó su mano. Leticia sintió que se le erizaba el vello de los brazos. Le encantaba sentir las manos siempre cálidas de su marido. Estaba loca de deseo, pero algo le impedía ser más cariñosa con Leandro. ¿Qué estaba pasando?

Ella sonrió y lo acompañó al comedor. Se sentaron y Ricardo habló, mientras devoraba las papas fritas

- Los quiero. Me encanta cuando estamos juntos -. Leticia miró hacia abajo tímidamente.

Leandro respondió:

- También me gusta mucho cuando estamos juntos.

Continuaron hablando hasta que escucharon la voz de Teresa, madre de Leticia, desde la otra habitación. Leandro exhaló un largo suspiro de molestia. No se llevaba bien con su suegra. Ni siquiera su suegra se llevaba bien con el difunto suegro.

Si no hubiera sido por Leticia que quedó embarazada, el matrimonio, no se habría consumado. Emerson y Teresa nunca aprobaron a Leandro como yerno. Teresa quería que su hija se casara con alguien de la alta sociedad y no con un chico de clase media. Ella y su esposo nunca fueron favorables a su relación; sin embargo, cuando descubrieron el embarazo de su hija, se sintieron consternados. Como cualquier familia que está atascada en los dictados sociales y que escucha los comentarios calumniosos de la gente, exigieron que su hija soltera terminara en el altar antes que le creciera la barriga.

Leticia había sido una chica tímida y tranquila, muy reservada, de pocos amigos. A decir con certeza, amiga de verdad, era solo Mila, desde la infancia, cuando se conocieron en el segundo grado de la vieja escuela. Eran como uñas y esmalte, y Mila hacía el papel de una hermana mayor y protectora, aunque se llevaban poco más de un año. Leticia tenía treinta años y Mila treinta y uno.

Cuando era niña, Leticia nunca había tenido enamorados. Incluso pensó en convertirse en monja, ya que no le gustaba salir, coquetear, involucrarse con los chicos, ya sea en los bailes del colegio o en las fiestas de sus pocos amigos. Le encantaba asistir a la iglesia y siempre estaba en comunión.

El placer siempre le había resultado difícil de lograr. El día que vio a Leandro por primera vez, se enamoró a primera vista. Era incontrolable, una ola de calor que se apoderó de todo su cuerpo. Nunca antes había sentido algo así en su vida.

Leticia fue seducida por Leandro y en una fiesta posterior, muchos sorbos de champagne y un baile de carita pegada al sonido de George Michael, se produjo la primera intimidad entre los dos. Ella quedó embarazada, se casaron y poco después de nacer Ricardito había perdido el interés por el sexo. Cumplía el rol de esposa al menos una vez a la semana.

Sin embargo, desde la muerte de su padre, era como si hubiera perdido por completo el placer de relacionarse con Leandro. Ya no dormía con él y se había mudado a otra suite.

Teresa entró y se sorprendió al ver a su yerno sentado allí.

– ¡Dios mío! Un rayo caerá sobre esta casa.

– ¡No sobre esta casa! Aquí vive una familia feliz –. Ella se encogió de hombros y dijo:

– Seguro que sí. ¿Por qué estás por aquí a esta hora?

– ¿Cuál es el problema?

– ¿Fuiste despedido?

– Gracioso. Muy divertido.

– Para mi es gracioso. Si Leticia quiere, podía despedirlo. ¿Dejaste la empresa a las moscas?

– No del todo así. Hay personal competente que se ocupa de sus bienes, Teresa.

– Trabajas las veinticuatro horas del día. De ahí mi extrañeza.

– Para ver lo bueno que soy y un buen padre.

– Buen padre, eso es bueno –. Hizo una mueca y besó a su nieto: – ¿Cómo estás, querido? ¿Te sientes mejor?

– Sí, abuela. Mucho mejor. Eso fue una tontería. La semana que viene me sacaré los puntos y estaré listo para otra.

– Ni lo pienses, Ricardito – dijo con voz ronca –. No más problemas para tu madre. ¡Mira cómo está! Pobrecita –. Luego abrazó a su hija: – Mi bebé. ¡Estás pálida!

– Vamos mamá, estoy bien.

– Necesitas comer mejor. Estás muy delgada. ¿Viste tu foto en esa revista de celebridades? Todos mis amigos comentaron que estás muy delgada, Leticia. Creen que tienes anemia o bulimia.

– Cuántas tonterías, madre. Siempre he sido delgada.

– Quiero echar un vistazo al menú y ver qué estás pidiendo hacer. Nunca supiste manejar la casa y...

Leandro y Ricardo intercambiaron una mirada significativa. Luego se levantaron. Leandro sugirió:

– Voy a pedirle a Iara que sirva postre en la sala de televisión.

– Luego hablamos con la abuela.

Los dos salieron y Teresa continuó:

– Debes llamarle la atención a tu marido.

– ¿Por qué?

– Necesita estar más cerca de ti y de tu hijo.

– Lo sé, mamá. Pero Leandro se esforzó mucho. Trabaja mucho.

– Sé lo duro que trabaja. ¿Crees que soy tonta? Somos conocidos en la sociedad. He escuchado comentarios calumniosos sobre el comportamiento de tu esposo. Allá en el club dicen que tiene un caso con una morena.

Leticia se estremeció. No podía relacionarse íntimamente con Leandro, pero estaba loca por él. Realmente lo amaba. El conocimiento que se suponía que él estaba involucrado con otra mujer la ponía ansiosa e insegura.

Ahuyentó los malos pensamientos que comenzaban a formarse en su mente.

– Disparates. Estos amigos tuyos llevan una vida inútil y aman los chismes.

– Bueno, donde hay humo, hay fuego. Vigila a tu marido.

– ¿Podemos cambiar el tema?

– Claro que sí. Tendremos la reunión del consejo, tan pronto como el inventario esté listo...

– Realmente no quiero asumir el consejo.

– ¡Pero qué dices! ¡Eres la legítima heredera! No tengo sentido comercial. Nunca lo tuve.

- Yo tampoco.

- Tu padre siempre dijo que serías su sucesor. Es importante que alguien de la misma sangre dé continuidad empresarial. Eres la única hija.

- Pero no me gusta nada de eso. Dejaré que Leandro se encargue de todo. Es competente y profesional.

- ¿Vas a entregarle la compañía de mano extendida a ese hombre? ¿Y si hace un mal negocio? ¿Qué pasa si intenta engañarnos y tomar toda nuestra fortuna? Conozco casos de conocidos que, cuando se dieron cuenta, ya era demasiado tarde y simplemente se quedaron con la ropa puesta. Gente pobre. E incluso las cambiaron por niñas sin pañales. Cuanta vergüenza.

- Leandro es un buen hombre. Es un buen profesional trabaja con amor. Desde que se hizo cargo del negocio cuando murió papá, la Compañía solo ha crecido. No puedes quejarte de eso. Las acciones de la Compañía se dispararon en la bolsa de valores. Tampoco la crisis financiera los derribó.

- Tienes razón. No me gusta tu marido, pero es un buen profesional. Excelentes comentarios sobre su postura profesional. Pero en cuanto a su conducta personal...

Leticia lo cortó delicadamente.

- Por favor, mami. No quiero hablar sobre eso.

Teresa sabía cuán enamorada estaba su hija de Leandro. Sin embargo, sospechaba. Algunos amigos juraron haber visto a Leandro con otra mujer, con gestos poco profesionales, en un restaurante de moda en São Paulo. Sabía que él debía estar a la altura. Pero se encogió de hombros. Para ella, los hombres eran todos iguales, Emerson también había saltado la valla, a veces cuando estaban casados.

Mientras continuara con una vida cómoda y lujosa, no le importaban las escapadas de su marido. Cada comentario que escuchó sobre las aventuras extramaritales de Emerson, Teresa no tuvo dudas: compró una joya muy cara como una forma de compensar la traición. Hizo una colección de maravillosas joyas. Las guardó en un banco, la cantidad y el valor eran grandiosos. Leticia no era como ella. No es nada inteligente, creía. Pensó que era mejor llegar a un acuerdo.

– ¿Y te quedarás en casa todo el día? ¿Haciendo qué?

– ¿Cuál es el problema? Me gusta mi casa, cuidar la educación de Ricardo. El mes que viene comenzarán un nuevo curso. Historia del Arte.

– ¿Historia del Arte? ¿Para qué?

– Para el enriquecimiento cultural. Mila va conmigo.

– Mila. Siempre Mila. ¿No tienes otra amiga?

– ¿Cuál es el problema? Siempre te has quejado de Mila.

– Creo que Mila pone ideas sin sentido en tu cabecita.

– No es así.

– Ella es muy extraña. No se ha casado hasta ahora. ¿De verdad le gustan los hombres?

– No tienes remedio, mamá. Fingiré que no escuché ese desafortunado comentario.

– También hablan de ella en el club. Una persona no puede comportarse de manera tan irreprochable. Mila debe tener algún desliz en la conducta.

– No tiene. Es una mujer rica, pero vive una vida discreta, lejos de los reflectores. El padre era actor de teatro y la madre millonaria. Nunca se dejó llevar por la fama de sus padres, por ser hija de ricos y famosos. Es una persona con un gran corazón. Una de las personas más adorables que he conocido.

– Puede ser.

– Es una gran amiga – corrigió Leticia –. Como una hermana –. Teresa se encogió de hombros y continuó, como si no hubiera escuchado a su hija:

– ¿No puedes hacer o pertenecer a otro círculo de amistades? La gente del club te extraña. Siempre preguntan por ti.

Dicen que te ven más en las fotos de las revistas que en vivo y en directo.

– No me gustan los chismes. Tus amigas solo hablan mal de los demás, o de los que tienen más dinero, que viajaron a no sé dónde, que engañaron y que fueron estafados... No, mamá, nuestros gustos son muy diferentes.

– Muy diferentes. No saliste a mí. Eres una especie de campesina. No puedo imaginar por qué las revistas: siempre te llaman para dar conjeturas sobre la etiqueta. ¡Solo tú! Tenemos tanto dinero y te vistes de manera tan sencilla.

– No soy una pava como tú. No me gusta estar lleno de joyas. ¡Es una cuestión bastante personal! Me llaman a hacer conjeturas porque soy discreta.

Teresa se levantó y observó la habitación con una mirada inquisitiva e investigadora, muy de su estilo. Sacó y movió objetos. Llamó a una de las empleadas y cambió una foto a otra pared.

– Me gusta Portinari en esta pared – señaló Leticia.

– Pero no se ve bien. No coincide con la decoración que tanto me gusta.

– Esta es mi casa, mamá.

– Si tuvieras buen gusto, de hecho, no lo habría adivinado.

Leticia siguió impotente a su madre. Teresa dio órdenes, movió objetos, pidió poner un cuadro aquí, cambiar otro y así cambió toda la decoración de las habitaciones, involucrándose en todo. La hija no se atrevió a molestarla. No servía de nada intentar discutir. Teresa no lo escucharía.

Después de redecorar el comedor y la sala de estar, Teresa vio un libro en el piano. Espiando, acercó su rostro a la cubierta, pero Leticia aceleró el paso.

– ¿Qué es eso?

– Un libro, ¿por qué?

– Déjame ver.

– Es mío, mamá.

– Leticia...

Ese tono en la voz de Teresa era desagradable. Leticia suspiró y, aun con el libro detrás de su cuerpo, habló con delicadeza:

– Un romance.

– ¿Qué romance?

– *Una historia de ayer*.

– Nunca antes lo había escuchado. ¿Traducción de Sidney Sheldon o de algún otro autor estadounidense?

– Ninguno. Es una novela de la escritora Mônica de Castro. Es un libro muy bueno y...

Teresa avanzó hacia su hija y le quitó el libro de las manos. Miró la portada y soltó un chillido de indignación.

– ¿Un libro dictado por un espíritu? ¿Qué tan loco es eso?

Leticia estaba a punto de hablar, pero Teresa hizo un gesto inoportuno con la mano, reprochándole que hubiera abierto la boca. Luego se giró y leyó la cuarta portada de la copia.

– ¡Un romance espírita! ¡Qué horror!

– No es un horror, mamá.

– ¿Desde cuándo lees este tipo de tonterías?

– No es tontería. Me hace bien.

– No importa lo que me digas. ¿Desde cuándo lees este tipo de libros?

– Desde que murió papá.

– ¿Qué tiene que ver este libro con la muerte de tu padre? ¿Lo traerá de vuelta?

– No, claro que no. Pero la lectura ha consolado mi corazón. No puedo aceptar el hecho que papá murió y se acabó. Es difícil aceptar la muerte, tratar de conformarme con que nunca más volveré a encontrar a esa persona que amé tanto en la vida.

– Es difícil, pero es la realidad. Nacemos, vivimos, morimos y eso es todo.

– Mila me dio este libro para que pudiera abrir mis ojos y mi mente y entender un poco más sobre los misterios de la vida. Nunca había perdido a un ser querido. Cuando nací, mis abuelos ya habían muerto. Por esa razón, nunca me habían preocupado estos asuntos de la muerte, la espiritualidad.

– Solo Mila puede tener interés en este tipo de cosas. Te está llenando la cabeza de tonterías, eso es verdad.

– Este libro trae consuelo a mi alma. Desde que empecé a leer hace unos días, me he sentido más ligera y he dormido mejor.

– ¡Cuánta idiotez!

– No es una idiotez. Es un hecho.

– No quiero verte más leyendo ese tipo de romances.

– Ese libro es mío, mamá. Por favor. Dámelo aquí.

– No, señora. Este libro va a la basura. Este tipo de lectura solo nos enferma. Nos hace creer en algo fantasioso. Reencarnación es conversación para dormir un buey.

Teresa se alejó y tropezó con algo. Perdió el equilibrio y escuchó detrás de ella:

– Estás en nuestra casa. Exigimos respeto –. Leandro habló y le quitó el libro de las manos. Se lo dio a su esposa.

– Cuando termine, me gustaría leerlo. Siempre he sentido curiosidad por los asuntos espirituales y he escuchado comentarios muy positivos sobre esta escritora. ¿Sabías que es carioca como nosotros?

Leticia esbozó una sonrisa franca. Le encantaba esa actitud de su esposo. Abrió el libro con mucho cariño.

– Esto me ha ayudado a comprender mucho. Mila siempre quiso hablarme de estos asuntos, pero yo no tenía ningún interés. Después que papá murió bueno, comencé a leer lentamente y lo estoy disfrutando mucho, además que la historia es atractiva y dinámica.

– No permitiré que estas tonterías lleguen a los oídos de mi nieto – disparó Teresa.

– Lo que llegue o no a los oídos de tu nieto depende de mí y de mi esposa decidir – respondió Leandro con firmeza –. Cuidamos de nuestro hijo. Ahora, por favor, si no tienes más muebles o cuadros para cambiar de lugar, vete. Estás sacando la paz de esta casa, para variar.

Teresa se sintió muy enojada. Casi fue tras el yerno. Se mordió los labios y escuchó:

– ¡Atrevido! ¡Desgraciado! ¿Quién piensa este hombre que es? No puede faltarnos el respeto –. Teresa simplemente repitió. Era como si hubiera sido tomada por una fuerza mayor, como si esos pensamientos fueran de hecho suyos.

– ¡Atrevido! ¡Desgraciado! ¿Quién crees que eres?

Leticia y Leandro se miraron con verdadero estupor.

– ¡Mamá! ¿Qué forma más grosera es esa de hablar con Leandro? ¿Cómo te atreves? – Ella recobró el sentido y gritó:

– ¡Estás poniendo a mi hija en mi contra! Quiere poner leña al fuego y mantenernos alejados. Eres malo.

Dijo eso entre lágrimas, giró sobre sus talones y se fue, dando pisotones. Leticia se acercó a su marido y lo abrazó instintivamente.

– ¿Todo bien?

– Sí. Nunca había visto a tu madre actuar tan groseramente.

– Ni yo.

– Ni siquiera se parecía a ella.

– Estaba nerviosa cuando vio el romance espírita.

– Puede ser. Pero tenía un comportamiento extraño.

– Mamá está nerviosa. Tiene amigos interesados, no abandona ese club. Tiene una vida muy infeliz.

- Porque quiere. Podría viajar por el mundo, conocer otros lugares, culturas, hacer amistades interesantes o encontrar marido. Teresa sigue en forma y apenas ha pasado de los cincuenta años.

- Yo también lo creo.

Leandro miró la portada del libro y preguntó, entre sonrisas:

- ¿Te está haciendo bien el libro?

- Oh sí. Me he estado sintiendo menos triste. Al menos cuando lo leo, me siento muy bien.

- Entonces, si es bueno para ti, sigue leyendo –. Ella sonrió tímidamente y él sugirió:

- ¿Por qué no llamas a Mila y vas al centro comercial?

- Ricardo puede necesitar algo.

- Déjalo. Ve a divertirte. No tengo nada más que hacer. Simplemente llamé a São Paulo, revisé mis correos electrónicos y terminé el día. Pasaré el fin de semana con Ricardito, como le prometí en el hospital. Sal un poco a relajarte.

- Está bien. Voy a salir. Mamá me sacó de las casillas y tengo que dar un paseo. Llamaré a Mila.

- Hazlo.

- Gracias.

- No hay de qué. Que la pases bien.

Leandro habló y guiñó un ojo. Leticia sintió un poco de frío en el estómago. Había pasado mucho tiempo desde que su marido había sido tan amable. Subió las escaleras, entró en la habitación y llamó a Mila. La amiga quedó en pasar con el auto y la recogerla en el condominio en media hora.

CAPÍTULO 11

Edgar fue dado de alta del hospital y le recomendaron unos días de descanso. Aunque no tenía antecedentes familiares de suicidio, no había atentado contra su propia vida antes; sin embargo, el psiquiatra del hospital recomendó tratamiento psicológico. Sugirió un acompañamiento terapéutico. El muchacho terminó en la casa de sus padres, bajo protesta.

– No quiero quedarme aquí. Tengo mi propia casa.

– No tienes las condiciones para estar solo, por ahora – reflexionó la madre –. Te quedarás con nosotros todo el fin de semana.

– ¿Fin de semana?

– Así es. Le pedí al Dr. Vanda que viniera aquí. Ella es una excelente psicóloga.

– No necesito terapia. No estoy loco.

– Aunque la terapia no es para locos, lo que hiciste fue una locura.

– Lo sé. ¿Necesitas repetir esto cuántas veces?

– Tantas veces como sea necesario para que te reanimes y despiertes a la vida. No más sufrimiento – dijo María José.

– Es difícil. Es duro sufrir por amor.

– ¿Ves cómo necesitas un tratamiento psicológico? Nadie muere por amor. Un sentimiento tan hermoso como ese no puede causar dolor ni sufrimiento. Aun no sabes lo que significa el amor.

– ¡Si sé! – protestó Edgar.

María José sabía que era imposible continuar la conversación. Edgar era irreductible, parecía tener una idea fija en la cabeza. Ella preguntó:

– ¿De verdad querías quitarte la vida por culpa de esa descarada?

– Siempre la llamaste descarada. Desde la primera vez que la viste.

– Reconozco una descarada desde la distancia.

– No hables mal de Denise, mamá. Ella estaba nerviosa.

– ¿Nerviosa? – gritó María José –. Esa descarada es de las peores. Nunca simpaticé con ella.

– Es difícil hablar. Denise es una buena persona. Se refrescará la cabeza y nos volveremos a entender.

María José iba a hablar, pero Fernando negó con la cabeza. Acomodaron al muchacho en su antiguo dormitorio.

– Descansa hijo mío – dijo el padre –. Toma esa medicina. Es para calmar tu espíritu. Luego volveremos a hablar.

Edgar asintió y tomó la medicina. En unos momentos, se quedó dormido. Fernando tranquilizó a su esposa:

– El médico pidió darle esa paz y que, bajo ninguna circunstancia, lo dejemos solo. No sabemos si volverá a cometer locuras.

– Estoy indignada. Mi hijo, un hombre tan bueno y recto, tan amable, se deja entristecer por esa mujer. Me irrita la falta de autoestima de nuestro hijo.

– Edgar es humano, hecho de carne y hueso. Tienes sentimientos. Siempre estuvo enamorado de Denise.

– Eso no es amor, es plaga.

– Quizás ahora comience a reflexionar sobre su vida. Este tipo de evento siempre hace que uno se detenga a pensar en la propia vida.

– Nuestro hijo aun no ha encontrado el amor –. La empleada apareció en el pasillo y dijo:

– El enfermero está ahí abajo.

– Puedes hacerlo subir.

A los pocos instantes un muchacho alto y fuerte, vestido de blanco, subió las escaleras, dobló el pasillo y saludó a Fernando y María José. Luego lo acompañaron a la habitación. Edgar dormía plácidamente.

– Déjamelo a mí. Estoy acostumbrado a estos casos. Cuidaré de su hijo.

– Se lo agradezco.

Bajaron las escaleras y fueron a la biblioteca.

– No me conformo.

– ¿Con que?

– Mi hijo tiene que estar vigilado las veinticuatro horas. ¿Es necesario?

– Lo necesita – respondió Fernando.

– ¿De verdad?

– Es difícil entender esta tontería, pero Edgar intentó suicidarse. No puede estar solo y necesita un seguimiento terapéutico.

– Voy a llamar a la Dra. Vanda.

– ¿No vendrá pronto por la noche?

– Quiero que vengas pronto –. María José consultó el reloj de pulsera –. No me parece que sea muy convencional, pero parece que resuelve los casos. ¿Recuerdas a la hija del decano de la universidad?

– Y como olvidar. El novio la abandonó una semana antes de la boda.

– Fue un escándalo en ese momento.

– Lo recuerdo bien. Fue un escándalo que se apoderó de las revistas de chismes durante mucho tiempo.

– Pues bien. La niña estaba en mal estado, ni comía de tanta tristeza. Después de algunas sesiones con el médico, se convirtió en otra mujer. Hoy está casada, tiene dos hermosos hijos y vive muy bien con su actual esposo. Es una mujer feliz.

– Tienes razón, cuanto antes mejor. Llámala. Nuestro chico necesita nuestro cuidado.

María José asintió. Sacó la tarjeta del bolso y marcó el número de la oficina de la psicóloga.

***

A última hora de la tarde del mismo día, Denise estaba en otra sintonía. Sentada en una silla, cerró los ojos, respiró aire fresco y abrió los brazos a la inmensidad del mar azul.

– Este es el paraíso.

– Es una delicia.

– ¡Nunca me sentí tan ligera, tan bien!

– El atardecer es un diez.

– ¿En serio?

– Hum... Hum... Te encantará.

Jofre sonrió y le entregó una copa de champán. Bebió y se rascó la nariz.

– Las burbujas de champán me hacen cosquillas.

– Eres un espectáculo de mujer.

– Gracias por el cumplido tan directo.

– Eres casada, ¿verdad?

– Lo fui. Me separé recientemente – mintió –. Hace pocos meses. Pronto firmaré los papeles de divorcio y seré una mujer libre.

– Ya eres libre.

– A los ojos de la ley, todavía estoy casada. Pero no quiero más vínculos con mi exmarido.

– ¿Tienes hijos?

– No tuvimos.

– ¿Te gustan los niños?

– Me gusta verlo, desde la distancia –. Jofre se rio y dijo en tono irónico:

– Tampoco me gustan mucho los niños. Me caen pesados.

– Estamos de acuerdo en algo.

– ¿Cómo va la vida?

– Soy ejecutiva en Domményca –. Jofre dejó escapar un leve silbido.

– ¡¡Caramba! La tienda de electrodomésticos más famosa de Brasil.

– Así es. Crecimos a plena vista. Nuestro competidor más cercano está a años luz de distancia. Somos los mejores. Estoy orgullosa de mi trabajo.

– Pensamos que te conocíamos de alguna parte. Ya diste entrevistas por televisión, ¿no?

– Sí. A veces aparezco en las noticias nocturnas de una emisora. Ahora con esta crisis económica, siempre me piden entrevistas.

– ¿Pasarás esta crisis?

– Como cualquier cosa en la vida.

– ¿Por qué una mujer como tú necesita un hombre? Las mujeres son cada día menos dependientes de nosotros.

Denise sonrió.

– Ni tanto. Todavía necesitamos mucho a los hombres.

– ¿Será?

– Al menos necesito uno.

– Me emociona.

Intercambiaron miradas significativas. Denise bebió más champán y trató de cambiar la conversación. Estaba muy interesada en Jofre, pero quería ser desinteresada y difícil.

- ¿Qué es esa medalla en tu pecho? - Jofre tomó la medalla y la besó.

- San Antonio, patrón de mi ciudad. Quiero decir, la ciudad que elegí y me acogió como hijo.

- ¿Cuál es?

- Duque de Caxías.

- No la conozco personalmente, pero he oído hablar de él. Es un municipio ubicado en la Bajada Fluminense. ¿Sabías que la ciudad debe su nombre al patrón del Ejército brasileño, Luis Alves de Lima e Silva, el duque de Caxías, que nació en esa región?

- No lo sabíamos.

- Está lejos de aquí, ¿eh?

- Simplemente tome la línea Roja y en un momento llegamos. Todos mis amigos viven allí. Me mudé aquí hace unos años.

- ¿Y qué haces?

- Trabajo con importaciones y expo... Con comercio de carne.

- ¿Tienes tu propia oficina?

- Sí. Mi oficina está en Duque de Caxías. Como tengo muchos negocios esparcidos por la ciudad, a menudo me quedo en São Conrado. Tenemos un precioso ático con piscina.

Los ojos de Denise brillaron con codicia.

- ¿Ático con piscina?

- ¡Con piscina y cascada! Hice instalar dos peces de colores que escupen agua. ¡Hermoso! Denise intentó imaginarse esos peces. Pronto se dio cuenta que Jofre podía ser rico, pero tenía gusto era dudoso dudas. Entonces fue solo notar el pesado collar alrededor del cuello, el brazalete de oro en la muñeca, el reloj demasiado llamativo, además de los tropiezos en el idioma... Pero ¿qué importa? Él era encantador y ella disfrutaba de su compañía.

– ¿Estás casado?

Jofre se rio entre dientes.

– Tuve unos rollos, si no me entiendes, ¡mina! Tengo dos hijos esparcidos por ahí. Pago pensión a las mujeres.

– ¿No tienes contacto con ellos?

– No. Ya dije que me caen pesados. Sucedió y nacieron. Pensaron que me iban a detener por la barriga. Pero nada. No debemos quedarnos atrapados en las mujeres. Quiero decir, si cuando la mujer importa.

Dijo y le guiñó un ojo a Denise. Estaba liviana por la copa de bebida. Sonrió y no dijo nada.

Jofre podía ser vulgar y vestirse de mal gusto y ser llamativo. Pero era un apuesto mulato de unos treinta años, un cuerpo atlético, un pecho bien desarrollado, y en el momento del descenso del sol, sus ojos parecían dos piedras preciosas que brillaban de deseo.

Denise se levantó y perdió el equilibrio. Fue rápido, se acercó y la tomó en sus brazos. Era inevitable. La besó con pasión. Denise se sintió mareada, por tanto placer que había sentido.

– Besas muy bien. Muy bien.

– No viste nada aun. Hacemos otras cosas mucho mejor que besar.

– ¿En serio? – Preguntó provocativamente.

– Ven —invitó, señalando con la cabeza en dirección a la habitación en el fondo del lujoso barco.

Denise bajó con Jofre y se amaron durante horas y horas. Hasta que sus cuerpos cansados, sudorosos, satisfechos con el acto sexual, se sintieron fatigados. Dormían profundamente y solo se despertaron cuando eran altas horas de la noche.

Jofre regresó con el yate a la Marina de la Gloria y dejó a Denise en tierra firme.

- Siento no poder acompañarte. Todavía tenemos asuntos que atender.

- Me encantaría volver a verte.

- ¿Cuándo volverás a Rio?

- No lo sé con certeza, trabajo mucho.

- ¿Y el otro fin de semana?

- No recuerdo alguna cita la semana que viene. En cualquier caso, revisaré mi agenda y...

La cortó con delicadeza. Él tomó su bolso, sacó su teléfono celular y presionó algunos números.

- Allí está mi número privado. Solo para personas especiales. Llámanos a la hora que quieras.

A Denise le encantó la actitud. Sintió que el calor se apoderaba de su cuerpo y un deseo incontrolable por Jofre. Ella abanicó su rostro.

- Me encantó el día. Pensé que me iba a quedar allí, entre esa gente estúpida, y terminé teniendo un día especial. Fuiste mi salvador de la patria.

- Podemos ser lo que quieras.

- Después de todo, eres un seductor natural.

- Te mereces todo lo bueno que podemos ofrecerte.

- Eso me llena de satisfacción.

- Pues quédate. Estamos a tu servicio.

Jofre volvió a besarla con voluptuosidad. Denise sintió que le temblaban las piernas y una nueva ola de deseo se apoderó de ella. Necesitaba controlarse. Se alejó suavemente y se despidió.

Volvió a sus asuntos y ella tomó un taxi hasta el hotel. Cogió la llave de la recepción y subió las escaleras. Entró en la habitación, se desnudó y se dejó caer en la cama grande y cómoda.

– ¡Estoy tan feliz!

Denise estaba girando de un lado a otro de la cama. Abrazó una almohada suave.

– No puedo imaginar todo lo que me ha pasado desde ayer. Discutí con Edgar, lo dejé de una vez por todas. Pensé que iba a pasar un lindo día con Leandro y terminé conociendo a Jofre. ¡Qué divertida es la vida!

En un instante recapituló todo desde salir de casa la noche anterior, pasando por la expectativa de un día feliz con Leandro y el final de la noche completamente saciado en brazos de Jofre.

– Ese hombre es incluso mejor que Leandro. Debe ser más valioso invertir en él. O ambos. Tomo las historias en paralelo. Lo que importa es que me lleve bien y que nunca sea dejada de lado. ¡Lo demás que se hundan!

Ella se rio, se levantó y fue a darse una agradable ducha.

CAPÍTULO 12

Horas antes, esa tarde, Leticia se había vestido pulcramente. Se había puesto un vestido de flores, collar de piedras, sandalias, se hizo una cola de caballo. Estaba emocionada, pero de repente sintió una oleada de tristeza. Fue demasiado rápido, así, en un instante. Empezó a bostezar, se sintió un poco mareada y se dejó caer en un sillón cerca del tocador.

- Qué vida tan triste - dijo con un gemido mientras se abanicaba con las manos.

Ella no se dio cuenta, pero un espíritu vino y murmuró en sus oídos.

- Tu vida es triste por ese sinvergüenza. Leandro no te merece.

Leticia sintió un ligero malestar. Era como si esa voz viniera de su propia cabeza. Argumentó:

– Leandro es un buen padre.

– Pero no es un buen marido.

– Es un buen marido. Si sintiera un poco más de placer, tal vez podríamos volver a ser una pareja feliz y apasionada.

– ¡Nunca! ¡Nunca! - gritó la voz.

El sudor comenzó a correr por su frente.

Iara llamó a la puerta. Leticia la dejó entrar. Vio a la señora sentada en la silla, blanca como la cera. Se preocupó.

– ¿Qué pasó doña Leticia? ¿Está enferma?

– No mucho, Iara. Una leve molestia.

– ¿Segura?

– Sí. No estoy acostumbrada a un ventilador. ¿Llamaste al técnico para que viniera a arreglar el aire acondicionado?

– Vendrá pronto. Llamó hace un momento para confirmar la hora.

– Qué bueno. Al menos voy a dormir bien esta noche.

– ¿Quiere un vaso de agua? ¿Un refresco?

– No. Voy a salir.

– Subí a su cuarto para decirle que Mila la estaba esperando en el auto.

– Excelente.

– ¿Le pido que suba?

– No será necesario, Iara, ya me voy.

Habló, se levantó, recogió la gran bolsa de una cómoda y bajó las escaleras. Se despidió de su hijo y de su marido.

– Estás pálida y el sudor te corre por la frente – observó Leandro.

– Es el calor.

– ¿Quieres un vaso de agua, mamá?

– No querido. Siento pocas molestias. Cosas del calor. ¿Cómo puede ser posible? Nací en Rio y nunca me acostumbré al calor.

– ¿Estás segura? – preguntó Leandro.

– Me di una ducha rápida y me alisté rápidamente. Pronto se va.

Leandro la besó en la mejilla y continuó junto a su hijo, mirando la serie.

Respiró hondo, se puso las enormes gafas de sol y se fue. Entró en el auto de Mila.

– Amiga, ¿qué cara es esa?

– ¿Qué cara?

- Te conozco desde que nacimos.

- ¿Se nota tanto así?

- Incluso detrás de estos círculos gigantes se puede ver que estás pálida.

- No sé.

- Vamos, dime, ¿qué es?

- Un letargo, una sensación desagradable. Creo que es el calor.

- ¿Calor?

- Hum... Hum... ¡Hace más de 40 grados! La sensación térmica llega a más de 50.

- ¿Y por casualidad estuviste en Siberia? Toda tu vida has sentido este calor.

- El aire acondicionado de la habitación está malogrado, llamé a que lo arreglen y solo estuve usando un ventilador de techo.

- ¡No enfría nada! No te ves bien.

- Creo que reaccioné exageradamente en el almuerzo. Me siento un poco melancólica.

- Huele a interferencia espiritual.

- Todo para ti es interferencia espiritual.

- Es lo que estoy sintiendo.

- Qué cosa, Mila.

- Aparte de preocuparte por Ricardito y el hospital, ¿cómo ha sido tu día?

- Normal. Me sentí más seguro cuando apareció Leandro. Todo salió bien, están en la sala viendo DVD de series americanas, que a Ricardo le encanta.

- ¿Qué más?

- Mi madre estaba en casa hace un rato, tuvimos una discusión tonta sobre el libro que me diste, pero nada que pudiera afectarme. De hecho, incluso me sentía bastante bien.

- ¿Sin indisposición, nada?

- Nada.

- Bueno, veamos: estabas bien, no tenías nada, y de repente comenzaste a sudar frío, a sentirte mal, a tener un estado de ánimo repentino...

- Quizás fue la presencia de mi madre. Fue muy grosera con Leandro. Nunca la había visto tratarlo tan mal.

- Ella siempre ha estado acostumbrada a este trato entre ellos.

- No estabas allí para verlo.

- Teresa nunca se tragó tu matrimonio. Tenía planes para que te casaras con ese chico, heredero de la acería.

- Mi madre quería que me casara con cualquier hombre, excepto con Leandro.

- ¿Y qué más?

- Hoy noté que hablaba con odio. Mucho odio. Mi madre es una persona difícil, pero nunca la había visto tan alterada.

- Ya te dije que siento algo de espíritus en tu casa.

- ¿Será?

- He estado estudiando seria y diligentemente los fenómenos mediúmnicos. Miro tu casa y siento algo extraño.

- ¿En serio?

- Afirmativo. Justo ahora, esperándote, noté que había una sombra cerca del jardín - señaló el lugar.

- Ni siquiera me gusta oír hablar de eso.

- Es por tu bien. Al menos toma consciencia de esta realidad, estudia, aprende.

- ¿Para qué? - Preguntó Leticia, sin voz.

- Para defenderte y alejar a ese espíritu con esas energías dañinas que lo están perturbando a ti y a tu familia.

- Somos buena gente.

- ¿Y qué hay con eso?

- ¿Por qué un espíritu nos perturbaría?

- Porque estamos rodeados de espíritus. Nuestros ojos no los ven, pero eso no significa que no existan. Si no los vemos, necesitamos saber cómo tratar con estos seres, especialmente los negativos, que llevan odio en sus corazones, ¿sabes?

- Entiendo. Pero me asusta.

- Si te propones leer y comprender el tema, apuesto a que el miedo se disipará -. Leticia abrazó a su amiga.

- Oh, Mila. ¡Confío mucho en ti! Si me dices que estás sintiendo un espíritu a nuestro alrededor, es porque debe ser verdad.

- Sí, mi vida.

Mila comenzó y salió del condominio. Pronto tomaron la Avenida de las Américas. Mila conducía con atención.

- ¿Qué más quieres saber? Puedes preguntar.

- ¿Qué más sientes?

- ¿Puedo ser honesta? ¿De verdad?

- ¡Claro que puedes! Nunca hubo secretos entre nosotras dos.

- Mi instinto dice que tu papá está por aquí. Leticia se movió en su asiento y se quitó las gafas de sol.

- ¡Ni siquiera bromees con algo así!

- Creo que el Dr. Emerson está aquí. En espíritu, por supuesto.

- No es posible. Cremamos el cuerpo de mi padre. Ayudé a cerrar el ataúd. Tomé sus cenizas y las esparcí por el mar. No puede ser.

- Cremaste el cuerpo físico de tu padre, el cuerpo de carne. El espíritu permanece más vivo que nunca.

- ¿No me dijiste una vez que quien muere pasa a otras dimensiones?

– Es verdad.

– Ciertamente, mi padre ya no está entre nosotros.

– Depende.

– ¿Cómo depende? La persona muere y se va a un mundo de luz o al Umbral, ¿verdad? Tú eres quien lo dijo.

– Las cosas no son tan fáciles. Estudiar sobre los misterios de la vida y más allá, sobre lo que sucede después de la muerte del cuerpo físico es un tema complejo que requiere estudio, mucho estudio. Hay espíritus que, después de la muerte del cuerpo físico, permanecen aquí en la Tierra. Generalmente, no pueden hacer la transición al lado de allá, porque están apegados con la familia, tienen asuntos pendientes, están afligidos, quieren despedirse, dar una comunicación o incluso no son conscientes que están muertos.

– Mi papá debe estar en un buen lugar. En un plano superior, como dicen. Fue un gran padre.

– Y un suegro muy malo. ¿Recuerdas las peleas homéricas que tuvo con Leandro?

– Nunca se picotearon. Pero esa no es una razón para decir que el espíritu de papá está cerca, y encima influye en nosotros de manera negativa. Si lo fuera, definitivamente me estaría ayudando y no se interpondría. Papá y yo éramos muy unidos.

– Es relativo. Emerson puede estar viendo cosas que tú no ves.

– ¿Cómo así?

– Los espíritus tienen una formidable habilidad para percibir nuestros pensamientos, por ejemplo. Además, cuando deambulan por la Tierra suelen encontrarse en un desequilibrio emocional, lo que los vuelve más amargados y perturbados. Están llenos de energía densa y pesada. Cualquiera que sea sensible notará inmediatamente su presencia. Es algo fuerte e inquietante.

– Todo es muy nuevo para mí. Nunca quise interesarme por la religión o la espiritualidad. Me bauticé en la Iglesia Católica, luego hice mi primera comunión. Poco a poco me fui alejando de la misa, de los eventos relacionados con la iglesia. Dejé de asistir a la misa dominical y, a veces, rezo en casa.

– La oración es importante, no importa si tenemos o no algún tipo de religiosidad. Pero la oración por sí sola no es suficiente para que nos liberemos de estas influencias negativas.

– ¿Que sugieres? – preguntó Leticia bastante interesada.

– Nunca es tarde para empezar a estudiar e intentar comprender esta fantástica relación entre los mundos.

– Desde que me regalaste esa novela espiritual he estado pensando en la posibilidad concreta de la continuación de la vida, he estado replanteándome las desigualdades sociales...

Leticia habló y Mila redujo la velocidad del coche. La señal en una de las intersecciones de la Avenida de las Américas se puso roja. Se detuvieron junto al paso de peatones y pronto se acercaron dos niños con dulces y chicles con las manos sucias y maltratadas. Las dos dentro del auto dieron una señal negativa con la cabeza y se alejaron, dirigiéndose hacia otro vehículo que intentaba vender los productos.

– De eso es de lo que estoy hablando, amiga – Mila señaló a los niños –. ¿Por qué los dejan en la calle sin refugio, sin derecho a la educación y sin un techo digno para vivir? ¿Por qué no están en la escuela recibiendo educación, aprendiendo a ser ciudadanos, recibiendo amor y afecto de sus padres o tutores?

– Fruto de la desigualdad social.

– ¿Crees siquiera en Dios?

– ¡Pues claro! Por mucho que no sea tan religiosa como antes, creo en una fuerza que gobierna nuestro mundo.

– Si Dios, o esa fuerza, gobierna la vida y nos trata a todos por igual, ¿por qué estos niños llevan una vida dura y triste y tu hijo está en casa, en la comodidad del hogar, al lado de su padre, rodeado de amor y cariño y con todo tipo de comodidades y cuidados? Ricardito nació en un hogar bendecido, tiene el amor de sus padres y estos niños están ahí, hambrientos, desprotegidos, quizás huérfanos o viviendo con padres violentos. ¿Por qué?

Leticia sintió que se le oprimía el pecho. No supo cómo responder. Abrió la ventanilla del coche y señaló con una mano a una de las niñas. La pequeña se acercó y sonrió ampliamente.

- ¿Quieres una bolsa de dulces, tía?

- Claro. ¿Cuánto cuesta?

- Un real el paquete.

- ¿Cuántos años tienes?

- Nueve.

- ¿No deberías estar en la escuela? La niña sonrió con ironía.

- No puedo permitirme ese lujo.

- ¿Por qué no?

- Tengo que trabajar.

- ¿No te puso tu madre en la escuela?

- No tengo madre ni padre. Mis tres hermanas y yo fuimos criadas por mi abuela, que está enferma. Tengo que ayudar a comprar comida y medicinas. La abuela dijo que Dios no paga las facturas ni envía alimentos o medicinas desde el cielo.

Leticia se sintió muy triste. Si Dios trataba a todos de la misma manera, ¿por qué dejaría a esa niña tan indefensa en el mundo, a riesgo de morir de hambre, tener frío o ser abusada? Comenzó a entender un poco de lo que Mila le estaba hablando. Abrió su bolso y le entregó al pequeño un billete de diez reales. Los ojos de la niña brillaron de emoción.

- ¿Todo esto para mí?

- Sí.

- ¿Te llevarás toda la caja de dulces?

- Sí, lo haré - Leticia tomó la caja con las gomitas.

La niña salió corriendo, feliz con la vida, mostrando a los otros niños el billete de dinero. La luz se puso verde y Mila se puso en marcha.

– De acuerdo, me vas a decir que el gobierno no ayuda a que los niños que merecen cuidados, atención especial, etc. Sin embargo, miremos la situación con ojos más espirituales y racionales, desprovistos de emoción.

– Esta escena recientemente me partió el corazón.

– Si nacemos y morimos solo una vez, ¿por qué esta pequeña tiene que vivir tan mal y tu hijo tiene derecho a todo?

– Sería una gran injusticia vivir una vez solamente.

– ¿Te das cuenta? Dado que somos iguales en la vida, todos deberíamos nacer para vivir y morir de la misma manera.

– Esto no sucede. Yo misma no estoy de acuerdo con estos niños abandonados.

– Por supuesto, podemos hacer algo para ayudarlos a tener una vida mejor. Podemos crear organizaciones, ayudar con la educación, realizar diversas acciones humanitarias que puedan dar a estos niños una vida más positiva y un futuro placentero. Pero lo que quiero decir es que no están vendiendo dulces en el semáforo en rojo solo por la desigualdad social. Esto existe, pero el problema es mucho más complejo y profundo.

– Lo he pensado varias veces. Tengo conocidos que apenas se relacionan con sus padres. Yo, por otro lado, perdí al que amaba tanto.

– Nos pasa a todos. Parece que todos somos iguales, pero en realidad no lo somos. Somos similares, pero nunca seremos iguales.

– Eso es un hecho.

– Nuestra vida puede ser similar, Leticia; sin embargo, está llena de significados muy particulares y únicos. Mi vida, mis vivencias, mis alegrías y mis dolores son muy importantes para mí, y tal vez no lo sean para ti; sin embargo, moldearán mi espíritu, de acuerdo con la trayectoria de mi vida aquí en el planeta.

- Amiga, ¡estás mucho más iluminada que yo!

- Siempre me ha interesado el tema.

- Incluso me avergüenza ser tan tosca en el tema espiritual.

- Empecé a pensar en eso desde que era pequeña. No estaba satisfecha con haber perdido a mis padres tan pronto.

- Yo también podría. Apenas habías nacido cuando tus padres murieron en ese horrible accidente.

- Yo era un bebé, acababa de nacer y mi padre necesitaba hacer una presentación, creo que recibió una invitación para una obra de teatro. Mi madre me dejó con mi tía. Estaba destinada a ser así. Como crecí sin conocerlos, parece que todo fue más fácil. Quizás si los hubiera perdido en mi adolescencia, o incluso como adulta, los sentimientos habrían sido diferentes.

- Como me pasó a mí. Me dolió mucho la pérdida de mi padre.

- Y contigo fue diferente. Al final crecí rodeada de mucho cariño. Mis tíos eran geniales e hicieron todo lo posible para no hacerme extrañar tanto a mis padres.

- Hubo momentos en mi vida en los que pensé que era muy injusto que te quedaras huérfana.

- No. No lo veo como una injusticia. Estoy plenamente convencida que mi espíritu quiso pasar por esta experiencia para valorar a la familia. Hoy ya no valoramos a los padres, a los seres queridos, los lazos de sangre que nos unen. Ya no tenemos respeto por quienes nos dieron la vida, quienes nos dieron la oportunidad de reencarnar y madurar nuestro espíritu a través de una serie de ricas experiencias que la vida en la Tierra es capaz de ofrecernos.

- ¿Nunca extrañaste a tus padres?

- Sí. Muchas veces, pero nunca me rebelé. Cuando mi tía me regaló *El Libro de los Espíritus*, de Allan Kardec, me asombré. Más de mil preguntas y respuestas aclararon muchas de las dudas que llevaba en mi corazón.

- ¿Leíste el libro y todo se resolvió? ¿Se han ido todas tus deudas? ¿Creíste sin tener pruebas?

- Ahí estás equivocada. Cuando era adolescente, mi tía me dio libros que prueban científicamente la reencarnación.

- ¿Solo encontraste respuestas en los libros? Cualquiera puede escribir lo que quiera y publicar. Eso no me convence.

- Ya jovencita, encontré a mi padre de nuevo.

- ¿Cómo así? Murió y...

Mila la cortó delicadamente. Ella sonrió:

- Tuve un sueño, a pesar que ese encuentro fue tan vívido, que después de mucho estudio tuve la certeza que dejé el cuerpo físico para encontrarme con él. Sucedió hace mucho tiempo, pero fue como si fuese ayer.

- Nunca me dijiste eso.

- Nunca preguntaste por qué.

- No quería sacarlo a colación y ponerte triste. Sabes que eres como una hermana para mí - dijo Leticia, apretando suavemente la mano de su amiga.

- También te quiero mucho, como hermana.

- Este tema no me entristece.

- ¿No? - preguntó Mila sorprendida.

- De ninguna manera -. Leticia estaba interesada -. ¿Cómo fue ese sueño? - Mila sonrió al recordar la primera vez que había soñado con su padre.

- Mi padre estaba muy bien en el sueño. Me explicó que su espíritu había decidido desencarnar en ese accidente. Dijo que los tres - él, yo y mi madre - habíamos hecho esta vida antes de nacer, previendo estos eventos.

- ¿Lo encontraste de nuevo, quiero decir, soñando de nuevo?

- No he soñado con él en mucho tiempo. Papá tiene su propia vida, vive en otra dimensión.

– ¡Ojalá pudiera creer todo eso!

– Simplemente abre tu mente y corazón a las verdades de la vida. Cuando creemos que la vida continúa después de la muerte, parece que nuestro corazoncito se vuelve menos apretado. El anhelo es grande y nunca nos abandonará, pero no hay desesperación ni rebelión. Estamos plenamente convencidos que volveremos a encontrar a nuestros seres queridos cuando nuestro viaje termine en este mundo. Todo es cuestión de tiempo.

– ¿De verdad crees que estoy sufriendo una interferencia espiritual? Mila asintió.

– Tu padre anda dando vueltas por tu casa... no tengo dudas.

– ¿Qué debo hacer?

– Mantén buenos pensamientos. Estudia más sobre el mundo espiritual. Necesitas aprender a lidiar con lo invisible.

– No tengo libros. Es solo ese romance que me diste.

– Te compraré *El Libro de los Espíritus* y *El Libro de los Médiums*.

– No es necesario. Los compraré.

– Te los quiero regalar. Tengo la fuerte sensación que estos libros te ayudarán mucho a comprender todo lo que concierne a la espiritualidad, aprenderás a lidiar con estas energías.

– Gracias, Mila. Lo leeré con cariño y te llenaré de preguntas. Prepárate –. La amiga sonrió.

– Si son dudas que está en mis manos aclarar, será un placer ayudarte. Disfruta y habla con Leandro al respecto. Me parece que es una persona de mente abierta en estos asuntos.

– Sí. Me dijo que quiere leer *Una historia de Ayer* tan pronto como la termine.

– Parece que se están acercando. ¿Tengo razón? – Leticia suspiró satisfecha.

– Necesitamos hablar de esto. He sentido un enorme deseo de entregarme a él.

– Bueno, entrégate a tu marido.

– Quiero, pero luego no quiero. Parece que hay dos Leticias.

– ¿Hablaste con tu analista?

– Sí.

– Tenemos toda la tarde para hablar. Ya llegamos.

Mila entró al estacionamiento del centro comercial, puso su auto en un estacionamiento y pronto se divirtieron entre escaparates y bolsas de compras.

CAPÍTULO 13

Otro episodio de la serie CSI llegó a su fin y Ricardito sintió hambre. Le sugirió a su padre:

– ¿Comemos un bocadillo?

– ¿En serio?

– ¿Tienes hambre?

– ¡Bastante!

– Eso es un buen signo.

– Creo que fueron los puntos de sutura en la rodilla los que me abrieron el apetito. Leandro pasó suavemente sus manos por el cabello de su hijo.

– Le voy a pedir a Iara que nos prepare un bocadillo.

– No padre. Vamos juntos a la cocina. Aprendí a hacer un sándwich realmente genial. Ven conmigo.

Ricardo llevó a su padre a la cocina. En el camino, Leandro quiso ir al baño.

– Adelante, en un minuto estaré en la cocina.

– Está bien, papá.

Leandro fue al baño y Ricardo fue a la cocina. Iara estaba en el área de servicio. El chico abrió el frigorífico, sacó unos embutidos y el tarro de mayonesa. Los colocó en la encimera cerca del fregadero y, al darse la vuelta, vio claramente una forma humana, aunque ligeramente ahumada, casi transparente, apoyada contra la puerta del armario.

La forma humana estaba tensa. No quería que la vieran. Ricardo sonrió y saludó:

– Hola abuelo. ¿Cómo estás?

Emerson sintió un nudo en la garganta. Era la primera vez que el chico le hablaba.

– ¿Puedes verme?

– Puedo.

– ¿Me has visto antes en tu casa?

– Sí, te he visto antes.

– ¿Por qué nunca me hablaste?

– Porque pensé que era mi imaginación. La semana pasada vi una película en televisión sobre espíritus llamada *El Sexto Sentido* y perdí el miedo a hablar contigo. Me di cuenta que soy como el chico de la película. ¿Cómo has estado? – preguntó Ricardito, con tremenda facilidad.

– Estoy bien.

– Aprendí en la película que los que murieron y todavía están aquí en el planeta es porque tienen cosas mal resueltas, pendientes. ¿Es eso?

El abuelo iba a contestar, a pesar de estar asombrado; sin embargo, Leandro entró a la cocina.

– ¿Hablando solo, hijo?

– No, papá.

Leandro miró a su alrededor y no vio a nadie.

– Iara no está en la cocina.

– Pero mi abuelo sí. Quiero decir, estaba. Se fue.

– ¿Qué?

– Sí. El abuelo estuvo aquí. Empezamos a hablar, pero tú llegaste y él se fue.

– Debes estar bromeando. Tu abuelo murió. Hace un tiempito.

– Lo sé, padre. Fui al velatorio y al funeral. Yo me acuerdo. Pero su espíritu está vivo –. Leandro se sorprendió por el ingenio de su hijo. Ricardo habló con una naturalidad desconcertante. Tomado por sorpresa, preguntó:

– ¿Qué te dijo?

– La conversación iba a empezar cuando llegaste. Ahora solo volverá a aparecer cuando quiera.

– Voy a sacarte de esta casa, bastardo – susurró el espíritu.

Leandro sintió que se le erizaba el vello de los brazos y un escalofrío le recorría la columna, así como una sensación de pesadez en el estómago. No escuchó la frase, pero sintió la presencia de Emerson en la cocina.

– El abuelo te dijo algo al oído y se fue.

– ¿Qué dijo?

– No lo sé, no escuché nada –. Leandro intentó disimular el enfado.

– No quería que vieras esa película en la televisión. ¿Ves lo que pasó? Quedaste impresionado.

– No fue nada. La película me ayudó a comprender algunas cosas.

– ¿Qué cosas, Ricardo?

– Luego hablaremos más sobre eso.

El niño habló, tomó la bandeja con los bocadillos y se fue a la sala. Leandro estaba boquiabierto ante la naturalidad con la que su hijo había entablado esa conversación surrealista.

Cuando Leticia llegue en la noche, hablaría sobre la extraña conversación de su hijo y el mal sentimiento que se había apoderado de su cuerpo. Leandro se sacudió los pensamientos desagradables con las manos y acompañó a Ricardo a la sala.

Llegó la noche. Leticia y Mila entraron a la casa cargadas con bolsas de la compra. Leandro y Ricardo jugaban con un videojuego.

- Creo que es mejor ir a mi casa.

- Pero Mila. Eres nuestra invitada para cenar.

- Es noche de viernes.

- A ti no te gusta salir estas noches. Siempre me decías que los viernes y sábados debíamos quedarnos en casa o ir a casa de amigos, porque las plazas siempre están llenas.

Mila se rio.

- Es verdad. Los bares, restaurantes y cines están llenos de gente. Prefiero el calor del hogar y una película, unas palomitas de maíz. He pasado la edad de enfrentar filas y más filas.

- De esa forma, nunca encontrarás una buena pareja.

- ¡Nada! ¿Ves cómo me coquetearon en el centro comercial?

- Pero no les diste correa.

- No estaba interesada en ninguno de ellos. Siento que en el momento oportuno encontraré un hombre que me despierte con los sentimientos más puros y verdaderos. Y eso puede suceder en la calle, en el tráfico, en la fila del supermercado. No necesito estar en lugares concurridos para enamorarme. Y, además, las mujeres de nuestra edad son muy competitivas. Incluso pelean por los hombres, ¡mira!

Leticia se rio.

- Las mujeres están perdiendo la vergüenza. Son más coquetas.

- No tengo prisa por nada. En el momento adecuado, conoceré al hombre de mi vida.

- Hablas con tanta firmeza. Siempre me dijiste eso desde que era un adolescente. Saliste con pocos chicos.

- Es mi forma de ser. Siento que en el momento adecuado lo sabré.

- Realmente quiero que seas feliz, Mila.

- También quiero de corazón que te arregles con Leandro. Hacen una hermosa pareja. Siempre aposté por su relación.

– Así es. Yo también.

– Recuerda nuestra conversación en el centro comercial. Deja ir tu orgullo. Abre tu corazón y trata de llevarte bien con tu marido.

Leticia dejó las bolsas de la compra en un sofá y abrazó a su amiga.

– No sé qué sería de mí sin ti. Gracias –. Mila se emocionó y la besó en la mejilla.

– Estoy feliz de compartir tu amistad.

– Podemos cenar y luego ver un DVD. Tengo varios títulos en la sala de televisión.

– ¿Tienes esa película – Mila se rascó la barbilla – *El Mejor amigo de la novia,* con Patrick Dempsey?

– ¿Si lo tengo? Claro. Amo a este actor. ¡Es un gato!

– Quisiera tener un novio así, a su estilo, ¿sabes?

– Excelente. Elegimos esa película. Es una deliciosa comedia romántica. Luego haremos baldes de palomitas de maíz. Si es demasiado tarde, duermes en la habitación de invitados.

– De acuerdo. Me quedaré.

– Entonces así me ayudas a espantar a algún fantasma, en caso que aparezca.

– No siento nada.

– ¿No te dije que fue impresión?

Leandro dejó a su hijo jugando solo y fue a su encuentro.

– ¿Cómo fue la tarde? ¿Se divirtieron?

– Bastante – dijo Leticia –. Compramos algunas tonterías. Cosas de mujeres.

– Un lápiz de labios, un par de sandalias – continuó Leticia. Leandro se pasó la lengua nerviosamente por los labios.

– ¿Qué pasó? Te veo preocupado.

Mila sonrió y se dirigió a otra habitación.

– Los dejo solos.

– No – sugirió Leandro –. Quédate. Creo que puedes ayudarme a comprender lo que pasó aquí esta tarde.

– ¿Algo con nuestro hijo? – preguntó Leticia, preocupada.

– Sí. Pero no te desesperes, no es nada serio, creo.

– ¿Qué sucedió?

Les indicó que se alejaran de la sala de televisión. Entraron al comedor y Leandro cerró las puertas corredizas. El episodio surrealista comenzó:

– A media tarde, Ricardo sintió hambre y me propuso tomar un refrigerio. Primero fui al baño y cuando entré a la cocina él estaba hablando solo.

– ¿Solo?

– Sí. Me dijo que estaba hablando con su abuelo.

– ¿Cómo así? – preguntó Leticia, sin comprender.

– Me dijo que estaba hablando con el espíritu de tu padre. Leticia le tomó la mano.

– ¡No puede ser!

– Habló con naturalidad. Dijo que era el espíritu del abuelo.

– Ricardito tuvo muchos amigos imaginarios en su infancia, pero después de siete años, todo se calmó.

Mila intervino.

– Ricardito tiene una gran sensibilidad.

– Pero es muy joven, Mila.

– ¿Y qué? Por lo general, a esta edad el niño comienza a despertar su sensibilidad.

– Tú mismo dijiste que es peligroso que un niño desarrolle la mediumnidad. Dijiste eso en el centro comercial.

– Forzar a un niño es peligroso. Sin embargo, en el caso de tu hijo, es natural, espontáneo. Ricardito no es realmente un niño.

Tiene doce años. Después de la cena, hagamos el *Evangelio en el Hogar*.

– ¿Cómo así? – Mila sonrió.

– *El Evangelio en el Hogar* es una práctica común entre los espíritas. Es un reencuentro familiar, en torno al libro *El Evangelio según el Espiritismo* u otro que tenga mensajes que discutan los textos sagrados como *El Padre Nuestro* o *Fuente Viva*. Todos se sientan alrededor de la mesa y se hace una oración. Luego, comienza la lectura de alguna parte del Evangelio o de uno de los libros citados. Se hacen comentarios, se debaten y se cierran con una nueva oración. Muy simple, dura entre quince y treinta minutos.

– ¿Y para qué?

– Mantener la casa protegida por los espíritus de luz, ahuyentar de la casa a los espíritus que quieren molestarnos. Tendremos que realizar esta reunión una vez a la semana, preferiblemente el mismo día y hora.

– Me gusta – dijo Leandro.

– Hoy, después de decir nuestras oraciones y de estar protegidos y apoyados por amigos espirituales, leeré algunas partes de *El Libro de los Médiums* y responderé tus dudas, en la medida de lo posible – dijo Mila.

– Menos mal que insististe en comprar los libros hoy.

– Mi intuición no me engaña, amiga.

– Yo tengo la culpa de eso.

– ¿Por qué dices eso, Leticia?

– Dejé que Ricardito viera una película en televisión la semana pasada. Estaba lleno de alegría – Leandro enmendó:

– Yo fui quien le dejó ver esa película sobre espíritus. El chico quedó impresionado.

– Calma. No, no es eso – dijo Mila con amabilidad en su voz –. Ricardo tiene doce años. La sensibilidad suele comenzar a despertar alrededor de esa edad, entre los doce, trece años. Tu hijo es muy astuto e inteligente. La película simplemente le despertó y agudizó su sensibilidad. Leer y comprender los libros que compré, al contrario de lo que puedas pensar, te ayudará a comprender mejor el mundo invisible que nos rodea.

- No lo sé con certeza. Tengo miedo. Hablando de espíritus, jugando con los muertos...

- Nadie está aquí jugando con los muertos - corrigió Mila -. Estamos hablando de una posible comunicación con alguien que ya no está en este mundo. Solo eso.

- Pero ¿Ricardito estaba asustado? - Preguntó Leticia a su marido.

- De ninguna manera. Habló con naturalidad. Parecía que el abuelo estaba vivo, frente a él. No vi nada, pero sentí un escalofrío extraño, una sensación desagradable.

- No lo viste, pero Emerson estaba aquí -. Y, girando hacia Leticia: - ¿No te dije que noté una presencia extraña en tu jardín esta tarde?

- Así es.

- Ahora estoy segura que fue el espíritu de tu padre.

- ¡Si vieras a Ricardito hablar con él! ¡Fue escalofriante!

- A Emerson nunca le agradaste, Leandro - dijo Mila -. Cuando el espíritu desencarna; es decir, cuando abandona el cuerpo físico, se vuelve más sutil y más sensible a los pensamientos de las personas. De esta manera, las emociones de los desencarnados se fusionan con las de los encarnados o de su alrededor. Si eres feliz aquí en el planeta, cuando mueras te sentirás mucha más felicidad. Lo mismo ocurre con la ira y el dolor. Las emociones cobran gran importancia fuera del cuerpo físico. Necesitamos tener un alto grado de equilibrio emocional.

- Si todo esto es cierto, ¿por qué estaba aquí?

- No lo sé con certeza. Cada caso es único. Después de la cena haremos el culto del *Evangelio en el Hogar*. Dejaremos la película para otro día, amiga.

– Pondré a dormir a Ricardito temprano y...

– ¡No lo hagas! – protestó Mila –. Debe estar presente. Cuanto antes comprenda el tema, mejor.

– Es muy joven.

– Estás equivocada, amiga mía. Tu hijo puede parecer un hombre joven; sin embargo, su cuerpo físico es el hogar de un espíritu maduro que ha vivido muchas, muchas vidas.

– No sé. Estos asuntos siempre me pusieron nerviosa.

– No tienes por qué estar nervioso. Cuanto más sepas del mundo espiritual, más fácil te resultará aprender a lidiar con los espíritus y energías que surgen de ellos, permitiéndote recibir las vibraciones saludables de amigos invisibles y defenderte de las energías dañinas de quienes no lo quieren bien.

– Voy a hablar con Iara para que ponga otro plato en la mesa.

– Voy a hablar con Ricardo.

– ¿Qué le vas a preguntar, Mila?

– Nada de más. Quiero saber cómo fue la visita de su abuelo, eso es todo.

– ¿Sientes la presencia de mi suegro?

– Así es, Leandro. Emerson está cerca.

– ¿Y ahora?

Tenemos que saber lo que quiere.

CAPÍTULO 14

Edgar abrió los ojos y miró alrededor de la habitación tratando de imaginar dónde estaba. Vio una figura alta y fuerte sentada directamente frente a él.

– ¿Morí?

– ¿No, porque preguntas? – preguntó el enfermero.

– No sé dónde estoy y estás todo de blanco...

– Está en la casa de sus padres.

El muchacho se pasó las manos por la frente. Recordó todo.

– ¡Eso no! No quería venir aquí.

– Tenía que ser así – el enfermero se levantó, se acercó a la cama y le tomó el pulso. Luego preguntó: – ¿Cómo te sientes?

– Bien.

El enfermero tocó un timbre y en unos instantes apareció María José en el umbral. Corrió a la cama de su hijo.

– Como estás mi niño.

– Mejor madre. Mejor.

– ¿Tienes hambre?

– No –. Edgar se enderezó y se sentó en la cama. María José apoyó las almohadas entre su espalda y el cabecero.

– Necesitamos conversar.

– No quiero hablar, mamá.

– La Dra. Vanda está ahí abajo. Acaba de llegar.

– ¿Quién es ella?

– Una psicóloga. ¡Ella es muy linda! – dijo María José emocionada, usando la expresión portuguesa que significa genial, genial, interesante. Y corrigió: – Te ayudará y...

Edgar interrumpió a su madre.

– ¡De ninguna manera! Me niego a hablar con un psicólogo.

– Es importante. Es bueno hablar con un profesional y recibir el tratamiento adecuado.

– ¿Tratamiento? ¿Crees que estoy loco?

– No; sin embargo, lo que intentaste hacer no es normal.

– Fue un acto desesperado. Ya no se repetirá.

– Te ayudará a equilibrar tus sentimientos, a dominar tus emociones.

– No quiero.

María José se puso de pie y exhaló un profundo suspiro.

– ¡En mi casa mando yo! Estoy harta de verte en ese estado. Vanda subirá y al menos hablarás con ella un rato, aunque solo sea por un minuto.

– Pero...

– ¡Basta! No estás en tu sano juicio. Yo tomo las decisiones y, mientras estés en mi casa, será así, como yo quiero.

Ella habló, se volteó bruscamente y salió de la habitación. Pronto entró la psicóloga y se apoyó contra la puerta.

Vanda era una mujer de presencia, muy simpática. Tenía un semblante tranquilo; caminaba y vestía elegantemente. Hizo una reverencia al enfermero y este salió de la habitación.

Se acercó a la cama y se sentó en una silla. Sin apartar los ojos de los de Edgar, lo saludó.

– ¿Cómo estás?

Él tenía cara de muy pocos amigos.

– Voy yendo.

– ¿Te sientes bien?

- ¡Ajá!

- ¿Necesitas algo?

- Quiero paz. No necesito nada.

- ¿Por qué intentaste suicidarte?

La palabra era demasiado fuerte para él. Sabía que había atentado contra su propia vida; sin embargo, la palabra suicidio no le cuadraba. Era como si se sintiera débil, indefenso, un nada. Edgar notó que su rostro se enrojecía.

- No he intentado nada.

- ¿No?

- Fue un momento de debilidad. De repente, cuando me di cuenta de la locura que había cometido, estaba allí, tirado en el suelo. Me alegro que no haya pasado nada.

- Descríbeme tus sentimientos por Denise.

- ¡¿Cómo?!

- ¿Qué piensas de tu esposa?

Se revolvió nerviosamente en la cama. Bajó los ojos.

- Amo a mi esposa. La amo con todas mis fuerzas.

- ¿Estás seguro?

- Claro. Denise es la mujer de mi vida. Sin ella no sé cómo vivir.

- ¿Y si tuviera que vivir sin ella? ¿Cómo sería?

- No puedo imaginarlo. Ella va a regresar. Fue solo una pelea. Ella me ama. Volverá y todo será como antes.

- ¿Alguna vez te has parado a pensar que no existe una relación perfecta, sino la posible relación?

- ¡Pero mi relación es perfecta! - dijo Edgar sin prestar atención al comentario.

- Imaginemos lo peor. Supongamos que ella no regresa -. Edgar habló en un tono por encima de lo normal.

- ¡Ella va a regresar!

– Cálmate. Estoy hablando contigo.

– No quiero hablar contigo. Retírate por favor.

Vanda no dijo nada. Sacudió la cabeza de arriba abajo, tomó algunas notas en un bloc, lo metió en su bolso y se puso de pie. Salió de la habitación y luego entró el enfermero.

Edgar comenzó a llorar y a gritar por Denise. El muchacho tuvo que darle un sedante. Vanda bajó y sonrió a María José y Fernando.

– Es muy reacio, pero cambiará.

– ¿Estás segura, Vanda?

– Absolutamente.

– Estoy preocupada. Edgar te gritó.

– Es normal. Se siente débil e impotente. No quiere demostrar su debilidad y cree firmemente que su esposa volverá con él.

– Pero sabemos que no lo hará.

– No lo sé – dijo Fernando –. Esa chica podría querer volver. Denise es temperamental y manipuladora.

– No lo permitiré – protestó María José –. Esta mujer ya no se acercará a mi hijo.

– Esperemos – dijo Vanda –. Siento que el ciclo entre tu hijo y Denise aun no ha terminado. Él es muy dependiente emocionalmente de ella. Quizás con el tiempo cambie.

– Vas a ayudarnos, ¿no?

– Haré mi mejor esfuerzo. Regresaré mañana por la mañana.

– Gracias, Vanda.

Se despidieron y la psicóloga se fue.

– ¿De verdad crees que es buena?

– Tengo las mejores referencias, Fernando. Vanda ayudará a nuestro hijo. Lo presiento – dijo María José, mientras se llevaba la mano al pecho.

* * *

Después de una cena ligera y relajada, Leticia invitó a todos a pasar a la oficina. Era una mezcla de biblioteca y oficina, un lugar que Leandro usaba los fines de semana para su trabajo.

La habitación era toda de diseños en tonos claros, muebles modernos y bien distribuidos. Había dos cómodos sillones y un sofá de dos plazas. Más allá de la esquina había una mesa redonda para reuniones, con cuatro sillas. Mila les indicó que se sentaran.

- Aquí es perfecto. El entorno exhala tranquilidad.

Leandro se fue y luego regresó con una bandeja. En él había una jarra de agua y cuatro vasos. Mila indicó que ponga la bandeja sobre la mesa.

- Me gusta mucho aquí - reflexionó Leandro -. Es mi rincón favorito cuando estoy solo en casa. Aquí me ocupo de algunos asuntos de la empresa y, a veces, me siento con Ricardito y leemos algún libro juntos.

- Sí. Papá y yo leímos en silencio y luego nos detenemos y discutimos el texto. Acabamos de leer *Quinta Esencia*, de Jorge Desgranges. Es un libro genial y sabía que Santiago no había cometido ese horrible crimen. ¿No es verdad, papá?

- Así es. Actualmente estamos haciendo el análisis de *Don Casmurro*, de Machado de Assis.

- ¿Conoces el libro, Mila? - preguntó Ricardo.

- Lo conozco. Es un clásico de la literatura brasileña. Aprecio demasiado los libros de Machado, pero ¿no eres demasiado joven para leer y entretenerse con este tipo de lectura?

- ¡Claro que no! Tengo casi trece años. Soy prácticamente un hombre. Todos rieron -. Leticia lo abrazó y lo besó en la mejilla.

- Este chico es diferente. Sé que todas las madres dicen lo mismo de sus hijos; sin embargo, Ricardo tiene una sensibilidad extraña. Le gusta leer un clásico nacional, además de divertirse con los videojuegos.

– Me gustan muchas cosas.

– ¿Y cuál es su opinión en relación al libro de Machado de Assis? – preguntó Mila, con sus ojos brillantes y curiosos.

– Creo que Capitu no traicionó a Bentiño. Se dejó llevar por las calumnias ajenas. Ella es pura y está enamorada de su esposo. Mi papá cree que ella engañó a su esposo. Pasamos horas hablando del tema, ¿verdad, papá?

Leandro sonrió ampliamente.

– Sí. Ricardo tiene razón. Divagamos e imaginamos el pensamiento de los personajes.

Mila sonrió y habló de los otros libros de Machado. Se sentaron a la mesa y ella les pidió que cerraran los ojos.

– Desconectemos de todo lo que hemos hablado hasta ahora. Dejemos de lado el tema de los libros, las conversaciones de la cena. Tomemos un respiro y dejémoslo salir muy lentamente.

La obedecieron. Ella continuó:

– Ahora, hagamos la oración de apertura.

Mila pronunció una oración de apertura. Luego leyó un extracto de *El Evangelio según el Espiritismo*. Discutieron el tema, dijeron una oración por ellos por sus familiares y amigos. Pidieron protección para la casa y que, si había algún espíritu allí, recibirían ayuda de los espíritus allí presentes. Terminaron con una nueva oración y acordaron reunirse el mismo día de la semana siguiente, a la misma hora.

– Estoy sintiendo una sensación agradable – dijo Leticia.

– Yo también – corrigió Leandro –. Deberíamos tener esta reunión más a menudo.

– Sería conveniente para ustedes reunirse al menos una vez a la semana y hacer lo que hicimos. *El Evangelio en el Hogar* nos fortalece, ayuda a mantener la armonía, además de los espíritus amables que vienen y nos inspiran con cosas buenas. Aunque se recomienda hacer una reunión con al menos dos personas, en casa lo hago sola.

– Ven y hazlo aquí con nosotros también – pidió Ricardo.

– Me encantaría participar. Me sentí realmente bien – Todos estuvieron de acuerdo con un asentimiento.

– Ahora bebamos el agua. Está fluidificada.

Entonces Mila sacó de su bolso un libro de tapa verde con un título dorado. Ricardo lo leyó.

– *El Libro de Médiums*. ¿Qué es eso?

– Este trabajo fue escrito por Allan Kardec, el codificador del Espiritismo. ¿Has oído hablar de eso? – El chico asintió.

– Lo conozco. No sé dónde, pero he oído hablar de eso.

– *El Libro de los Espíritus* trata sobre los fundamentos de la doctrina. Es un libro rico en enseñanzas. Ya *El Libro de los Médiums*, publicado unos años después, es una especie de guía que escribió Kardec para ayudar a las personas a lidiar con la sensibilidad. Según el autor – Mila recorrió el texto con la mirada – su objetivo es indicar los medios de desarrollo de la facultad mediúmnica, en la medida en que lo permitan las disposiciones de cada uno, y, sobre todo, orientar su empleo de manera útil, cuando existe.

– La lectura parece muy agradable. Está lleno de preguntas y respuestas.

– Así es, Ricardito, como *El Libro de los Espíritus*.

– A veces me pasa algo extraño, ¿sabes Mila?

– ¿Como qué, por ejemplo?

– Es como si ya conociera ese libro. Parece que ya lo leí. Es como el sueño que tengo de una hermosa niña. Me lleva a un teatro lleno de jóvenes de mi edad. Todos se sientan y guardan silencio. De los altavoces sale una hermosa melodía que inspira la introspección. Se lee una pregunta tomada de *El Libro de los Espíritus* –. Ricardito asintió afirmativamente –. ¡Ya lo sé! ¡Del sueño que conozco estos libros!

– ¿En serio? – preguntó Leandro.

– Sí, papá. Alguien se levanta voluntariamente, da la respuesta y un profesor nos la explica mejor, por si no entendemos.

– Dejas el cuerpo físico y vas a una colonia espiritual destinada a estudios de mediúmnicos – añadió Mila.

– ¡Pucha, qué genial!

– Nunca nos lo dijiste antes, hijo – dijo Leandro.

– Es tan natural, papá. Esto ha estado sucediendo durante mucho tiempo. No comento porque mamá está nerviosa. No le gusta que hable de espíritus.

– Por qué no es un tema para los niños de tu edad. Tienes que jugar con tus amigos, jugar videojuegos...

– No estoy de acuerdo. El abuelo me dijo que siempre tenías miedo.

Leticia sonrió al recordar a su padre. Emerson dijo que su hija era temerosa, insegura y que él siempre estaría cerca para apoyarla.

– Papá solía decir eso a menudo. Pero murió. Yo lo cremé.

– Ya hablamos de eso, amiga – reflexiono Mila –. Lo que murió fue el cuerpo físico de tu padre. Su espíritu está vivo, es eterno.

– Repito que encuentro todo demasiado fantasioso.

– ¿Aprovechamos y hacemos una pequeña lectura de *El Libro de los Médiums*? – preguntó Mila alegremente.

Todos asintieron. Ricardito sonrió emocionado. Mila abrió el libro y, casualmente, se ocupó de la mediumnidad de los niños. Ella leyó la mayoría de las preguntas y discutió el tema. Leandro se interesó y tomó el libro de sus manos. Leyó:

– Pero hay niños que son médiums naturales, ya sea de efectos físicos, de escritura o visuales. ¿Habría el mismo inconveniente en este caso?

– No lo hay. Cuando la facultad espontánea se manifiesta en un niño es porque pertenece a su propia naturaleza y su constitución es la adecuada. No es lo mismo cuando se provoca, se excita la mediumnidad. Ten en cuenta que los niños que tienen visiones generalmente no están muy impresionados con esto, como Ricardito con su abuelo – reflexionó Mila –. Las visiones parecen muy naturales. El niño les presta poca atención y suele olvidarlas. Más tarde, el recuerdo vuelve a su memoria y se explica fácilmente, si conoce el Espiritismo.

Leticia se interesó y llenó a Mila con otras preguntas. En la medida de lo posible, respondió, intuida por los amigos espirituales allí presentes a causa del *Evangelio en el Hogar*, y así mantuvo el ambiente con energías positivas alrededor.

– ¿Ves, madre? Nunca forcé nada. Y ya no soy un niño.

– Ricardo tiene razón. Ni nosotros ni él buscamos este tema. El Espiritismo ha entrado en nuestras vidas de forma natural. Siempre he simpatizado con la doctrina; sin embargo, creo que deberíamos tratar de estudiar y comprender mejor el tema.

– Tengo miedo – reflexionó Leticia.

– Por eso debemos estudiar, querida – respondió Mila –. A medida que estudiamos y entendemos mejor el tema, el miedo se disipa naturalmente. Hay muchas malas creencias sobre la muerte. Necesitamos cambiar nuestros conceptos con relación a él.

– Es verdad. Y hablando de la muerte, el abuelo está parado en la puerta del despacho – dijo Ricardo, en tono natural.

Leticia se llevó la mano al pecho. Sintió una mezcla de emoción y miedo.

– ¿Dónde está? Yo no lo veo.

– Está en la puerta – señaló el niño –. Hay un joven simpático a su lado. Está diciendo que vino a buscar al abuelo.

Mila y Leandro miraron la puerta y no vieron nada. Mila se sintió un poco mareada. Se dio cuenta que el espíritu de Emerson estaba allí. Ricardo continuó:

– No puede quedarse porque dice que la energía de la habitación no lo permite. Dice que es una energía diferente a la que puede soportar.

– Tu abuelo no debe estar bien. ¿Qué es lo que él quiere? – preguntó Mila. Ricardo miró hacia la puerta y asintió.

– Está diciendo que está aquí, que todavía está cuidando a mi madre, pero que, lamentablemente, tendrá que irse.

– Ya no vive en este mundo. ¿No fue llamado para ir a otro mundo?

– Así es. Pero es reacio. Dice que ahora que nos vamos a reunir todas las semanas para rezar, ya no podrá quedarse en la casa.

– Oremos por él.

Ricardo negó con la cabeza.

– No servirá de nada.

– ¿Por qué? – preguntó Leandro.

– Se rio y dijo que las oraciones no ayudarán. Quiere que mamá abra los ojos –. Ricardo apretó los ojos y preguntó: – ¿Qué? ¿Cómo? ¿Estás seguro, abuelo? Eso que dice es muy serio. ¡Ah!, qué pena.

– ¿Qué pasó?

– Desapareció con el otro joven. Se fueron.

– ¿Qué dijo él? – preguntó Leandro.

Ricardito habló con la mayor naturalidad del mundo:

– Que tienes una amante.

CAPÍTULO 15

Leandro no había devuelto las llamadas de Denise durante semanas. Estaba nerviosa y enojada. Jamás ningún hombre había dejado de llamar. Siempre fue ella quien desaparecía. Siempre. Estaba perdiendo la concentración en el trabajo. Durante una importante reunión de negocios, su mente estaba en otra parte. Ignacio la llamó más de tres veces:

– Denise, ¿qué pasa?

Regresó su mente a la realidad y preguntó, incómoda:

– ¿Qué pasó? Perdóneme. Estaba con la cabeza lejos de allí.

– Muy lejos, me di cuenta.

– Lo siento mucho, Ignacio, ¿dónde estábamos? – Él leyó el borrador del contrato y ella asintió.

– Así es. Haré una pequeña nota y pediré a Marina que escriba el diez por ciento.

– Excelente. ¿El departamento de finanzas no notará esta diferencia?

– Mantuve el mismo porcentaje, pero reduje el margen de beneficio de la empresa. Vendo nuestros productos a esa otra empresa, por debajo del valor de mercado. Entonces nos revende a un precio mucho más alto y me da la mitad de la ganancia. Y, obviamente, Evaristo, el jefe de contabilidad, recibe un buen dinero para maquillar los balances. Sin su ayuda, estaríamos expuestos. Fácilmente.

– ¿De verdad confías en este hombre?

– Gana un buen salario, pero es un hombre codicioso sin escrúpulos profesionales. Justo como me gusta. Puedes confiar en mí.

– Si tú lo dices, lo creo.

– Lo haré escribir de esa manera. Luego le entrego el contrato al contador. Ganaremos un buen dinero con estas cláusulas adulteradas.

– Mucho dinero. Te garantizo que tu comisión será mucho más apetecible. Te voy a convertir en una mujer rica. La cadena Domményca es tan fuerte como para no notar ese pequeño mordisco en sus ganancias.

– Eso mismo. Como eres el abogado de confianza de la empresa durante años, todo es más fácil. Y quiero hacerme rica para gastar todo mi dinero en el Daslu Shopping Center. Siempre quiero viajar en primera clase. Odio viajar en clase económica, apretujado entre esa gente sin educación. El dinero me da una gran sensación de poder. ¡Amo tener poder sobre situaciones y sobre personas! Quiero comprar mi casa en Jardim Europa y salir de ese maldito apartamento.

– ¿No estás feliz en este apatamento? Tú misma lo recomendaste a mis clientes chinos.

– Recuerdos desagradables.

Ignacio se acercó y le pasó el brazo por los hombros.

– ¿Qué está pasando contigo?

– Nada.

– ¡Te conozco bien, pequeña zorra! Desde la semana pasada has estado hablando poco, tu discurso ha sido monosilábico. Nuestras reuniones fueron animadas, discutimos precios y ahora apenas abres la boca. Estás de acuerdo con todo. No más discusiones con los otros abogados. ¿Sabían en la empresa que te separaste? ¿Ese es el problema?

- ¡Realmente no! La separación fue una bendición para mí. Debería haberme separado de Edgar hace mucho tiempo. Me casé con él por una ridícula herencia que me dejó mi tía.

- La casa de Pacaembu.

- Eso se estaba desmoronando. Lo vendí por una miseria. Deposité el dinero, pero soy una mujer cara. Gasté en ropa, autos de última generación. No queda nada.

- Y entonces por qué... - Ignacio sonrió. - ¡Hum, hay otro en la lista! Estás enamorada de otro y él se desvaneció, desapareció. ¿Tengo razón en mi diagnóstico?

- No se trata de estar enamorada. Es el agotamiento realmente. Me siento usada y descartada. ¿Se me nota tanto en la cara?

- ¡Sí, muchísimo!

- No sé lo que hice. Leandro no devuelve mis llamadas. Ha desaparecido del mapa. Nadie me engaña así.

- Sabía que Leandro y tú estaban juntos.

- ¿Cómo? - Denise fulminó con la mirada al colega - Yo siempre fui muy discreta.

- Entiendo cosas. Fuiste muy fácil con él. Siempre negociaba con una amplia sonrisa en los labios. A veces noté que sus pies lo frotaban debajo de la mesa de reuniones. Y, además, soy un hombre experimentado y sé cosas.

- Tomé un lindo puntapié de Leandro. No esperaba que sucediera de esta manera.

- Tengo la impresión que nunca te rechazaron. ¿Estoy seguro?

- ¡¿Yo?! - Echó la cabeza hacia atrás y se rio a carcajadas. - ¡Imagina! Siempre era yo quien daba las cartas, constantemente he sido una mujer que sabía cosas y dejaba a los hombres arrastrándose a mis pies. Nunca sentí lo que estoy sintiendo. Quiero decir, hace años sentí un poco de ese libertinaje y terminé con el auto del tipo.

– Sientes el sabor amargo de la derrota.

– ¡Eso me da un odio atroz! Quiero estrangular a Leandro.

– ¿Estuviste muy involucrado con él?

– Un poco. Pero dejemos ese asunto a un lado.

– Vamos. Puedo ayudarte.

– ¿De qué manera?

– ¿Nunca pensaste en venganza?

– ¿Cómo así?

– Venganza, lo mismo que represalia, revancha, traición, castigo… –Denise sonrió diabólicamente.

– ¡Hum... me gusta!

– Tienes que darle una lección a este hombre.

– Castigo, castigo... Me interesa mucho. Leandro merece un castigo.

– ¿Almorzamos? Yo pago. Y aprovecho para darte consejos sobre la venganza.

– Eso me anima. No me voy a quedar atrás. Realmente necesito salir. No quiero comer aquí en la cafetería de la empresa. Estoy harta de la comida y de mirar la cara de estos empleados incompetentes.

– Almorcemos en un restaurante de moda en Jardins. Podemos hablar y estirar la conversación.

– De acuerdo.

Tocaron a la puerta y Denise dejó que entraran. Era Marina.

– Es hora de almorzar y ...

– Hablando de incompetencia, mira quién aparece – dijo Denise, mirando a la asistente.

– ¿Quiere algo, Denise?

– Sí, que desaparezcas. Ignacio intervino:

– No puedes tratar así a tu asistente. Ten buenos modales.

- Todavía me asfixia el hecho que la señorita no haya acudido al aeropuerto.

- Le expliqué lo que pasó. Hace semanas.

- Incluso si han pasado años, nunca lo olvidaré.

- No fue mi culpa. No podía dejar a su marido allí, necesitado de ayuda.

- Si debiste. Debiste dejar morir a Edgar. Ese débil, idiota, merecía ese final. ¿Y por qué te involucraste en asuntos familiares? ¿Tuviste que acompañarlo al hospital?

- Fue necesario.

- Entiendo. Uno más de estos y te pongo en el ojo de la calle.

Marina no movió ni un músculo, siguió mirando a Denise a los ojos.

- Yo iré a almorzar. ¿Necesita que escriba el contrato ahora o puede esperar para cuando regrese?

- Podría ser después del almuerzo - dijo Ignacio.

- Denise tiene la cabeza caliente. Prometo que nos iremos y al regreso estará más tranquila.

Marina inclinó la cabeza y se fue. Cerró la puerta y resopló.

- Esta mujer me saca de quicio.

- Verás que le ha bajado la regla - susurró Elisa, la secretaria de la junta.

- Es grosera, ruda, estúpida. E insensible. Su esposo casi muere y ella ni siquiera estaba allí. Además de eso, se mantiene en reuniones cerradas con el Dr. Ignacio. Él no me gusta. Siento que es un tremendo estafador, eso es.

- A mí tampoco me agrada, Marina. Tiene la cara de sinvergüenza, en el mal sentido. No me inspira a confiar, pero ¿qué podemos hacer? Los dueños lo idolatran, firman todo lo que entrega. Confían en él ciegamente. ¿Quieres saber? Mejor no conectarse con la energía que emana de él.

– Es un gran canalla. Y me mira con esa mirada de babuino, ¿sabes? Como si quisiera comerme vivo. No me gusta un hombre así.

– ¿Vamos a comer?

– Sí, vamos.

– Dejémoslos a un lado.

– Un poco difícil, ¿eh, Elisa? Trabajo todo el día con esa mujer. Paso más tiempo junto a ella que con mi madre.

– Por ello, debemos mantener un buen ambiente en el lugar de trabajo. Pasamos muchas horas aquí.

– Demasiadas horas, lo confieso.

– Cuanto menos hablemos de ellos, es mejor. ¿Sabías que cuando hablamos mal de alguien, nos conectamos negativamente con esa persona y su energía se queda en nuestro campo energético, en nuestra aura?

– ¿De verdad, Elisa?

– Así es. Hay más: cuando alimentamos sentimientos negativos, nuestra aura[1] se vuelve oscura, marrón. Eso lo veo en la gente y puedo garantizar que el tuyo, por ejemplo, está llena de colores claros.

> (1) N.A. El aura es un elemento etéreo e inmaterial que emana e involucra seres u objetos; es un atributo inherente de los seres vivos. Hay quienes dicen que el aura de los seres vivos se desvanece, y que la forma y el color del aura refleja el estado físico, mental y emocional de la persona.

– ¿Es una buena señal?

– Claro. Los colores claros significan que tienes buena salud emocional, buenos pensamientos, ¿sabes?

Elisa empezó a hablar con naturalidad sobre el tema mientras ambas se dirigían a la cafetería de la empresa, en el primer piso del edificio. Tomaron la bandeja, eligieron la comida, tomaron un vaso de jugo y se sentaron con otros empleados.

- ¡Te ves muy bien! ¿Qué has estado haciendo Elisa?

- Ejercicios.

- ¡Ojalá yo tuviera tiempo! El trabajo y el postgrado me consumen.

- Si lo quieres, el tiempo se hace. Ahora practico *jogging*. Me encanta correr. Quiero decir, siempre sueño con participar en una maratón, pero todavía necesito mucho entrenamiento. Me hice amigo de un grupo muy bueno. Nos reunimos tres veces a la semana en el Parque Ibirapuera.

- Me encantaría hacer algo de ejercicio físico.

- Correr no cuesta nada. No se paga y también mejora tu forma física, tu salud y haces buenos amigos. La gente es muy agradable.

- ¿Es así de bueno?

- ¡Así es, niña! No moví un músculo para hacer nada. Ahora soy adicto a correr. Lluvia o haga sol.

- Incluso noté el cambio en tu cuerpo. Es más delgada, más durita, la piel está más vibrante.

- El ejercicio físico mejora y fortalece nuestra autoestima.

- Interesante. Si viviera cerca del parque, podría hacer estos ejercicios al aire libre.

- Esa no es una excusa, Marina. ¿Dónde vives?

- No es excusa. Vivo en Tatuapé. Al otro lado de la ciudad.

- ¡No me digas! Somos vecinas. Vivo en Jardim Anália Franco.

- Al lado de casa, por así decirlo.

- Al principio fue difícil. Luego me acostumbré a dormir más temprano y a despertarme más temprano. Me despierto alrededor de las cinco de la mañana me preparo, no pego nada de tráfico. Después de la carrera entro directamente al vestuario de la compañía. Estamos a diez minutos del parque.

– ¿Y podemos usar el vestuario?

– Sí. La ducha aquí es muy buena. Me ducho, me visto, tomo mi café aquí en la cafetería y en dos minutos estoy en mi oficina. ¿No es lo máximo?

– Vaya, Elisa, me animaste.

– ¿Salimos el sábado y damos un paseo por el centro comercial? Compramos pantalones cortos, una camiseta y unas bonitas zapatillas. El resto depende de ti.

– Siento que el ejercicio físico puede eliminar todo el estrés de mi vida. Además de los problemas en casa, soy obligada a tragarme a esta mujer – señaló en dirección a la oficina de Denise.

– ¿Realmente necesitas el trabajo?

– ¡Y como! Yo soy quien paga todas las facturas de la casa. Mi madre está enferma.

– ¿No tiene pensión?

– No. Fue doméstica durante muchos años, y en ese momento los empleados no tenían derecho a nada, ni siquiera a un contrato formal. Presentamos los documentos ante el Instituto Nacional del Seguro Social (INSS) para que ella reciba un salario mínimo. Es poco, pero ayuda con los gastos.

– ¿Tienes un pariente cercano, un hermano? – Marina recordó a Jofre e hizo un puchero.

– Tengo un hermano – bajó la voz – y te lo confesaré: es un tremendo marginal.

– ¿Marginal en el sentido de desgraciado o en el sentido de bandido?

– Un bandido realmente. Jofre creció torcido, como dicen, tuvo muchos problemas, fue arrestado, enviado a la Fundación Estatal para el Bienestar del Menor (FEBEM) y se escapó. Nunca nos volvimos a ver. Hace unos años le envió dinero a mi madre. Creo que está en el tráfico, ¿no crees Elisa?

– Bueno, será mejor que te mantengas alejada de él. Pero, cuando recuerdes a tu hermano, envía vibraciones positivas.

– Difícil.

– Inténtalo. La gente no se da cuenta, pero nuestras vibraciones les alcanzan.

– A Jofre nunca le caí bien.

– Es su problema.

– Tampoco me agrada.

– Está bien. Pero cuando aparezca en tu mente, al menos envíale vibraciones de paz. Te ayudará a mantenerte alejado de sus malas energías. Si estás conectado negativamente con tu hermano, atraerás cosas malas a tu lado.

Marina tocó la mesa de la cafetería tres veces.

– ¡Dios no lo quiera y quédatelo!

– Necesitas tener otra actitud ante la vida, Marina –. Marina dijo:

– La asistencia médica de la empresa es muy buena. Mi madre está enferma y usa mucho el plan médico.

– Estoy de acuerdo contigo. Tenemos un excelente plan de salud, uno de los mejores del mercado. Afortunadamente, pudimos incluir a nuestros padres como dependientes.

– No puedo, por el momento, pedir mi renuncia. Necesito aguantar a esta víbora de Denise. Me gusta la empresa, los empleados, el clima laboral es muy bueno. El único problema es la jefa. Solo eso.

– Si el problema no es solo de Denise, debes aprender a ser impersonal.

– ¿Cómo así?

Elisa sonrió.

– Cambia tu actitud ante las situaciones. Siempre hago esto, ya sea aquí, con amigos o familiares. Ser impersonal: escuchar el problema del otro sin meterse en el problema, ¿entiendes?

– Más o menos.

– Escucha sin involucrarte emocionalmente con el otro. De esta forma, estamos más relajados y equilibrados para ayudar a encontrar una salida a la situación, que en general es desagradable y que, por estar envueltos en ella, no vemos soluciones prácticas.

– Tienes una forma tan interesante de hablar. Me siento bien a tu lado.

Terminaron su almuerzo, tomaron el ascensor y se reunieron con colegas de otras áreas. Mantuvieron una animada conversación y, por el momento, Marina se olvidó de la mala educación la jefa y se animó a acompañar a Elisa en las carreras matutinas, además de interesarse por el tema de la impersonalidad.

CAPÍTULO 16

Denise e Ignacio entraron al restaurante abarrotado de gente y se sentaron en una mesa en la parte de atrás, lo que los dejó en privacidad y libertad para tratar asuntos íntimos. El camarero se acercó.

– Queremos dos cervezas bien frías.

– Denise, puedo beber porque me voy a casa, ya terminé mi trabajo. Pero tú vas a volver a la empresa.

– Para aguantar a esos tontos, no hay nada mejor como una buena cerveza fría –. Miró al camarero y ordenó: – Traiga dos cervezas y dos vasos bien fríos. ¡Corre!

El chico se alejó medio a regañadientes. Mientras ella e Ignacio esperaban la bebida, disparó:

– Estoy poseída. Nadie me deja así. El bribón de Leandro me hizo quedar como una tonta ese fin de semana en Rio.

– Han pasado semanas. Soy partidario de la venganza, pero ¿de verdad quieres perder el tiempo con Leandro?

– Quiero. Tiene que darme explicaciones, exijo satisfacción. ¿Quién cree que es? ¿Que me encontró en la calle, en la alcantarill, en la basura?

– Estas nerviosa. Cálmate.

El camarero volvió con la cerveza y dos vasos bien fríos. Luego, vertió suavemente la cerveza en cada vaso. Denise tomó el suyo, lo bebió y chasqueó la lengua en la parte posterior de la boca.

– Está divina.

- Olvidamos brindar.

- No hay problema, Ignacio -. Chocó su copa con la suya: - ¡Viva la venganza! - Dijo con una sonrisa maliciosa.

- Un brindis por la venganza.

Hicieron el pedido, el camarero se fue y ella continuó:

- El idiota tiene un hijo y es Dios en el cielo y el niño en la Tierra. Quedó en llamarme al día siguiente y se desvaneció, desapareció.

- Podría ser un problema familiar - dijo, en tono de burla, solo para provocarla. Denise no se dio cuenta y continuó:

- Maldita sea, Ignacio. Llegué al apartamento después del viaje y no había rastro de Leandro. Ni una sombra. Envió a un empleado de la empresa para que fuera a buscar todas sus cosas. Se llevó hasta la navaja de afeitar con él. No dejó nada. No es un hombre de verdad. No tuvo el valor de ir solo y enfrentarme. Envió un mensajero en motocicleta durante el día, después de haber estado desaparecido una semana, y le pidió a escondidas al muchacho que recogiera sus cosas y desapareciera.

- Verás que volvió junto a la esposa. Después de todo, no es común estar casado con una mujer hermosa y carismática como Leticia. Ayer su nombre fue mencionado por una famosa actriz como símbolo de simpatía, amabilidad y generosidad.

- Oh, qué odio. Esas Leticia se hace la santa, pero para mí, no es más que una fachada.

- No en la fachada. Ella es muy querida por la sociedad. Una mujer hermosa y fina, a quien se le pide que dé consejos de etiqueta...

- ¡Para Ignacio! Así me irritas. Sé que eres abogado. Pero ¿necesitas ser el abogado del diablo? ¿Estás de mi lado o no?

- Claro que sí.

- Bueno, deja de hablar de esa mujer. A Leticia no le gusta el sexo, es frígida, además de ser idiota fútil y lleno de estrictas reglas de etiqueta. ¿Para qué necesitamos la etiqueta en estos días?

Es un sálvate si puedes. Vivimos en otro siglo. Cada uno por sí mismo.

- Ese es tu punto de vista.

- El mío y toda persona inteligente. A naadie le queda ni una pizca de cortesía. Este país está patas arriba. No hay respeto, nada.

- Hay algo ahí. ¿Quieres que investigue? Tengo amigos en todo el mundo.

- Conozco bien a tus amigos - respondió ella, inclinándose con las manos.

- Podemos averiguar qué pasó. Nadie cambia así de un día para otro.

- ¿Harías eso por mí, Ignacio?

- Eres mi amiga. Me estoy volviendo un hombre rico. Hago lo que quieras -. Denise sacó su teléfono celular de su bolso y marcó. Cayó en el buzón.

- ¿Ves? Leandro no responde a mis llamadas. Debe haber cambiado su número de teléfono celular. ¡No es posible!

- Por supuesto que te ayudaré.

- Ponte en contacto con Leandro.

- Pensaré en una forma. Apenas lo conozco. No somos íntimos.

- No lo sé. Inventa una excusa.

- Que voy a decir ¿Cómo voy a meterme en un asunto tan íntimo?

- Es verdad. Buscarlo así, sin más, no es ridículo. Me hará parecer necesitada y herida.

- Déjamelo a mí. Dame su número de celular. Soy un maestro en conseguir información personal sin que la gente sospeche. Soy un maestro de la manipulación.

- Gracias, Ignacio. Sabía que podía contar contigo.

Luego el camarero se acercó con los platos y ambos volvieron su atención a la comida. Al momento de pedir el café y la cuenta, Ignacio sonrió con picardía.

— ¿Qué pasó? — preguntó Denise, tratando de seguir el ritmo de los ojos de Ignacio.

— ¿No viste?

— ¿Qué cosa? — Preguntó, sin comprender.

— Tu amado acaba de entrar.

— Edgar? ¿Aquí?

Ignacio soltó una carcajada.

— No. Leandro acaba de entrar al restaurante.

Hizo una señal con los ojos y Denise lo siguió. Al ver a Leandro, estuvo a punto de tener un síncope. ¿Y cómo es que el hijo de su madre estaba más hermoso que nunca? El traje oscuro, de corte impecable, le hacía parecer un lord inglés. Su cabello era corto y su apariencia era fina.

Además de todo esto, fue abrazado por una bella mujer, que despertó y provocó el deseo de los hombres y la admiración de las mujeres que los rodeaban. Incluso hubo un camarero que se escondió para apreciar a esa famosa *socialité* de Rio de Janeiro pegada al apuesto galán.

Denise sintió una rabia sin ingual. Se puso de pie abruptamente. Ignacio se levantó entonces e intentó sujetarla.

— ¿Qué vas a hacer?

— Pedirle explicaciones a ese imbécil.

— No es así como vas a resolver la situación.

— Lo haré a mi manera — gritó locamente.

— Por favor, no hagas escenas — rogó Ignacio.

Denise ni siquiera escuchó. Estaba cegada por el odio.

Se separó de Ignacio y se acercó a la pareja. Dijo en un tono alto y claro:

— Leandro, ¿quién crees que eres?

CAPÍTULO 17

Volviendo un poco a las semanas anteriores a esa tarde, tan pronto como Ricardo había verbalizado las palabras de Emerson, el ambiente se había vuelto vergonzoso.

– ¿Es verdad, papá? – preguntó el chico, incómodo.

– A tu abuelo nunca le agradé. Está bromeando, eso es.

– Puede ser.

– ¿Tu abuelo todavía está entre nosotros?

– Habló, se rio y desapareció con un chico muy simpático. El chico le envió un beso a Mila.

Mila se conmovió e inmediatamente recordó a su padre. Sonrió y preguntó con naturalidad:

– ¿Sabes si volverá?

– No sé si volverá a aparecer.

Leandro sonrió un poco forzado, sin gracia. Miró a Mila y ella vio su angustia. De repente se puso de pie y dijo alegremente:

– Bueno, terminamos por hoy. Ricardito guarda *El Libro de los Espíritus* y, si hay alguna duda, apúntalo en un cuaderno. La semana que viene retomaremos la reunión y nuestros estudios, ¿qué les parece?

– ¡Me parece excelente!

– ¡Qué bien!

– Me siento lista para comenzar a estudiar los misterios de la vida. Me alegro que me estés dando esa fuerza.

El niño tomó el libro de las manos de Mila, la besó en la mejilla y, sin notar la tensión entre Leandro y Leticia, les preguntó:

– ¿Vamos a ver otro episodio de CSI?

– Creo que hicimos mucho por esta noche – reflexionó Leticia –. Será mejor que te retires, acuéstate. El día fue agotador, has estado en el hospital. Mañana veremos tantos episodios como quieras, ¿verdad?

– Tienes razón, mamá. De hecho, estoy cansado. ¿Me acompañarás a la habitación? – Leticia asintió. Ricardo se despidió de Leandro y Mila. Subió abrazado. Leandro se acercó a Mila.

– Lo siento por lo que ocurrió. Nunca pude imaginar algo así, una situación tan incómoda y...

Mila lo cortó con un gesto suave.

– En una pelea entre marido y mujer, nadie mete la cuchara, dice un dicho sabio. No tengo nada que escuchar, no necesitas disculparte.

– Eres la mejor amiga de mi esposa.

– Y siempre lo seré. Siempre estaré con Leticia, aunque eso no quiere decir que no te vaya a destruir por algún motivo. No tengo nada que ver con tu vida íntima. Ambos son adultos y pueden resolver sus problemas.

– ¿Qué debo hacer?

Ella lo tomó del brazo gentilmente y dijo con voz amistosa:

– Di la verdad. Abre tu corazón.

– Tengo miedo de perderla.

– Bueno, dile eso. Disfruta que se llevaron a Emerson aquí de la casa. El entorno está en armonía, fue higienizado por los buenos espíritus. Aun con esa noticia tan vergonzosa, la paz todavía reina en esta casa. Si realmente amas a Leticia, abre tu corazón. Disfruta del ambiente tranquilo. No escondas nada.

La abrazó y notó que una lágrima corría por el rabillo del ojo.

- Eres una gran amiga. No tengo palabras para agradecerte.

- No tienes que hacerlo. Voy al baño a retocarme el maquillaje y luego me voy. Con permiso -. Mila se fue y Leandro se dejó caer pesadamente en un sillón. Se tapó la cabeza con las manos y se cubrió la cara.

- Dios mío, ¿por qué dejé que las cosas llegaran a este punto?

Mientras lloriqueaba, Emerson se reía a carcajadas.

- Ahora empezaré a destruirte - dijo con una mezcla de sarcasmo y furia.

El espíritu juvenil y comprensivo que lo había sacado de la casa minutos antes fue enfático:

- ¿Puedo saber el chiste?

- ¿Qué chiste?

- No lo sé, pero si te estás riendo tanto, solo puede ser una broma. Y de las buenas -. Emerson frunció el ceño. Miró al chico de arriba abajo con una mirada investigadora.

- ¿Quién eres tú? ¿Por qué entraste en la casa?

- Pude interceder tan pronto como terminaron de hacer el *Evangelio en el Hogar*. El ambiente transmitía paz y serenidad. Pude entrar, sacarte y dejarte en paz, por ahora.

- Nunca te había visto por aquí antes.

- Mucho gusto, mi nombre es Leonidas - dijo el espíritu, mientras le tendía la mano a Emerson. Este último devolvió el apretón de manos y preguntó:

- ¿Qué haces aquí? ¿Sirves a los llamados espíritus de luz?

- Trabajo para ellos, sí.

- ¿Tiene algún familiar en el condominio?

- Soy amigo de la familia - señaló la casa.

- Nunca te había visto antes. Pertenezco a esa familia.

- Pertenecía cuando vivía. Ahora ya no pertenezco.

– Leonidas, Leonidas – Emerson se rascó la barbilla – Nunca escuché ese nombre cuando estaba vivo. A menos que seas pariente de Leandro.

– Tengo conexiones afectivas con Leandro y Ricardo.

– ¡Solo podría ser! Sospeché esa cara de ángel. Me quieres alejar de aquí, ¿no?

– No tengo que hacer eso. El ambiente energético de la familia te mantiene alejado. Ya notaste que cuando los tres están en armonía, ¿apenas puedes acercarte a la puerta?

– De hecho; sin embargo, la armonía dura poco. Tengo poder sobre mi hija. Ella acepta todas mis sugerencias.

– Las cosas van a cambiar, puedo apostar.

– ¿A qué te refieres?

– Que se aman y que ese sentimiento es más fuerte que cualquier negatividad, sin importar de dónde y de quién venga.

– ¡Ay, por favor!

– Ya no perturbarás la paz de esta casa.

– ¡¿Yo?! ¿Perturbar?

– Cada vez que entras a la casa creas problemas.

– ¿Cómo te atreves a darme órdenes, chico?

Leonidas permaneció tranquilo y sereno. La sonrisa nunca abandonaba sus labios.

– Lo que le dijiste a tu nieto... – Emerson lo cortó:

– ¡Solo dije la verdad!

– ¿No fue para crear discordia en la vida de la pareja?

– Lo fue. Tengo que apartar a Leticia de ese desgraciado.

– Me preocupa lo que le pase a esa familia. Tu actitud no fue la más adecuada.

– ¿Le digo la verdad a mi hija y me acusan de alterar la paz?

– No debes inmiscuirte en la vida de los demás.

- ¡Esta es la vida de mi hija! Leandro es quien debería pensar mil veces antes de engañarla. ¡Mil veces! - gritó.

- A veces, la omisión es la mejor salida. A veces, no estamos preparados para escuchar la verdad.

- ¿Y vivir en una mentira? Mira - Emerson se pasó la mano por la cabeza -, no deberías estar al lado de la luz, no. ¡Hablas puras barbaridades!

- No hablé de mentira, sino de omitir el hecho. Dejar de hablar no se trata de mentir.

- Soy partidario de la verdad.

- ¿Lo eres?

- Siempre.

- ¿Y qué hay de tu última vida en el planeta?

- ¿Qué tiene que ver mi última encarnación con este asunto?

- ¿Estaba impregnado de pura verdad?

- Por supuesto que lo fue.

- Oh, ¿lo fue? - preguntó Leonidas con curiosidad.

- Fui un padre cariñoso, un esposo ejemplar, trabajador.

- Padre amoroso, estoy de acuerdo. Ya en relación a ser un marido ejemplar... Siempre diste tus saltos. No fuiste sincero con su esposa.

- No permito que perturbe mi vida de esta manera. En mi época, las cosas eran diferentes.

- Entiendo.

- Construí un imperio. La Compañía es una de las únicas empresas del país con una excelente reputación en el exterior. Dejé muy bien a mi familia. Teresa morirá rica y Ricardo, si quiere, nunca necesitará trabajar.

- Estoy de acuerdo con casi todo lo que dijiste. De hecho, fuiste un exitoso hombre de negocios, tu empresa creó muchos puestos de trabajo y ayudó a mejorar la economía del país. Sin embargo, ¿fuiste, de hecho, un marido ejemplar?

– ¡Absolutamente! Una que otra traición, nada más. Cosas de hombres.

– ¿Y cuál es la diferencia entre tus engaños y los de Leandro?

– Son completamente diferentes. Nada que ver. Leandro es casado con mi hija. Se metió con mi familia, consiguió pelea.

– Solo ves lo que te conviene, Emerson Theodoro Ferraz.

– Oye, ten cuidado con el tono de tu voz, espíritu de luz. ¿Crees que puedes hablarme así?

– ¿Por qué no?

– Mi muerte fue anunciada en todas las estaciones de televisión, ¡en el horario de máxima audiencia!

– Sé muchas cosas de ti –. Emerson echó otra mirada investigadora al joven, de arriba a abajo.

– ¿Qué sabes?

– Algunas cosas.

– ¿Qué decía la prensa sobre mi muerte? Yo era una figura conocida, todo el país sabía de mi vida.

– Por ejemplo, sé que tuviste un hijo fuera del matrimonio y nunca quisiste saber de él.

– ¡¿Yo?!

– Sí.

– Mentira – Emerson trató de defenderse.

– Puedes mentirle al mundo, pero no a tu conciencia. Puedo leer los rincones más recónditos de tu alma.

Emerson se estremeció. Leonidas habló con una firmeza asombrosa. Realmente parecía que era capaz de buscar y registrar el alma de Emerson.

– ¿Qué quieres decir con eso?

– Te acostaste con una de tus sirvientas. Quedó embarazada y tuvo un bebé. Intentaste encubrir el caso, la sacaste de casa, le diste dinero para que se callara y la sacara de su camino.

– Y ella realmente desapareció.

– Desapareció porque te tenía miedo. Ella se sintió humillada. La mujer era pobre, tenía otro hijo, ¿cómo no iba a aceptar tu oferta? ¿A dónde iría ella? ¿Vivir bajo el puente estando embarazada? Aceptó tu dinero, por supuesto. Eras rico y ella tenía miedo de enfrentarte. Compró una casita y siguió viviendo una vida honesta.

– Podría haber abortado y tomado el dinero.

– Fue su elección tener al niño.

– ¿Quién garantiza que nació el niño? Puede que haya perdido al niño.

– No lo perdió.

– Puede que se haya acostado con otros hombres. ¿Quién garantiza que soy el padre?

– Bien sabes que ella no salía con nadie. Vivía para el trabajo y para su hijo.

– Puede ser.

– Nunca te interesó la hija bastarda. Solo tenías ojos para Leticia.

– Eso fue un accidente – dijo Emerson.

– ¿Accidente? – preguntó Leonidas impulsivamente.

– Fue un accidente, una distracción. En aquella época no usábamos condones. No había tantas enfermedades de transmisión sexual. Me prestó atención y tuvimos sexo. Algunas veces. Nada más. Fue pura casualidad.

– ¿Accidente?

– Sí.

– Accidente es cuando chocamos el auto, resbalamos con una cáscara de plátano y tropezamos. Tener un hijo fuera del matrimonio no es un accidente.

– Ni siquiera sé si el niño sobrevivió. Y, además, fue hace muchos años. ¿Por qué viniste a molestarme con este tema ahora?

– Porque solo quieres saber sobre Leticia. ¿Qué pasa si tu otra hija está viva y necesitada? ¿Nunca te detuviste a pensar en eso?

– ¡No! – rugió Emerson –. Nunca lo hice y nunca lo haré. Arruinaste mi noche.

– Estamos aquí para hablar.

– No quiero hablar más contigo. Regresaré en otro momento.

Emerson habló y desapareció en el aire. Leonidas se encogió de hombros. Hizo una extraña señal con la mano izquierda hacia arriba, y pronto dos guardianes del astral aparecieron frente a él.

– Dígame, jefe – dijo uno.

– Quiero que hagan guardia y vigilen la casa hasta que amanezca. Durante el día, quiero dos guardias merodeando por el condominio. No quiero espíritus extraños por aquí. Al menos durante los próximos días. ¿Sabes por qué estoy aquí?

– Sí lo sabemos. Puede dejarlo en nuestras manos. Limpiaremos la casa de energías negativas y nos prepararemos. Cualquier problema te lo notificaremos inmediatamente.

– Gracias.

Leonidas se despidió de los guardianes y se fue a su colonia espiritual.

CAPÍTULO 18

Dentro de la casa, Leticia hizo lo que pudo para ocultar la conmoción de ese comentario de su hijo. Al principio, sus piernas temblaron y sintió que le faltaba el aire. Trató de recomponerse rápidamente. Dotada de una elegancia natural, condujo a Ricardo a su habitación, sin que el chico notara ningún rastro de molestia en su rostro.

- Mamá, ¿lo que dijo el abuelo es verdad?

- ¿Acerca de...?

- ¿Acerca que papá tiene una amante? Yo no creo en eso.

- Yo tampoco.

- ¿Será que escuché bien? Puede ser que haya dicho algo más, quizás amado. Eso puede sonar como amante.

Leticia sonrió.

- ¿Amar qué? Ni siquiera sé qué es.

- Me encanta eso, lo mismo que me encantó. Me refiero al mal humor.

- ¿Cómo sabes estas cosas?

- Aprendí del crucigrama. Grabé ese nombre.

- Puede ser.

- Vas a ver que el abuelo quería decir que papá estaba de mal humor. ¿No?

- Sí, querido... - Leticia le acarició el pelo rizado y le besó la frente -. Ahora necesitas dormir. Mañana te prometo que veremos todos los episodios de CSI.

- ¿Lo juras?

- Lo prometo - hizo una cruz con los dedos índices y los besó.

- Te quiero mucho a ti y a papá. Somos una familia feliz.

Leticia quería abrazar a su hijo y llorar. Ricardo tenía un corazón puro. Todavía no entendía nada sobre el mundo de los adultos. Ella respiró hondo y volvió a besarlo en la frente.

- Yo también te amo. Más que todo. Buenas noches.

- Buenas noches mamá.

Se despidieron, ella se alejó y bajó. Mila y Leandro estaban sentados en la sala, sin intercambiar palabra. Leticia le sonrió a su amiga:

- ¿Te importa si no vemos la película de Patrick Dempsey hoy?

- Para nada, querida.

- Te voy a pedir que te vayas a tu casa. Quiero tener una conversación con Leandro.

- Estaba esperando que vinieras y para decirte adiós. Mila se levantó y se despidió de Leandro. Leticia la acompañó hasta la puerta.

- ¿Estás bien? - preguntó Mila.

- No. Estoy atónita.

- ¿Y Ricardo?

- Se acostó y se ve bien. Cree que el abuelo se equivocó, que dijo otra palabra.

- Si quieres, me quedo.

- No querida. Necesito hablar con Leandro a solas.

- ¿No prefieres refrescarte, descansar y conversar mañana o en otro momento?

- De ninguna manera.

- Es un asunto delicado, Leticia.

- Si no hablo ahora, estaré atrapada, perturbada y no pegaré un ojo en toda la noche. Dijimos oraciones y la casa está en paz, ¿verdad? Necesito hablar con él para que la paz siga reinando. ¿Me entiendes?

- Pensando así, tienes razón. ¿Por qué dejarlo para mañana?

- Se trata de nuestra vida íntima. Ya no puedo quedarme en silencio.

- Si crees que es mejor así... quiero decir, Ricardito anda gateando hacia la adolescencia, puede ser que haya escuchado mal, se confundió con lo que decía su abuelo y...

Leticia lo cortó con un delicado gesto de la mano.

- Por favor, Mila. Eres mi mejor amiga. Una hermana para mí. No me hagas sentir más estúpida de lo que soy. Mi hijo no haría un comentario tan vil por nada. Ricardito es ingenuo todavía. Tiene un corazón puro y tal vez realmente se confundió o quiere creer que escuchó mal. Pero las dos somos adultas. Sabemos lo que pasa. Mi madre ya me había advertido que los amigos del club veían a Leandro junto a otra mujer.

- Son chismosos, habladores. No puede prestar atención a estos comentarios. Eres una persona pública y sabes que tus pasos son monitoreados en todo el mundo. Somos personas conocidas por la sociedad. Cualquier desliz aparece inmediatamente.

- Por eso tienes una vida discreta. Debería hacer lo mismo -. Mila pasó una mano suavemente sobre el hombro de Leticia.

- Somos diferentes. Tienes un carisma excepcional y solidario. Me gusta permanecer en el anonimato. En cualquier caso, es necesario que sepas que el espíritu de tu padre está perturbado. Puede haberlo inventado y provocado. Sabes que los dos nunca se llevaron bien. Habla con Leandro.

- Voy a hacerlo - se abrazaron y Leticia sonrió - Te prometo que no haré un escándalo. No es mi estilo.

– Estaré vibrando positivamente por ambos. Sé que Leandro y tú tienen mucho de qué hablar. Espero que se entiendan de una vez por todas.

– Gracias. Buenas noches.

Leticia esperó a que Mila subiera al coche, y se marchara. Luego cerró la puerta y caminó lentamente hacia la sala de estar. Leandro seguía sentado, tamborileando nerviosamente con los dedos sobre una mesa auxiliar.

– ¿Te importaría hablar conmigo en la biblioteca?

– Sí vamos.

Se levantó y acompañó a su esposa. Leticia entró en la habitación y le indicó que entrara y se sentara. Luego cerró la puerta y se sentó junto a su marido, manteniendo la distancia.

– ¿Qué tienes que decirme? – preguntó, mirándolo a los ojos.

Leandro no supo qué decir. Sintió que le faltaba el aire, su rostro ardía en llamas. Realmente quería que se abriera un agujero allí mismo y que pudieran tragarlo y desaparecer, sin tener que enfrentarse a su esposa. ¿Qué debía hacer? Tenía miedo de decir la verdad y perderla. Amaba a Leticia y de ninguna manera quería herir sus sentimientos.

Una voz amiga le susurró al oído:

– Di la verdad.

Leandro registró las palabras, pero tuvo miedo. Mucho miedo.

– Si le digo la verdad, mi matrimonio terminará. Leticia no me perdonará – se dijo pensativo.

– Sé sincero. No huyas. Habla con tu corazón.

– No sé si debo.

– Ella te entenderá.

Respiró hondo y empezó a hablar, apartando la mirada de ella.

– Podría decir que Ricardito escuchó mal, que se confundió o usar otras excusas tontas. Podría inventar historias y terminaremos con este caso.

– Quiero que me digas la verdad. Eso quiero.

– Bueno – Leandro buscó fuerzas para seguir. La voz estaba rota por la emoción, pero prosiguió: – Todo empezó cuando murió tu padre...

En un relato veraz, con la voz a menudo entrecortada, llena de sinceridad, Leandro habló sobre la falta de interés de Leticia en él, las excusas que dio para no tener intimidad. Le contó todo sobre su relación con Denise, sin ocultar nada.

– Ella no es mi amante. Nunca quise tener una. La conocí porque no me querías. Me sentí perdido, abandonado. Tu desinterés realmente me duele porque prueba que no te agrado. Hice votos en la casa de Dios y siempre quise estar a su lado hasta que la muerte nos separara.

Leticia sintió un nudo en la garganta. Ella lo amaba por encima de todo, pero no podía explicar lo que había sucedido desde la muerte de su padre. Era como si hubiera una gran barrera que le impedía acercarse a su marido. El simple toque de Leandro la enfermaba. Le pareció natural, porque ella nunca había sido una mujer con deseos ardientes.

Incluso al comienzo del matrimonio, se acostaba con su marido de forma regular. Aun así, fue un tormento para ella. Pudo disimularlo y poco después darse la vuelta y tratar de olvidar el acto sexual y dormir. Cuando murió su padre, Leticia ya no pudo disimular su falta de deseo, pues también había nacido, en esa misma época, la repentina repulsión ante el menor contacto con Leandro.

Emerson se había aprovechado de la falta de libido de su hija y comenzó a influir en ella de una manera que ya no podía relacionarse con Leandro. Había estado haciendo esto durante dos años, desde que murió y descubrió que su espíritu estaba más vivo que nunca. Cuando se dio cuenta que su hija aceptaba su aversión como si fuera la suya, aulló de felicidad. Después de todo, su verdadero deseo era separar a Leticia de Leandro. Estaba muy enojado con su yerno sin razón aparente.

Leandro se acercó a ella, se arrodilló y finalmente la miró:

– Leticia, escucha. Soy un hombre y tengo deseos y anhelos. Me estabas rechazando, haciéndome sentir como una basura. Te amo y siempre quise relacionarme solo contigo. Puedo jurar que Denise nunca significó nada para mí. Nada. Yo te amo. Si me das una oportunidad, prometo ser el mejor marido del mundo y...

No pudo terminar de hablar. Las lágrimas fluían incontrolablemente y Leandro demostró honestamente lo que sentía. Si pudiera retroceder en el tiempo, nunca se habría involucrado con Denise.

Sin embargo, Leticia se mostró reacia apesa que amaba mucho a su esposo. De verdad. Había sido criada con tantos prejuicios erróneos sobre la sexualidad que encontraba la intimidad mala, sucia y pecaminosa. Ella se había criado bajo los dictados de la iglesia. Y en su religión, el sexo fuera del matrimonio era un pecado tremendo. Dado que se involucró y quedó embarazada antes de casarse, sintió que había cometido un pecado grave y que Dios algún día la juzgaría.

Su analista la ayudó a deshacerse de estas creencias y le mostró que debe guiarse por el sentimiento del amor. Leticia se mordió los labios y, al ver a ese hombre enamorado agachado allí, llorando y diciendo que la amaba, no se resistió. Se inclinó y lo abrazó con fuerza.

– Perdóname querido. Fui una tonta.

– No digas eso.

– Te estaba alejando de mí y te iba a perder.

– Perdóneme. Nunca quise herir tus sentimientos.

– Mi distanciamiento estaba contribuyendo a destruir a nuestra familia. ¡Te amo tanto!

– ¡¿Verdad?!

- No tienes idea de lo mucho que te amo, Leandro.

- Pero nunca lo demostraste.

- He aprendido. Quiero cambiar para mejor. ¡Tú eres el hombre de mi vida!

Los dos se abrazaron y besaron tiernamente, mezclando besos y lágrimas. Leandro y Leticia sintieron que sus cuerpos temblaban de tanta emoción.

- ¿Me perdonas?

- ¡¿Yo?! - preguntó asombrado.

- Sí.

- No necesito tu perdón. Te prometo que seré más paciente. Sé que soy un gran padre. También quiero ser un gran esposo.

- Siempre has sido un esposo ejemplar, de conducta impecable.

- Yo te fallé. Cometí adulterio.

- No pienses de esa manera. El adulterio sería si te acostaras conmigo y con otro. No quería acostarme contigo. Terminé empujándote a los brazos de otra.

- Yo fui un débil.

- Y fui intransigente - finalizó Leticia -. Soy mujer, de carne y hueso, y también siento deseos. Estoy aprendiendo a afrontar mejor mi sexualidad. Sé paciente conmigo.

- Oh cariño. ¡Yo te amo! ¡Te amo!

Leandro volvió a besarla en los labios. No dijeron nada más. Se levantaron. Le tendió el brazo y ella le tomó la mano. Subieron a la habitación en silencio y cerraron la puerta.

- Vamos a acostarnos y dormir un poco. Fue una noche muy difícil - dijo. Leticia sonrió con picardía.

- La noche apenas está comenzado...

Habló y se desabotonó el vestido de forma sensual. Leandro apenas podía creer lo que veía. Sonrió ampliamente y abrazó a su esposa.

– Te amo. ¡Mucho!

– Yo también te amo. ¡Demasiado!

Era la primera vez que Leticia se entregaba por completo a su marido. Sin temor, sin miedo. Cuerpo y alma. Fue una noche inolvidable de placer y reconquista para ambos.

CAPÍTULO 19

Después que los espíritus guardianes y centinelas empezaron con la ronda de vigilancia, Emerson ya no podía acercarse a la casa de su hija, pero podía influir negativamente en las personas que lo rodeaban. Es decir, podría influir en personas que eran descuidadas que no cuidaban sus propios pensamientos.

Era una cuestión de afinidad energética. Si la persona tenía mente sana y estaba conectada con el bien, con buenos pensamientos, no podía establecer ningún tipo de influencia. El contacto o la influencia eran nulos. Si una persona tuviera la cabeza llena de dudas, preocupaciones y negatividades, se convertiría en presa fácil para que Emerson pudiera transferir toda su ira a través de esta fuerte vibración.

En Rio de Janeiro tenía cierto control enérgico sobre Teresa. Su esposa era una mujer encantadora y deslumbrante. Teresa estaba muy apegada a las apariencias y vivía dentro de un mundo de estrictas reglas de comportamiento. Seguía al pie de la letra todos los folletos de comportamiento. Las palabras de los demás eran mucho más fuertes que las suyas.

En cierto modo, se había convertido en una esclava de los comentarios calumniosos de los demás. Y también actuaba de esa manera. Le encantaba hablar mal de alguien y chismorrear sobre la vida de los demás. No por malicia. Teresa había sido educada de esa manera y creía que hablar mal de alguien era absolutamente natural. Al final de cuentas, todas sus amigas también lo hacían.

Por esta razón, fue muy fácil mezclar las energías de Teresa con las de Emerson para hacerles la vida imposible a Leticia y

Leandro. Ocurre que, desde el incidente con el romance espírita, Teresa había evitado visitar a su hija.

Siempre a distancia, Emerson persiguió a la pareja. Estaba poseído. Le había dicho a su hija – a través de su nieto – que su esposo la traicionó y ahora los veía juntos, abrazados y llenos de amor para dar. Trató de emitir vibraciones de malestar, pero se iban y se desvanecían en el aire cuando se acercaba a la pareja.

– ¡No puede ser! Si me hubieran dado de beber, podría estar alucinando. Después de revelar la verdad y el carácter cuestionable de mi yerno, ¡parece que mi hija está más apegada a él! No entiendo. Confieso que no entiendo. Están más unidos que nunca. Deberían estar separados, ¡eso es!

Estaba deambulando por el condominio unos días después cuando leyó la mente del chofer. El muchacho iba a llevar a su hija y a su yerno al aeropuerto. No tenía dudas. Esperó a que subieran al auto y luego se dirigió a la zona de embarque del aeropuerto Santos-Dumont. Media hora después, Emerson los vio salir del coche y dirigirse al mostrador de la línea aérea. Parecían dos amantes.

El espíritu enojado trató de acercarse, pero una barrera de energía lo mantuvo a unos metros de distancia. Sin embargo, los escuchó:

– Confieso que abrir mi corazón, decir la verdad fue lo mejor del mundo. Lavé el alma.

– Yo también querido.

– Te amo y siempre te amaré. Mi vida no tiene sentido sin ti –. Leticia sonrió ampliamente.

– La mía tampoco.

– Nacimos el uno para el otro.

– Creo que Mila me ayudó mucho más que el analista. Me lastimé emocionalmente para no tener placer. Yo también te amé siempre. Fui culpable de hacerte anidar en los brazos de otra.

– No digas eso.

—Seamos realistas. Siempre sentí deseo por ti, pero algo dentro de mí impidió el acercamiento. Entiendo que debiste sentirte rechazado.

—Perdí mi autoestima. Pasé por momentos difíciles. Te amaba y no podía tenerla. ¿Imaginas el sufrimiento?

—Por supuesto que me lo imagino. También creo que puedes sentir mi angustia cada vez que tuve que acostarme a tu lado.

—Es parte del pasado. ¡Quiero tenerte siempre!

—Ahora puedes. Siempre me tendrás.

—Soy el hombre más feliz del mundo. Nada obstaculizará nuestra unión. Se besaron tiernamente y Emerson casi estalla de rabia.

—¡Maldición! ¡Mil veces maldición! ¿Cómo puede Leticia dejarse llevar por las palabras de este desgraciado? ¿Qué hice mal? Debería odiar a este hombre.

—No lo hiciste. Todo lo contrario.

—Intenté abrirle los ojos. Le revelé a mi nieto la verdad. No entiendo. Sinceramente, no lo entiendo.

—Dije que no sería fácil.

Emerson perdió por un momento el contacto con su hija y su yerno. Miró a Leonidas y habló con desdén:

—Ah, tú de nuevo. Ese espíritu de luz.

—¿Por qué no te ocupas de tus sentimientos, amigo?

—¿Por qué no te ocupas de tus propios asuntos? —respondió Emerson.

—No entiendo por qué te preocupas por la gente y por un mundo que ya no te pertenece.

—Pertenezco a este mundo.

—¿Cómo? Dime.

—¿Qué?

– ¿Puedes interactuar y participar? No. Solo puedes molestar a la gente con tu energía de desequilibrio. ¿Por qué no vienes conmigo para recibir tratamiento?

– ¡Ni mil veces muerto! No me voy a ir. Además, los estoy perdiendo de vista. Necesito saber adónde van los tortolitos. Chau.

Leonidas se encogió de hombros. Vislumbró un halo de luz violeta y lo proyectó hacia Leandro y Leticia. Deseo el bienestar de la pareja.

A su llegada a São Paulo, Leandro se hospedó con su esposa en un lujoso hotel. Era muy querido por los empleados, tenía carisma y era muy amable. Leticia era una figura muy conocida y querida. No hicieron reserva, el hotel estaba lleno; sin embargo, no les resultó difícil encontrar rápidamente una excelente suite. Leandro susurró algo al oído del gerente del hotel. El chico sonrió y asintió. Entonces Leandro llevó a su esposa al bar.

– ¿No podemos subir?

– Todavía no. Las empleadas están limpiando. ¿Quieres tomar un refresco, una copa?

– Un jugo de tomate.

Leandro pidió en la barra y media hora después subieron a la suite.

Cuando Leticia entró en la habitación, sus ojos almendrados brillaron de emoción.

– ¿Cómo hiciste todo esto?

– Le pedí ayuda al personal.

En una de las mesitas de noche había un cubo de plata, muy fino con hielo y champán. Un hermoso jarrón con rosas blancas y amarillas se colocó en una mesa auxiliar. La habitación estaba agradablemente perfumada y sobre la cama había una pequeña caja de terciopelo.

– ¿No la abres?

Ella sonrió y corrió hacia la cama. Se sentó y abrió la caja, las manos temblaban de emoción.

– ¡Ay, Leandro, es hermoso!

Leticia se puso de pie y lo besó con emoción. Era una cadena de oro con dos personas pequeñas también del mismo material. Uno fue escrito con amor, Leandro, y el otro con amor, Ricardo.

– Qué cosa más linda.

– Fue idea mía y de nuestro hijo. Para que siempre estés con nosotros.

Leandro tomó la cadena y la colocó suavemente sobre el cuello de su esposa. Leticia hizo un gesto delicado y se levantó el pelo por encima de la nuca.

– Listo. Ahora estás rodeado por los dos hombres de tu vida –. Ella se rio y lo besó tiernamente.

– Hablando de dos amores, necesito llamar a Iara para saber si Ricardito volvió a casa del colegio, si no volvió a tener un accidente...

– Claro. Llama a casa mientras enciendo mi móvil. Necesito responder algunos correos electrónicos del personal de la oficina.

Fue a la hora del almuerzo cuando ambos decidieron ir al restaurante cercano. Entraron sonriendo y abrazándose. Leticia se sentía como la mujer más feliz del mundo y exudaba una energía embriagadora, contagiosa y encantadora que naturalmente atraía la atención de la gente. No dejaba de pasar los dedos por las miniaturas de su cuello.

Denise dejó a Ignacio hablando solo y caminó bruscamente, pisando fuerte. Casi derriba al camarero que pasaba. Como un tifón, cortó las mesas hasta detenerse frente a Leandro.

La miró de arriba abajo y fingió no conocerla. La actitud solo contribuyó a que Denise quisiera matarlo con tanto odio. Dijo con una voz tremendamente irritada y casi chillona:

– ¿Cómo estás, Leandro?

– Hola – dijo con voz fría y lacónica.

– Mañana tenemos una reunión.

– No quiero hacer negocios ahora.

– Te hemos estamos llamando y no contestas. Primero tenemos que resolver algunos detalles.

– Mira, ya no participo en estas reuniones. Se asignará a un funcionario competente para manejar el asunto: sacó una tarjeta y escribió un nombre –. Llame a la Compañía y busque a este empleado. Le garantizo que será respondido a la brevedad.

Denise estaba echando humo por la cabeza. Midió a Leticia con una mirada de odio.

– Soy Denise.

Con la mayor delicadeza del mundo, Leticia respondió:

– Mucho gusto. Soy Leticia, la esposa de Leandro.

– ¿Alguna vez habló de mí?

– Cariño, vayamos a nuestra mesa. El *maître* está llamando – lo corrigió, tratando de evitar disgustos.

Leticia hizo un gesto negativo con las manos.

– Está bien querido. Ya vamos – y, volteándose hacia Denise, respondió con naturalidad – Leandro ya habló de ti. Lo sé todo.

– ¿Todo qué? ¡Quiero saber!

– Todo sobre el envolvimiento entre ustedes dos.

– ¿Así? – preguntó Denise, creyendo que Leticia estaba fanfarroneando por pura cortesía.

– Sí, todo. Sé que Leandro se acostó contigo, por ejemplo. Sé que fueron amantes durante un tiempo. Pero ahora ya no se acostará contigo.

– No puede dejarme así, como si nada. Tengo sentimientos – mintió.

- No creo. Escuché que estabas casada cuando tuviste una aventura con mi esposo. Denise cerró los puños para contener su ira.

- ¡Haré un escándalo! Todos estaremos en los periódicos. ¿No temes por tu reputación? - arriesgó.

- Ni un poco.

- La gente puede reírse de ti -. Leticia se encogió de hombros.

- No me importan los comentarios de los demás. No me importan tus comentarios. Todo lo que me interesa es que vivo en paz con mi esposo y mi hijo. Nada más.

Denise levantó la voz:

- ¡Dije que haré un escándalo! Iré a esos programas vespertinos que adoran burlarse de la vida de las personas. Les contaré todo sobre mi relación con Leandro.

Leticia la señaló con el dedo. La miró a los ojos. Denise dio un paso atrás.

- No te tengo miedo.

- ¡¿No?! Lo dudo.

- Haz un escándalo que yo hago otro. Veamos de qué lado estará la gente: de mi lado, que soy una buena mujer, o de tu lado, víbora -. Leticia bajó la voz: - ¡Ve, busca otro hombre para acostarte, perra!

Denise levantó la mano, pero Leandro fue más rápido y la sostuvo en el aire.

- Si le pones el dedo encima a mi esposa, no sé de lo que soy capaz.

- ¡Suéltame, desgraciado!

- Por favor, sal de nuestro camino, sal de nuestra vida.

- Si continúa comportándose de manera inconveniente, presentaremos una denuncia a la policía.

- No servirá de nada.

- ¿No tienes dignidad? preguntó Leticia, sorprendentemente firme -. Ve a buscar a la gente de tu especie.

- ¡Me las pagarán! So ordinarios.

Denise habló y salió pisando fuerte. No esperó a Ignacio. Llegó a la puerta del restaurante, pasó frente a otros clientes y le gritó al *valet* que fuera a buscar su auto. En su estado de fuego, habló con los clientes. Para evitar una mayor confusión, el *valet* corrió y pasó al frente de su auto. Denise entró, cerró la puerta de golpe y aceleró como loca, chirriando sus neumáticos.

Dentro del restaurante, ya sentado, el *maître* preguntó sin gracia:

- ¿Están bien?

- Sí.

- Pido disculpas en nombre de todo nuestro equipo. Lamentamos el incidente - continuó el *maître*.

- No se preocupe. Estoy bien. Ya pasó - dijo Leticia.

- El almuerzo correrá por cuenta de la casa.

- No se preocupe - protestó Leandro.

- Insistimos.

Unos minutos más tarde, una amable camarera trajo un ramo de rosas y se lo entregó a Leticia.

- En nombre de todos los empleados del restaurante, doña Leticia.

- Oh, son hermosas - respiró el suave aroma de las rosas -. Gracias de corazón.

- La admiramos mucho. Es un honor servirle. Perdóneme.

La joven inclinó la cabeza y se fue. Leandro sonrió y puso sus manos sobre las de su esposa.

- Tú eres una mujer carismática, una mujer que rezuma bondad. Estoy tan orgulloso de ti, querida.

- Me emociona el cariño de estas personas que apenas conozco. ¡Qué amable!

– Fuiste fuerte. Valiente.

– Nunca pensé que tendría que pasar por una situación así.

– Ni yo. Estuviste espectacular. Valió la pena.

– Hice todo esto guiado por mi corazón. No quiero que nadie interfiera en nuestra vida de ahora en adelante, ni esta mujer, ni mi madre, ni nadie. Mila siempre me dijo que somos responsables de todo lo que nos pasa. Ahora comienzo a comprender el significado de esto. Si no somos firmes y claros, la gente no nos comprende.

– Te hiciste respetar. Denise es mujer agresiva y vengativa.

– Pero sigue siendo una mujer como cualquier otra. Ni ella ni nadie puede ser más fuerte que el amor que siento por nosotros.

Gentilmente se llevó la mano a los labios y la besó.

– Gracias por todo. Te amo.

A lo lejos, Emerson era pura alegría. ¡Estaba tan feliz! Había encontrado un socio en la ciudad Denise absorbía cada vil pensamiento que emitía.

– ¡Apestan! – gritó, después de cortar el paso de un vehículo delante de ella y detenerse en el paso de peatones, asustando a los transeúntes.

Emerson, sentado en el asiento del pasajero, movió la cabeza hacia los lados.

– ¡No! Él es quien apesta. Leticia no tiene nada que ver con eso.

Denise registró el discurso del espíritu como si fuera el suyo. Repitió en voz alta:

– Y la mujer fue un poco dura, pero mantuvo su ética. Leandro apesta. Es el desgraciado de la historia.

– Necesitamos darle una lección.

– Eso. Necesito darle una lección – repitió. Mientras maldecía, Emerson se retorcía de felicidad.

– ¡Una aliada más!

CAPÍTULO 20

Los días que pasó en la casa de sus padres le hicieron muy bien a Edgar. Unas semanas más tarde volvió a sus actividades habituales. El amigo Adriano insistió en recogerlo y llevarlo a su apartamento.

– No tenías que molestarte. Fernando y yo haríamos eso.

– De ninguna manera, doña María José. Patricia y yo queremos llevar a su hijo a su casa.

– ¿Está todo ordenado?

– Sí. Hablamos con Delis. Hizo una buena limpieza, escondió fotos. Dejó el apartamento limpio y ordenado, sin rastro aparente de Denise.

– Edgar recordará todo lo que pasó tan pronto como ponga los pies allí.

– Tienes que entender que tu hijo no puede escapar de la realidad – dijo Patricia con voz dulce pero firme.

– Mi hijo no es un fugitivo. Fue abandonado por esa mujer. Vanda lo ayudó mucho en su recuperación, pero todavía siento que Edgar necesita quedarse con nosotros por un tiempo.

– Necesita ir a su propia casa, tener contacto con sus cosas. Ya no es un niño y necesita hacerse cargo de su vida.

– Tiene razón – dijo Fernando al entrar en la habitación –. Nuestro hijo necesita volver a la normalidad.

María José estaba algo molesta. Siempre acostumbrada a dictar las reglas y proteger a su hijo, sentía que no tenía forma de discutir. Ella siempre había tenido un fuerte control sobre Edgar, y en esos días en que él se quedaba en casa, volvía a ejercer las funciones de una madre súper protectora.

– Podemos pasar esta noche con él.

– No puedes, María José. Edgar debe afrontar la realidad de los hechos solo. Patricia intervino:

– El apartamento tiene buena energía ahora. Antes de venir aquí, fui y verifiqué la limpieza. Luego hice una sentida oración para que Edgar vuelva a ser feliz nuevamente en ese hogar bendito. Su hijo se recuperará rápidamente.

– ¿Buena energía? ¿Qué es todo esto sobre la energía? – Preguntó María José, interesada en las dulces palabras de esta simpática chica.

– El apartamento está con buen astral – dijo Patricia –. El ambiente es agradable. Sentimos paz y serenidad cuando entramos. Puedo intentar explicarlo. ¿Le gustaría escucharme?

– Por supuesto.

– Subiré a ver si Edgar está listo – dijo Adriano.

– Yo te acompaño – dijo Fernando.

Patricia sonrió y llevó a María José al sofá. Se sentaron uno al lado del otro.

– Doña María José, hace un tiempo una amiga me invitó a cenar a su casa. Acepté la invitación, porque es una gran persona, con buen corazón, una compañía muy agradable. También aprovechamos para conocernos mejor.

– Continúa.

– Cuando estaba listo para salir de casa, ella me llamó pidiendo cancelar la cena. De repente le dio dolor de cabeza, malestar, crisis nerviosa...

– ¿Tan de repente?

– Sí, de repente. En un instante.

– Pobrecita. Debe haber tenido un malestar repentino.

– ¿Alguna vez se sintió abrumado por la incomodidad sin razón aparente?

– Sí.

– ¿Estabas bien, alegre, dispuesta y, en cuestión de horas o incluso minutos, te irritabas o, como se dice popularmente, en un tris?

– Afirmativo.

– ¿Ya sintió una cosa extraña en la habitación, como si fuera una presencia, aun estando sola?

– Sucede muchas veces. Creo que es Fernando pasando por el pasillo, pero no hay nadie. Incluso se me pone la piel de gallina y escalofríos por todo mi cuerpo.

– Tanto tú como yo sentimos estas cosas porque la naturaleza nos ha dado la sensibilidad, la amplitud de la percepción. Doña María José, ¿ha notado lo sensible que es usted?

– Que yo sepa los temas relacionados con la sensibilidad son característicos de los médiums, los fenómenos espíritas, Centro Espirita, ¿no?

– De alguna forma. La sensibilidad es una característica del ser humano. Tanto yo, como usted, su marido, y el mío, tu hijo, en fin, toda la gente de este mundo lo tiene. Entienda que todos tenemos sensibilidad y que algunas personas son más sensibles que otras. Nadie es mejor o peor por tener esta cualidad más fuerte. ¡Solo que es diferente!

– No existe el más burro ni el menos burro, sino el que está dispuesto a estudiar, comprender, absorber conocimientos, y el que no le gusta mucho prestar atención al estudio, dado que la inteligencia también está ahí para todos. Veo que esto sucede mucho en el mundo académico.

Y con la sensibilidad no es diferente. Si empiezas a prestar más atención a tu sensibilidad, a cómo se sienten las cosas y las personas, el mundo te dará el alimento para hacer crecer esa característica en ti. Todo aquello a lo que prestamos atención, todo lo que estimulamos nuestro interior, acaba creciendo, siempre. Eso me hizo darme cuenta de lo sensibles que somos todos.

– Eso es cierto, chica. No quiero que mi hijo se apropie de las energías perniciosas de esa mujer. Me gustaría evitar un mal mayor. ¡Mi corazón está tan apretado!

– Edgar necesita volverse emocionalmente fuerte. Solo así se librará de las influencias de Denise. Tiene a sus amigos, Adriano y yo, tiene a Fernando y está usted, que es una mujer de fibra, inteligente, decidida y buena.

María José se emocionó. La abrazó con cariño.

– Tus palabras me tocan el alma profundamente.

– Es porque también hablo con el corazón.

– Que Dios nos bendiga para poder ayudar a mi hijo.

– Todos seremos fortalecidos por esto. Puede creerlo.

Pronto oyeron pasos en las escaleras y Edgar bajó con su padre. Adriano estaba justo detrás, llevando una pequeña maleta. Él sonrió y dijo:

– Bueno, creo que es hora que me vaya.

Abrazó a su madre. María José lo besó en las mejillas con cariño.

– Sabes que esta casa es tuya.

– Por supuesto que lo sé, mamá. Estoy inmensamente agradecido por la hospitalidad, calidez y dedicación que me han brindado las últimas semanas.

– Vuelve cuando quieras.

– Gracias mamá. Todo va a estar bien.

– ¿Lo prometes?

– Lo prometo. Lo juro.

María José trató de devolverle la sonrisa. Quería y deseaba lo mejor para su hijo, pero el corazón de madre no creía en la repentina mejora de Edgar. Sin embargo, después de la agradable conversación con Patricia, decidió no hablar. Lo abrazó con cariño, lo volvió a besar en la mejilla y terminó:

– Que Dios te acompañe hijo mío.

Entonces Edgar abrazó a su padre y se fue. Subieron al coche y el viaje transcurrió sin problemas. Llegaron al edificio a última hora de la tarde. El portero sonrió al verlo en la parte trasera del auto.

– Bienvenido, Edgar.

El muchacho abrió la ventana y saludó.

– Hum... ya arreglaron la puerta. Al fin.

– Sí, Edgar. Todo está en orden.

– Gracias, Juan.

– No tiene que agradecer, chico.

Edgar salió del coche y se dirigió al portero. Abrazó a Juan y le agradeció con conmovedora sinceridad.

– Me salvaste la vida.

– No lo agradezcas – respondió, un poco incómodo, poco acostumbrado a recibir este tipo de trato.

– Muchas gracias por todo.

Juan no respondió con emoción. Edgar se volteó y se subió al coche. Adriano bajó por la rampa hasta el garaje. Juan se dijo a sí mismo:

– Este hombre se merece una mujer con un corazón tan noble como el suyo. Espero que doña Denise se haya ido para siempre de su vida. Que nunca vuelva a aparecer por aquí. Que Dios la mantenga alejada de ese chico.

Dentro del apartamento, Edgar se sentó en el sofá.

– La casa está ordenada y perfumada como a mí me gusta.

– Delis vino ayer. Dejó todo en orden. Incluso hay una fuente con berenjenas a la parmesana en el refrigerador. Está simplemente para calentar en el microondas.

Él sonrió ligeramente.

- Delis sabe lo que me gusta. Amo este platillo.

- Salvo que tengo una mala noticia - enmendó Patricia.

- ¿Qué pasó?

- Delis dijo que ya no vendrá más.

- ¿Por qué? - preguntó Edgar -. ¡Siempre nos llevamos tan bien!

- Recibió una oferta de trabajo en otra casa. Parece que es una familia de Jardins, muy rica. Ganará mucho más de lo que ganaba como jornalera.

- Si es lo mejor para Delis, genial.

- Si quieres —dijo Patricia rápidamente—, puedo preguntarle a mi empleada si tiene un día libre.

- ¿Te encargarías de eso por mí?

- Por supuesto Edgar. Somos tus amigos.

- Era Denise quien se ocupaba de estos asuntos. Ahora no sé cómo hacerlo. Todavía me siento un poco perdido.

- Es natural. Pronto aprenderás. Es bueno aprender a administrar la casa, las compras, las cosas.

- No sé. Denise es quien hacía todo. Todo.

Adriano se dio cuenta que el asunto sobre Denise estaría pendiente. Trató de darle otro rumbo a la conversación: - Bueno, campeón.

- ¡Dímelo!

- ¿Cuándo vamos a retomar nuestras carreras en el parque? - Edgar miró pensativo al techo.

- No sé. He estado fuera durante semanas. No sé si quiero volver.

- Nada de eso - protestó Patricia -. Necesitas hacer ejercicio. Estás un poco lleno.

A Edgar le aterroraba la idea de volver a subir de peso y ser esa regordete que había sido en su adolescencia. Se preocupó:

– ¿De verdad crees que engordé? – Adriano asintió.

– Creo que sí. Pero con que regreses a tu rutina de ejercicios, de correr principalmente, para que pronto recuperes tu forma antigua.

– Así que comencemos de nuevo mañana.

– Me gustó verlo. Te sentí firme – respondió el amigo.

– Temprano correremos y luego me iré a trabajar. Quiero lucir bien cuando llegue a la empresa.

– Te ves bien. Algo melancólico, pero en general estás bien.

– Extraño a Denise. ¿A dónde está nuestro porta retratos con las fotos de nuestra boda? – se levantó y se dirigió a un pequeño tocador.

Adriano y Patricia se miraron.

– Delis lo guardó – dijo el amigo.

– No me gusta que se metan con mis cosas. ¿Dónde puso el marco?

– Amigo mío, por favor... – Patricia silenció a su marido.

– Deja a Adriano. Voy a buscarlo. Delis me dijo dónde lo guardó. Regreso en un instante –. Salió en dirección a las habitaciones y Adriano se sentó junto a su amigo.

– Edgar, no quiero verte sufrir más.

– Necesito hablar con Denise.

– ¿Para qué?

– Qué sea una vez solamente. Si ella no me quiere, juro que nunca la volveré a buscar. Pero tengo derecho a saber qué pasó.

– Ella te abandonó. Punto.

– ¿Dónde está la notificación del juez?

– ¿Qué notificación?

– Si ella realmente quería separarse de mí, ¿por qué no me notificaron ni me citaron? Han pasado semanas desde que pasó todo y todavía estamos legalmente casados.

– Es correcto. Si la separación es definitiva, Denise ya debería haber solicitado la separación consensuada.

– ¿Cómo así?

– La pareja por consentimiento mutuo requiere la disolución de la sociedad conyugal estableciendo, en su caso, la partición de bienes.

– Ella no dio señales de vida. Nada. Creo que volverá conmigo. Siento eso – Adriano iba a hablar, pero Patricia entró en la habitación, trayendo el porta retrato.

– Aquí está.

Los ojos de Edgar brillaron de emoción. Cogió el objeto y se lo llevó al pecho. Luego besó la foto.

– Amo este retrato.

– Recuerdo bien, después de todo yo era tu padrino.

– Fue el día más feliz de mi vida.

– Tendrás otros días felices, amigo mío.

– Lo sé. Podría ser.

– ¿Necesitas alguna cosa más? – preguntó Patricia.

– No, queridos. Todo está bien.

– ¿Seguro?

– Sí. Estoy seguro. Me gustaría estar solo. ¿Está bien?

– La Dra. Vanda dijo que te estás recuperando maravillosamente bien – dijo Adriano.

– Hago tres sesiones a la semana. Luego me dijo que vamos a pasar a dos, luego a una sesión, hasta que me den el alta.

– Me alegro que estés cuidando tu mente.

– Tú también tienes una vida. Ellos tendrán asuntos que ocuparse – Patricia consultó el reloj.

– Tenemos una cita con el dentista. Adriano se levantó y lo abrazó:

– Mañana, a las seis de la mañana.

– Cuenta conmigo. Mañana, a las seis de la mañana estaré en el parque, en el mismo lugar.

– No te olvides.

– Nuestro grupo ha crecido – dijo Patricia.

– ¿En serio?

– Sí. Tenemos otros corredores. Los viejos amigos corredores te extrañan.

– Los echaré de menos mañana –. Se volteó hacia Adriano y le preguntó: – ¿La gente sabe por qué desaparecí por un tiempo?

– No. Dijimos que tenías que ir de viaje de negocios y que volverías pronto.

– Fuimos discretos – dijo Patricia. Edgar sonrió y la abrazó.

– Eres muy amable, Patricia. Gracias por todo, de verdad.

– Te queremos. ¿No es eso lo que hacen los amigos?

Dijeron adiós. Después de cerrar la puerta, Edgar corrió hacia el teléfono y llamó al celular de Denise. Dejó un mensaje breve, pero lleno de nostalgia. Luego fue a darse una ducha.

– Oh, extraño a Denise...

CAPÍTULO 21

Marina se despertó muy temprano, como lo hacía desde hacía unas semanas. Ella se levantó feliz. Se estiró, fue al baño, se lavó y colocó cuidadosamente su ropa de trabajo en una percha. Luego se puso la ropa de gimnasia que había comprado con la ayuda de Elisa. Se miró en el espejo y le gustó lo que vio:

– Mi cuerpo es más delgado, más torneado. La carrera me ha ido muy bien. Vale la pena.

Al principio había sido difícil planificar dormir temprano y despertarse más temprano. La primera semana se sintió muy cansada. Llegó a casa, cenó y apenas podía estudiar las asignaturas de la escuela de posgrado. Fue perseverante y en la tercera semana se adaptó por completo a las nuevas rutinas, se sintió más liviana, con más energía para todo.

– Me alegro de poder contar con Elisa – se dijo mientras se preparaba para partir. Elisa pasaba por su casa a las cinco y cuarto de la mañana, los lunes, miércoles y viernes. Llegaban al parque poco antes de las seis de la mañana. El grupo del que formaban parte era un grupo diverso de hombres y mujeres de diferentes edades. Todos ellos tenían en común el deseo de mantenerse sanos, de cultivar una amistad sincera, manteniendo siempre su simpatía y buen humor.

Marina terminó de empacar su bolso, fue a la cocina, tomó un poco de yogur y comió algo de fruta. Llenó su botellita de agua y pasó por la habitación de la madre para despedirse con un beso.

– Dentro de poco tendrás que tomar tus medicamentos. No lo olvides.

– Claro, hija. Pero, ¿por qué tienes que irte tan temprano?

– Para hacer ejercicio y gozar de buena salud.

– Recibí el mensaje. No quieres enfermarte como tu madre.

– No fue lo que dije. No estás enferma. Es más tu lado emocional lo está. El médico dijo que necesitas hacer caminatas cortas, tomar el sol, ver gente. Vives encerrada en esta casa.

– Pero ¿qué pasa con la violencia? Esta ciudad no es la misma de hace años. Todo es peligroso.

– ¿Y estarás encerrada, viendo televisión todo el día? Eso no es la vida, madre.

– ¿Y qué voy a hacer? Tengo miedo de salir.

– Por eso aumenta tu presión. Siempre estás tensa, nerviosa.

– ¡Y cómo quieres que esté! ¿Dónde está tu hermano que desapareció y nunca volvió a contactarnos? – Marina puso los ojos en blanco.

– ¿Este tema de nuevo?

– Es mi hijo.

– Hermoso hijo.

– ¿Qué puedo hacer? ¿Olvidarlo?

– Sí, olvídalo. ¿No nos ha olvidado?

– Siento que hay algo extraño.

– No hay nada extraño, madre. Esa es la verdad. No ves la realidad porque no quieres. ¿Cuántas y cuántas veces te he dicho que Jofre no quiere saber de nosotros?

– ¿Cómo puedes hablar con tanta propiedad?

– Porque nunca le gustó vivir aquí. Nunca se llevó bien conmigo. No quería trabajar ni estudiar.

– ¿Qué pasa si está enfermo, necesita algo?

– No creo.

– Podrías intentar tener noticias de él.

- ¡Ni siquiera aprendes! Si Jofre hubiera querido contactarnos, habría enviado la dirección correcta en ese sobre.

- Verás que lo escribió mal, pobrecito. Le habrá costado mucho juntar las palabras.

- Porque no estudió. Nunca quiso aprender.

- No hables así de tu hermano. No pudo aprender porque estaba desnutrido. No lo alimenté bien. Éramos muy pobres.

- Tonterías, madre. A Jofre le encantaba faltar a clases. No sé por qué lo defiendes tanto.

- Él es mi hijo. Se enojó conmigo y se fue.

- ¿Cómo así?

Consuelo se mordió los labios. No tenía la intención de abrir la boca. Al menos no en ese momento.

- Un día tu hermano y yo tuvimos una fea discusión. Estaba muy nervioso, muy enojado. Me dijo que se iba. Y se fue.

- Y nunca regresó.

- Me siento mal por mí misma - dijo Consuelo con tristeza.

- Sentir lástima por sí mismo porque cree que no puede cambiar los hechos que le rodean.

- ¿Qué puedo hacer para cambiar?

- Mamá - Marina sonrió alegremente. Tomó las manos de Consuelo y dijo con voz suave: - Cada uno en este planeta tiene sus necesidades, están aquí para cuidar su evolución.

- ¿Crees que necesito hacer un pase?

- Puede ayudar, pero debes saber que el tratamiento espiritual brinda alivio, pero no resuelve el problema. Date cuenta madre, es tu vida la que está enferma y no tú.

Una lágrima se le escapó por el rabillo del ojo. Consuelo había sido una mujer fuerte y valiente en el pasado. Había trabajado duro en la gran ciudad. Pero la vida no le sonrió. Creía que su hijo había desaparecido de casa por su culpa.

Esta vez se había entregado a la depresión y siempre tenía un pequeño problema de salud aquí, y otro allá. Creía que estaba envejeciendo y que esto era algo natural.

- Me gustaría cambiar, Marina. Sinceramente. Pero no lo consigo.

- Necesitas cambiar la forma en que ves los hechos. Es hora de aprovechar el tiempo que tienes y hacer algo de higiene mental, jugando con su subconsciente. La higiene mental altera la frecuencia de las ondas mentales, jugando con las ideas y promoviendo cambios positivos en el pensamiento.

- No sé si podría hacerlo. Estoy vieja.

- Nunca es tarde para cambiar.

- ¿Qué pasa con el dolor en mis piernas?

- Los médicos no encontraron nada que justificara estos dolores. La fisiología de la enfermedad está ligada a la estructura del pensamiento. La mente está compuesta por miles de conceptos. Conéctate con pensamientos positivos, piensa en un cuerpo sano, alimenta tu alma con buenos pensamientos. Esto te ayudará a cambiar. Y, por supuesto, si caminas un poco más, si haces ejercicio, tenga una posibilidad real que disminuya la hinchazón.

Consuelo bajó la cabeza.

- Tienes razón. Necesito promover el cambio.

- Me alegra que quieras cambiar.- Sin embargo, si encontraste a alguien...

- ¿Esta historia de nuevo?

- Si Erivaldo no hubiera terminado la relación...

Marina respiró profundamente y pidió fuerzas para no estallar. Apenas comenzaba el día y tenía que escuchar toda esta letanía del pasado. Se acercó a su madre.

- De una vez por todas, seamos francas. Quiero terminar con este asunto ahora. No amaba a Erivaldo. Lo quería mucho. Habíamos salido desde que éramos adolescentes cuando era envasador en el supermercado. Luego se enamoró de Elisete y se casó. Tuvieron hijos. Son felices.

- Él no pudo romper el compromiso.

- Nada. El compromiso es algo anticuado. Nos ponemos el anillo más por convención social. Creo que quería casarse porque se sentía responsable de estar conmigo durante tantos años. Erivaldo fue sincero, mamá. Aprecio la gente sincera.

- Nunca más te enamoraste. Nunca volviste a salir con otro chico.

- Porque todavía no ha habido un chico que despierte mis sentimientos. En la hora apropiada, en el momento adecuado, cuando esté lista, todo sucederá de forma natural.

- Me alegra que pienses eso. Pensé que ya no quería saber más sobre tener una relación afectiva.

- Tengo muchas cosas que hacer, mamá. Tengo trabajo, estudio, ejercicios... -. Marina pasó suavemente su mano por el rostro cansado de Consuelo -. No fue fácil empezar de nuevo, pero estoy aquí. Después de eso, ya han pasdo algunos años.

Oyeron una bocina. Era Elisa.

- Necesito ir. Dejemos este asunto enterrado en el pasado, de una vez por todas. ¿Entiendes que no fui abandonada por mi ex prometido?

- Sí, entiendo.

- No tuve ningún trauma y, por si aparece alguien, solo para tu constancia, una vez más te advierto: me voy a involucrar, sí.

- Rezaré para que encuentres un buen hombre.

- Ora para que te recuperes, eso es todo. Marina habló, besó a su madre y se fue.

Consuelo se removió nerviosa en la silla. Marina había dicho algo en medio de la conversación que de alguna manera la había perturbado profundamente: aprecio a las personas sinceras.

– Fui sincera con Jofre y desapareció. Si hago lo mismo con Marina y le digo la verdad, ¿podrá ella hacer lo mismo? ¡Oh Dios mío! ¿Seré castigada?

Nuevas lágrimas corrieron por el rabillo del ojo. El remordimiebnto corroía por dentro a Consuelo. Sentía una loca necesidad de revelarle a mi hija absolutamente todo sobre su pasado detalle por detalle.

La voz de su corazón le dijo que se sentara con Marina y hablara. La voz de la razón, por otro lado, le dijo que se quedara callada. Después de todo, ¿de qué serviría hablar de un tema tan espinoso? Consuelo incluso tuvo una corazonada. Se removió inquieta en la cama de una manera agitada. Pensó y pensó, le dio vueltas al tema tantas otras veces. Pero, ¿dónde estaba el valor?

– No tengo valor. Prefiero morir antes que decir la verdad.

CAPÍTULO 22

Elisa sonrió mientras saludaba a su amiga.

– ¡Buen día!

– Buenos días, Elisa.

– No te ves bien. ¿Sucedió algo?

Marina asintió. Elisa aceleró el auto, tomó la Avenida Radial Leste y preguntó:

– ¿Quieres hablar de eso?

– Eres una buena amiga, Elisa. Nunca hubo un secreto entre nosotras.

– Gracias por tu confianza.

– Mi madre defiende a mi hermano con uñas y dientes y eso me irrita profundamente.

– ¿Por qué?

– ¡Como que por qué! Porque Jofre siempre ha sido un mal elemento, una muy mala persona. Nunca se llevó bien conmigo, solía regañar a mi madre, le gritaba. Nuestras discusiones fueron acaloradas. Viví años terribles con él. ¡Cuando se fue, sentí un gran alivio! Y no me arrepiento de tener ese sentimiento.

– Yo también podría. Ya me dijiste todas las barbaridades que hizo Jofre. Es natural sentir alivio.

– Pasaron los años, mejoramos nuestras vidas. Mamá, se enfermó y yo me he ocupado de la casa. Pago todas las cuentas, lleno el refrigerador, pago a una empleada que viene una vez a la semana.

– Y sin embargo doña Consuelo echa de menos a Jofre.

– No solo lo echa de menos, Elisa, ¡sino que también lo defiende! Dice que ella fue responsable que él no completase sus estudios. Absurdo. No terminó sus estudios, al menos la primaria, porque era un vago. Siempre lo fue.

– Tu madre vive en otra realidad. Ella tiene otra visión sobre él, después de todo, es su hijo. Las madres suelen apañar las cosas que hacen sus hijos. Siempre. Es un tema cultural. Yo, en particular, creo que tu madre conoce hechos que tú no conoces.

– ¿Cómo así?

– Siento que doña Consuelo está angustiada, agitada.

– Hoy ella parecía estar así. Hoy y todos los días de los últimos meses –. Marina habló con una sonrisa irónica –. Mi mamá está nerviosa por cualquier motivo.

– Debes animar a tu madre a hablar más sobre su vida, sobre su relación con Jofre.

– Este tema me desagrada.

– Todavía continúas involucrándote emocionalmente en los problemas. ¿No aprendiste nada sobre lo que te dije sobre permanecer impersonal?

– Es fácil hablar, Elisa. Pero ponerlo en práctica es otra realidad, bastante diferente. Incluso lo intenté; sin embargo, confieso que se necesita mucho trabajo.

– Cambiar para mejor siempre requiere trabajo. Estamos obligados a mirar dentro de nosotros mismos y elegir los pensamientos que queremos cultivar y los que ya no queremos no nos molestamos. Es importante aprender a hablar con las personas sin involucrarse emocionalmente en sus problemas. De lo contrario, nos veremos abrumados y, en lugar de ayudar, estaremos creando un entorno favorable para atraer más confusión.

– Tienes razón. Necesito controlarme más.

Elisa estacionó el auto junto a la pista de carreras. Salieron del coche con sus botellitas de agua. Los dos cerraron los ojos e inhalaron el aire fresco del parque.

– ¡El día de hoy está tan hermoso!

– Tienes razón, Marina. No hay nube en el cielo.

Caminaron hasta el lugar donde el grupo solía reunirse los días de carrera. Faltaban unos minutos para las seis de la mañana, pero casi todos los habituales estaban allí.

Marina se había enamorado de todos y tenía un afecto especial por Patricia y Adriano. Siempre corría junto a la pareja, recibiendo consejos, instrucciones sobre cómo mejorar su rendimiento, su respiración, cómo promover cambios en sus hábitos alimenticios, etc.

La pareja se acercó y se saludaron. Elisa fue a estirar su cuerpo con parte del grupo. Patricia la invitó a estirarse cerca.

– ¿Cómo van las cosas?

– Estoy bien. Me he adaptado con tremenda velocidad a este nuevo y saludable estilo de vida.

– Al cuerpo le gusta que lo ejerciten.

– La mente también.

– Se te olvidó mencionar el espíritu. A nuestro espíritu también le gusta el ejercicio físico. Es una señal que estamos tratando bien a nuestro cuerpo físico, que estamos tratando de dar buenas condiciones de durabilidad material – señaló su propio cuerpo – que alberga nuestro espíritu.

– Nunca fui de los que se preocupan mucho por los asuntos espirituales.

– Pero, ¿crees en algo más allá de lo que nuestros ojos pueden ver?

– ¿Qué quieres decir?

– ¿Crees que estamos aquí por un corto período de tiempo, para que nuestro espíritu pueda aprender de las experiencias en la Tierra y regresar a la patria espiritual más iluminada y lúcida?

– No soy una experta en el tema – Marina sonrió – pero, ante tanta violencia y catástrofes naturales, no puedo imaginar que todo suceda solo por pura casualidad.

– No sucede como pensamos. El tema es complejo, requiere estudio y una mente abierta, sin dogmas ni ideas preconcebidas sobre la vida o la muerte.

– Podemos salir uno de estos días y hablar más profundamente sobre estos asuntos. Hablar de espiritualidad me hace muchísimo bien.

– También aprecio el tema. Será un placer salir a hablar contigo, querida.

– Simpaticé mucho contigo y con Adriano.

– También nos agradas mucho.

Marina se colocó detrás de Patricia y la ayudó a estirarse. Ella tiraba y estiraba el brazo de su amiga hacia arriba y hacia los lados, hasta que los dejó caer y quedó paralizada.

– ¿Qué pasó Marina?

– Nada.

Patricia siguió sus ojos.

– Tu rostro cambió de un momento a otro.

– Perdón. Es que... conozco a ese tío allá – señaló.

Patricia entrecerró los ojos para ver mejor; sin embargo, era un grupo de algunos hombres.

– ¿Cuál de ellos?

– El de la camiseta blanca y los pantalones cortos negros.

– Ese es Edgar.

– Creo que lo conozco, sí. Está un poco más lleno, pero es él.

– Él es nuestro amigo.

- ¿En serio?

- Lo dejó por un tiempo y hoy regresa a los deportes. ¿De dónde lo conoces?

Marina fue muy discreta y optó por omitir la verdad. Era un asunto delicado, de naturaleza íntima, y nunca explicaría las verdaderas razones por las que Edgar no asistía a los ejercicios. Nunca hubiera imaginado que Patricia y Adriano fueran amigos de Edgar. Trató de hablar en un tono natural e impersonal.

- Soy asistente de su esposa. Patricia se llevó la mano a la frente.

- ¡Pobrecita! ¿Trabajas para Denise?

- ¡Ajá!

- ¡Mereces recibir un extra por trabajo no saludable! Eso sí.

Ambas rieron. Adriano se acercó con Edgar.

- Hola, Marina, me gustaría que conocieras a nuestro amigo.

Edgar tragó en seco. Reconoció a Marina de inmediato y tuvo miedo de la joven. Ella sonrió y, antes que él concatenara sus pensamientos, le tendió la mano.

- Encantado de conocerte, soy Marina. Te conozco por tu nombre. Soy la asistente de Denise.

- ¿Asistente de Denise? ¡Nadie se lo merece! - dijo Adriano. Se rieron y Marina les comunicó:

- Daré un paseo rápido antes del trote. Nos vemos más tarde. Edgar se estiró rápidamente. Adriano le advirtió:

- No has estado corriendo durante mucho tiempo. Tómalo con calma hoy.

- Solo haré un paseo. Quédate tranquilo.

Habló y se fue en dirección a Marina. Aceleró el paso y la alcanzó en medio del camino.

- ¿Cómo estás? - Le preguntó, mirando hacia adelante.

- Estoy bien.

– No pensé que fueras amigo de Patricia y Adriano.

– El mundo es realmente pequeño. Somos amigos desde hace años, aunque no les agrada mucho Denise.

– Sé quién es tu esposa, pero estoy de acuerdo con ellos. Denise es una mujer de temperamento difícil.

– Con el tiempo la gente se acostumbra.

Caminaron un poco más sin decir nada hasta que preguntó:

– ¿Cómo está Denise? ¿Está bien?

– Aparentemente sí. Como de costumbre.

– ¿Puedo darte un mensaje?

– ¿Un mensaje?

– No consigo hablar con ella. Tengo miedo de ir a hablar a Domménycca. Ella no contesta mis llamadas y...

– Lo siento mucho. No mezclo negocios con vida personal. Soy un empleado de su esposa. No es bueno que yo sea una especie de paloma mensajera de su marido.

– No es eso.

– Claro que no. Vaya a la empresa y hable con ella. ¿No es más fácil?

– El ambiente laboral no es propicio para una conversación entre marido y mujer.

– ¿No se separaron? – preguntó Marina.

– Temporalmente. No he recibido ningún documento del abogado, ni una citación del juez. Creo que ahora ella quiere enfriar su cabeza, volveremos a estar juntos.

– Si crees que será así, genial.

Después de un poco más de silencio, bajó la voz:

– Me gustaría agradecerles por no hacer ningún comentario sobre cómo realmente sabemos que Patricia y Adriano saben que traté de hacer esa locura, pero ignoran cómo sucedió todo. No tuve el valor de contarte los detalles.

– Soy discreta y detesto los chismes. La forma en que nos conocimos no debe importarle a nadie, ¿verdad? – respondió Marina de forma poco amistosa.

– ¿Por qué estás siendo grosera conmigo?

– ¡¿Yo, grosera?! Imagina.

– Cambiaste tu tono de voz. ¿Te molesto?

– No me molestas. ¿Por qué iba a ser grosera contigo? – dijo ella –. Necesito empezar a correr, disculpe.

Marina se alejó y él continuó su caminata. Estaba enojada, muy enojada. No con Edgar, sino con la situación.

– ¿Sufre con esa mujer y todavía quiere mandar un mensaje? ¿Cómo puede ser tan ciego y no darse cuenta que a Denise no lo ama y que nunca volverá a sus brazos? La vi arreglando los detalles de la separación con el sinvergüenza de Ignacio.

Patricia la alcanzó.

– ¿Hablando sola?

– Perdón. Estaba pensando en voz alta.

– ¿Te gusta Edgar?

– Es simpático, pero parece abatido.

– Pasó por una mala fase, pero ahora está subiendo.

– ¿Casado con esa mujer? Me imagino cómo será en casa. ¡Dios no lo quiera!

– Tampoco me agrada mucho Denise. Nunca nos llevamos bien.

– Nadie se lleva bien con ella. Grita y maldice a todos y cada uno de los empleados, todo el tiempo. Parece que siempre está molesta con el mundo.

– Edgar todavía está loco por ella.

– Una lástima. Si tan solo ella correspondiera...

– Vi que tus ojos se iluminaron cuando se acercó.

– Qué tontería, Patricia. Es el sol –. Patricia se rio entre dientes.

– ¿Me equivoco o te sientes atraída por él?

– No te equivocas, Patricia – declaró Marina –. Pero, ¿cómo puedo permitirme interesarme por un hombre que está enfermo de pasión por otra?

– Acercándose poco a poco, con estilo.

– Mientras esté conectado emocionalmente con Denise, no quiero saber nada.

– Edgar está en terapia con un psicólogo competente, serio y respetado. No creo que esta pasión por Denise dure tanto. Este matrimonio ya ha expirado. Edgar no se da cuenta. Pero pronto se dará cuenta.

– Además – concluyó Marina – si Denise es odiosa como jefa, me imagino cómo será cuando el tema recaiga en lo personal. No quiero oír hablar de problemas en mi vida.

– Tienes razón. Denise es una mujer peligrosa.

CAPÍTULO 23

Leandro llegó a la casa aturdido. Leticia estaba leyendo una revista de moda y se levantó de un salto.

– ¿Qué pasó? ¿Qué cara es esa?

– Ven conmigo.

Ella lo siguió y Leandro la llevó al garaje. Le mostró la parte trasera del coche.

– ¿Cómo sucedió esto?

Leticia vio la parte trasera abollada, los faros rotos. Mucho daño.

– Golpearon tu auto. Qué ganas de perjudicarte. No estés nervioso. Luego lo llevamos a reparación y... – Leandro la cortó con ansiedad. Estaba enojado con la vida.

– Fui al cajero automático para sacar dinero y vi todo a través de la puerta de vidrio.

– ¿Todo qué?

– Denise ¡Ella golpeó mi auto a propósito!

– ¿Estás seguro? ¿Fue ella misma?

– Sí.

– Vive en São Paulo.

– Lo vi con mis propios ojos. Estaba a punto de subirme al coche. Tocó el claxon, la reconocí e incluso antes de entrar aceleró y se estrelló. Dio de retroceso y se escapó, como si nada hubiera pasado. Estaba usando un vehículo viejo, estoy seguro que no era su auto. No estoy loco, Leticia, pero vino de São Paulo solo para hacer esta escena.

– ¿Hubo testigos?

– No me acuerdo. Estaba tan atónito que me subí al coche y vine corriendo hasta aquí –. Leticia lo abrazó.

– Dios mío, no estés así.

– ¿Cómo quieres que no esté así, cariño? Esta mujer sigue molestándonos. Comenzó con llamadas telefónicas. Ahora golpeó mi auto. Entonces, ¿qué más piensa hacer esta loca? Me temo que hará algo más serio.

– Ni lo pienses, mi amor.

Leandro pasó la mano por el gran vientre de su esposa. Leticia estaba embarazada de siete meses y el médico fue categórico: debería descansar lo máximo posible, descansar y, sobre todo, no enfrentarse a situaciones estresantes.

– No quiero que te pase nada malo a ti ni a nuestro bebé. Has enfrentado un embarazo difícil.

Leticia lo abrazó con afecto. Parecían dos amantes. El amor entre ellos había florecido de tal manera que estaban seguros: nada podía obstaculizar o ser más fuerte que el amor que los unía.

– Todo estará bien. Ella no nos molestará más.

Sonó el teléfono y Leandro sacó el dispositivo del bolsillo de la chaqueta.

– Ya ves – dijo –. Número desconocido. Es ella.

– Contéstale.

Leandro acercó el celular a la oreja.

– ¡Aló!

En el otro extremo de la línea se oyó una risa aguda. Entonces dijo:

– Idiota. Hoy fue el coche...

– Denise, deja de molestarnos. ¿De qué sirve perturbar nuestra vida? No nos separarás.

Ella sintió un odio sordo.

– ¿Qué no lo haré? ¿Quieres apostar? Dos por uno que acabaré contigo, tu mujer y tu pequeño. Hablando de hijo, ¿dónde está Ricardo?

– ¿Qué dijiste?

– ¿Está tu hijo en casa?

– Ricardo está en la escuela y...

Otra risa y Denise colgó. Leandro estaba aterrorizado.

– Preguntó por Ricardo.

– ¿Ricardo? ¿Qué quería saber ella? – preguntó Leticia, que ya mostraba signos de preocupación.

– Sí, está en casa.

– En ese momento está en la escuela.

Ambos se miraron. Leandro subió al auto y dijo:

– Llama a la escuela mientras voy para allá.

– Está bien.

Con cierta dificultad, Leticia se dirigió a la cocina. Miró el teléfono de la escuela que estaba en el calendario y llamó. Hubo minutos de desesperación, que pareció durar una eternidad. Leticia movió las manos sobre el dispositivo en un claro gesto de angustia.

– Ricardo está en clase – contestó la monitora.

– ¿Está segura? ¿Viste a mi hijo?

– Sí. Leticia.

– ¿Podrías llamarlo para poder tranquilizarme?

– Los estudiantes están terminando un examen de geografía. Si es urgente...

Leticia le creyó al asistente. La escuela era tradicional, conocida y segura. Tenía un gran esquema de seguridad. Ella estaba más tranquila.

– Si dices que Ricardo está en clase, le creo. Pero tan pronto como termine el examen, ¿puedes pedirle que me llame? ¿Por favor?

– Sí, señora.

Una hora después, Leandro llegó a casa con su hijo. Leticia lo abrazó y lo besó.

– ¿Estás bien, hijo?

– Por supuesto que sí. ¡Hice una prueba genial! Creo que sacaré un diez –. Ella sonrió.

– Es bueno estar en casa.

La besó en la mejilla y corrió a la cocina.

– ¡Me muero de hambre! – Leandro se acercó.

– Fui a la escuela, hablé con los guardias de seguridad, le di la descripción física de Denise. Me dijeron que no vieron a nadie con esas características merodeando por la escuela.

– ¡Gracias a Dios!

– Ella hizo esto para hacernos miserables y quitarnos la paz. Soy el culpable.

– No digas eso, cariño. No eres culpable de nada.

– Si no hubiera estado involucrado con ella, nada de esto estaría sucediendo.

– Es parte del pasado. Busquemos una manera de sacar a Denise de nuestras vidas para siempre.

– Que así sea.

Sin embargo, la tranquilidad de la pareja duró poco. Denise empezó a llamar a los teléfonos móviles de ambos, cada hora, diciendo tonterías.

– Leticia, ¿realmente este niño va a nacer sano? ¿Estás segura? ¿No estás embarazada de un feto enfermo?

Leticia colgó, pero Denise dejaba mensajes en el buzón.

- Vas a tener este hijo y vas a morir. ¿Quién dijo que la felicidad existe para ti? La felicidad no existe. No para ti. Si depende de mí, todos morirán infelices -. Leticia estaba cansada y angustiada. No sentía que tuviera la fuerza para luchar contra ese demonio en forma de persona. Llamó a Mila en busca de ayuda.

Media hora después llegó su amiga y trató de tranquilizarla.

- Calma.

Mila le pidió a Iara que trajera un vaso de agua con azúcar. Iara regresó con una bandeja con un vaso lleno y la colocó sobre una mesa pequeña.

- ¿Quiere algo más?

- Está bien, Iara. Puedes irte.

Mila tomó el vaso de agua con azúcar y se lo entregó a su amiga.

- Estás muy nerviosa. No puedes estar así en el estado en el que te encentras. Vas a tener un bebé.

- No estoy nerviosa - se pasó la mano por el estómago - estoy angustiada, es diferente.

- Da lo mismo. No me gusta. Necesitas ser más fuerte que esta mujer.

- Difícil. Golpeó el auto de Leandro a propósito. Deja mensajes horribles en mi buzón. Llama preguntando si Ricardo está realmente en casa, si ha regresado de la escuela. Solo tengo miedo de pensar en alguna tontería que Denise pueda hacernos.

- Necesitas defenderte.

- ¿De qué manera, amiga? Esta mujer no deja de llamarnos y abrumar nuestras vidas. Leandro no sabe qué más hacer.

- Compra otra línea. Cambie el número de celular.

- Ya hicimos eso. Leandro tenía una gran agenda, cambió el número, filtró sus contactos. ¿De qué sirvió dar estos pasos? Denise descubrió el nuevo número. ¿Tenemos que cambiar los números cada semana? No creo que sea justo.

– Yo tampoco – Mila puso sus manos en las de su amiga –. Necesitas ser fuerte, Leticia. No puedes dejarte abrumar por una extraña. Tiene que ser más fuerte que ella. Le está dando mucha fuerza a esta negatividad que emana de ella.

– Complicado, Mila. Llevamos un tiempo viviendo una fase óptima de nuestro matrimonio y esta desgraciada insiste en atormentarnos. Me temo que irá más lejos, hará lo mismo que hizo el personaje de Glenn Close en la película *Atracción Fatal*.

Mila arqueó una ceja.

– ¿Crees que llegaría a eso?

– Casi destruye el auto de Leandro. ¿Qué más podrá hacer? Mila pensó y sugirió:

– ¿Por qué no vamos a una estación de policía a presentar una denuncia? Presenta un informe policial contra Denise. Entro como testigo. Necesitamos encontrar una manera de detenerla.

– ¿De qué serviría?

– Ahora, Leticia. Eres una persona conocida por la sociedad. Es respetado y admirado. Nunca se sabe de lo que son capaces los locos como Denise.

– ¿Y qué voy a denunciar? ¿Que ella me llama? No podemos hacer nada con el auto de Leandro. Ella es inteligente, usó otro vehículo y no el suyo.

– Sin embargo, esta mujer es tan estúpida como para dejar mensajes en tu celular. Este material puede ser una prueba que te está amenazando a ti y a tu familia. Tenemos una forma de demostrar que está tratando de quitarle la tranquilidad a su familia.

– Denise me ha estado quitando el sueño. El tiempo pasa y, en lugar de olvidar y seguir adelante con la vida, buscando a otro hombre, intentando ser feliz, ella prefiere hacernos un infierno y quiere destruir nuestra felicidad a toda costa.

– También vamos a perturbarla. Lo que hace esta mujer es un crimen contra la libertad individual. Te acompañaré a la estación de policía. Pero prepárate.

– ¿Con qué?

– Con el acoso de la prensa. No importa cuán discretos seamos, cuando se trata de personas que conocemos, todos quieren saber.

– No tengo miedo de los chismes o el acoso de la prensa. Siempre he sido una buena mujer. No seré intimidada. Y, si quieres saber, después de una semana otro escándalo se apodera de los periódicos.

– Me gusta tu postura firme y decidida.

– Gracias, Mila. Llamaré a Leandro.

Leticia llamó a su marido y él también pensó que era apropiado ir a la comisaría. Pidió una hora para terminar un asunto importante con dos directores.

– Un beso. Te veo pronto.

Colgó el teléfono sintiéndose aliviada.

– Leandro estará aquí en una hora. ¿Te importaría hacerme compañía?

– Por supuesto – pasó la mano por el vientre de su amiga –. ¿Cómo la estás pasando?

– Me gusta el otoño La temperatura es más suave. El frío está más en mi cara. ¡Soy una pésima carioca!

Ellas rieron. Mila completó:

– También prefiero la temperatura más suave. ¿Has tenido mucha hinchazón? Leticia levantó el vestido.

– No. Las piernas están bien. A veces noto la hinchazón del tobillo en un momento u otro, pero cuando me acuesto en la cama, levanto un poco las piernas y pasa.

Hablaron amablemente y Mila hizo todo lo posible para tranquilizar a su amiga y no dejar que el tema tenga ninguna relación con Denise.

– Digamos una oración antes de ir a la estación de policía.

– Buena idea, Mila.

Las amigas unieron sus manos, cerraron los ojos y oraron con sinceridad, pidiendo orientación y protección a los amigos espirituales para que todo se resolviera de la mejor manera posible. Mila rezó para que tuvieran la fuerza necesaria para enfrentar esta situación tan vergonzosa.

CAPÍTULO 24

Leandro llegó una hora más tarde, como había prometido, y los tres se dirigieron a la comisaría más cercana.

– Nunca antes había estado en una estación de policía – suspiró Leticia.

– Siempre hay una primera vez – respondió Mila –. Vamos, dame la mano y te ayudaré a subir los escalones.

Leticia estiró el brazo y entraron. Un policía reconoció a Leticia y se mostró comprensivo. Llevó a los tres a una habitación pequeña.

– Ahora viene el comisario.

Se acomodaron en las sillas y Leandro se puso de pie.

– Siéntate, querido.

– Estoy demasiado nervioso para sentarme.

Unos minutos después entró el comisario. Era un hombre de unos treinta años, alto, de hombros anchos, ojos almendrados, grandes y expresivos. Tenía una sonrisa encantadora.

– Es un honor tenerlos aquí – saludó a Leticia y Leandro. Luego le tendió la mano a Mila.

– ¿Usted es la sra...?

– Señorita.

– Oh, lo siento.

– Soy Mila. Amiga de la familia y posible testigo.

– Mucho gusto. Carlos Alberto Tavares Branco –. Ella sonrió y dijo:

– Bonito nombre.

– Gracias –. El comisario se sentó a la mesa y les preguntó: – ¿Qué están haciendo aquí? – Leandro estaba muy nervioso. Mila le indicó que se calmara y tomó la palabra:

– Mire, sr. comisario, mis amigos están siendo amenazados por una mujer.

– Amenazas, ¿qué tipo de amenazas? – Leticia dijo:

– No tenemos nada qué decir y seré sincera… – Leandro la interrumpió amablemente.

– Ahora estoy tranquilo, querida. Puedo hablar. Así que le estaba informando al comisario sobre todo. Contó cómo había conocido a Denise, su relación, su separación y las amenazas que habían estado recibiendo por teléfono, así como la vergüenza cuando la encontraron en lugares públicos.

– Golpeó mi auto hace unos días.

– ¿Puedes probarlo? ¿Hubo testigos? – preguntó el comisario.

– No, desgraciadamente. Pero llama a nuestra casa y está amenazando a nuestro hijo. El problema es que llama desde diferentes teléfonos, a veces desde un número desconocido, no identificado, a veces desde un teléfono prepago.

– Es difícil rastrear las conexiones.

– Ah! – Dijo Mila –. Dejó un mensaje en el buzón de Leticia –. Y, volviéndose hacia su amiga, le preguntó: – ¿Tienes el mensaje guardado?

Leticia asintió.

– Sí, lo tengo – rebuscó en su bolso y cogió el teléfono. Llamó al buzón, tomó el mensaje y le entregó el celular al oficial. Escuchó, hizo una mueca y concluyó:

– Es una amenaza.

– ¿Entonces, doctor?

– Es un crimen. El Código Penal se ocupa del asunto. Capítulo 6, Delitos contra la libertad individual, artículo 147 –. Carlos Alberto impuso su voz y dictó el artículo, de memoria: – Amenazar a alguien, de palabra, escritura o gesto, o cualquier otro medio simbólico de dañarlo injusto o serio.

– ¿Podemos hacer una denuncia policial?

– Sin sombra de duda – respondió el comisario.

– ¿Se puede incluir también a esta mujer en artículos que incluyan delitos contra el honor? – preguntó Mila.

Carlos Alberto esbozó una amplia sonrisa y ella notó sus dientes blancos, bien distribuidos y perfectamente alineados.

– Eres una mujer inteligente. También puede ser acusada de difamación y lesiones, según su testimonio.

– ¿No es todo lo mismo, comisario? – preguntó Leandro confundido.

– De ninguna manera. La difamación y el insulto son delitos contra el honor. Ya la amenaza es crimen contra la libertad individual. Las diferencias son las siguientes: la difamación se produce cuando alguien ofende la reputación de otra persona, hace comentarios que tienen el único propósito de difamarla. El insulto ocurre cuando alguien ofende la dignidad y el decoro de otra persona, principalmente insultándola, cometiendo ofensas verbales. Y, por supuesto, todavía existe el delito de daño. La pena por estos delitos oscila entre un mes y tres años de prisión o una multa. Lamentablemente, la justicia es insulsa y quienes cometen este tipo de delitos compran algunas canastas básicas para donarlas a una organización benéfica.

– Aun así, ¿promete que lo hará lo más rápido posible? Sé que hay hechos más relevantes aquí en la comisaría; sin embargo, solo queremos paz en nuestras vidas – intervino Leandro.

– Estamos aquí para servirle. Los llevaré a otra habitación, donde un oficial de policía tomará la denuncia. Ah, y una cosa más –agregó Carlos Alberto –, bajo ningún concepto, te avergüences de contarlo todo, sin omisiones, sin mentiras, porque cada detalle es siempre muy importante en la caracterización del crimen –. Miró a Mila y le preguntó: – ¿Te importaría ser incluido como testigo?

– Ciertamente – ella asintió –. Vine aquí para dar mi testimonio, para servir como testigo.

Una vez finalizado todo, el comisario informó que el informe policial podría ayudar a conocer los hechos, pero fue sincero al decir que no podía garantizar la paz que buscaba Leticia.

– ¿No la llamarán a testificar? preguntó Leticia.

– Sí. Enviaré una carta al delegado de São Paulo. Denise será convocada. Ahí, escucharemos su versión.

Leandro estaba exasperado.

– Denise estrelló mi auto aquí en Rio. ¿Por qué no la llamas para testificar aquí?

– Porque, en etapa de investigación, Denise podrá declarar en la capital paulista. El delegado de São Paulo recopilará la información y me la enviará. Después de eso, envío todo al Ministerio Público y...

Mila negó con la cabeza de lado.

– Disculpe, comisario. ¿Por qué es todo tan largo? ¿No podrían las cosas ser más sencillas?

– Desafortunadamente no.

Se levantaron y se despidieron.

– Tenga la seguridad que seré muy discreto en el manejo de esta queja. El delegado de São Paulo es mi amigo, haremos todo lo posible para asegurarnos que no se filtre nada a la prensa.

– Gracias, comisario.

El joven sonrió y dijo:

– Puedes llamarme Carlos Alberto. Mi madre es tu fan.

Leticia sonrió y tomó a Leandro del brazo. Mila lo siguió inmediatamente, pero antes se volteó hacia el comisario y le preguntó:

– Disculpe, pero tengo una pulga detrás de la oreja.

– ¿Qué es?

– Es algo personal – estaba avergonzada. Carlos Alberto se dio cuenta y fue amable:

– Los policías y los comisarios pueden parecer hombres duros e insensibles, pero tenemos corazón. Yo asusto por el tamaño, pero soy un buen tipo.

Se sintió más cómoda y preguntó:

– ¿Te llamas Carlos Alberto por ese famoso actor de televisión que falleció hace poco?

– Sí. Mi madre estaba enamorada del actor Carlos Alberto Soares. Pensó que era hermoso. Me dice que no se perdió un capítulo de la telenovela ¡Bravo! solo para ver al director interpretado por el actor. Unos meses después que terminó la telenovela, se quedó embarazada y, cuando nací, me honró dándome su nombre.

– Un momento. ¿En qué año naciste?

– 1977.

– Yo también.

– ¡No me digas! Pensé que tenías unos veinte, veintidós a lo sumo.

– Ella se sintió halagada.

– Gracias por el elogio. Nací en febrero de 1977.

– Coincidencia. Nací en febrero, en el día... –. le susurró Carlos Alberto al oído. Mila abrió y cerró la boca, atónita.

– ¿El mismo día que yo? ¿Imposible?

– ¿Por qué? – Carlos Alberto sacó su billetera del bolsillo y le mostró su identidad. Mila hizo lo mismo. Abrió su bolso, sacó su billetera y le mostró su identidad.

– ¿Ves? ¡El mismo día, el mismo mes, el mismo año! ¡Somos gemelos! ¡Quiero decir, Acuarios!

La miró a los ojos y corrigió:

- O almas gemelas.

Sintió un pequeño escalofrío en el estómago. Y antes que ella preguntara, Carlos Alberto respondió:

- Soy soltero, hijo único, 32 años, licenciado en derecho, policía. Vivo con mi madre. Mi padre murió hace diez años y no tengo hermanos. Salí con una chica durante tres años y estoy libre hace dos. ¿Respondí la pregunta?

Ella se rio de buena gana.

- ¡Debes ser médium! Iba a preguntar lo mismo. ¡Ahora sé todo sobre ti!

- ¿Y tú tienes alguien? Apuesto que sí. Una mujer tan fina, tan elegante y hermosa, no debe estar sola.

- No tengo a nadie. Soy un poco diferente a las mujeres de mi edad. Tengo otros intereses. No me gustan las discotecas, los bares, las discotecas... prefiero el cine, cenar en casa de amigos.

- ¿Y cuál es tu profesión?

- ¡Soy rica!

- Me encantó la sinceridad - respondió Carlos Alberto, encantado con la belleza y el estilo malicioso de Mila.

- Si quieres saber más de mi...

- ¡Me encantaría! ¿Quieres cenar conmigo?

- Aceptado - Carlos Alberto sacó una tarjeta de su bolsillo y la colocó suavemente en la mano de Mila -. Aquí están los números de teléfono de casa y celular. Llámame cuando quieras.

Se despidieron y terminó:

- Cuida bien a tu amiga. Tranquilízala. Haré todo lo posible para asegurarme que nadie más la acose. Le tengo mucho cariño y admiración a doña Leticia. Ella es una buena persona.

Mila estuvo de acuerdo con él. Su amiga era, de hecho, una buena mujer. Subió al coche y Leticia dijo:

- Pensé que estabas perdida. Pero te vi charlando con el guapo comisario.

Leandro intervino:

– Hablar así me pone celoso.

– Tonto. Eres mi mayor amor. Solo tengo ojos para ti. Resulta que el comisario resultó ser muy guapo.

– Debo admitir que es un hombre guapo, sí.

– Y parece que a mi amiga le gustó mucho.

Mila estaba radiante. Mientras Leandro arrancaba y se iba a casa, ella contaba todo lo que había hablado con Carlos Alberto.

– ¿Le hablaste de una vieja telenovela, Mila? ¡Qué canción más original!

– No fue cantado. Fue realmente curiosidad.

– ¡Claro! – Leticia habló y le guiñó un ojo a su marido. Mila continuó:

– ¡Nació el mismo día, mismo año que yo! ¿No es demasiada coincidencia?

Hablaron animadamente y, por ahora, se olvidaron de Denise, de las amenazas, de todo.

CAPÍTULO 25

Leandro, al presentar una denuncia con su esposa, había dado la dirección de la oficina de Domményca. Denise recibió la citación en el trabajo. Ella estaba sentada en su silla ejecutiva, mirando el paisaje. Se sentía dueña del mundo.

- Me encanta molestar a la parejita. Haré esto hasta que cause la separación. Ignacio entró en la habitación con expresión preocupada.

- ¿Hablando sola?

- Estaba divagando aquí. Pensando en otras posibilidades para hacer la vida de Leandro un infierno. ¿Por qué tienes esa cara dura?

Ignacio le entregó el papel. Denise la abrió y no gritó. Dio tres, seguidos y agudos.

- ¡Ay! ¡Ay! ¡Ay!

Ignacio se tapó los oídos.

- Sabía que me iba a poner nerviosa.

- ¿Nerviosa? ¡Estoy poseído! ¿Tuvieron el coraje de presentar cargos en mi contra?

- Sí. El informe policial contiene todo, desde el día en que se conocieron, las intimidades, los lugares frecuentados, las amenazas. Pero ese tipo de citación no llega muy lejos. Como mucho unas cestas básicas y...

Denise estaba echando espuma por el odio. Se formó una gota blanca en la comisura de los labios.

- ¡Malditos sean! ¡Desgraciados! ¿Expusieron mi privacidad en un informe policial?

- Tú te lo buscaste.

Se acercó a Ignacio y puso su dedo en ristre.

- Escucha aquí. ¿Estás de su lado? ¿De esos dos desgraciados?

- No se trata de estar de su lado. ¡Fuiste demasiado lejos!

- ¿Yo? No hice casi nada.

- ¿Cómo, no, Denise? Incluso le pediste a ese amante tuyo... - Ella lo interrumpió rápidamente.

- Jofre no es mi amante. Estoy separada. Es un amigo con derechos, como dicen hoy.

- Bueno. Le pediste un automóvil robado a tu amiguito. Se fue de aquí, fuiste a Rio, tomaste el auto en el quinto infierno y lo chocaste con el de Leandro. Luego dejaste el auto en el estacionamiento del aeropuerto y regresaste a São Paulo. ¿No crees que vas demasiado lejos?

Ella rio.

- Eso fue solo un susto. Leandro no tiene forma de probar que fui yo quien golpeó su auto. Mi coche ni siquiera tiene un rasguño.

- ¿Qué pasa con las llamadas que has realizado?

- Utilizo teléfonos celulares prepagos. Jofre me consiguió un paquete con varios *chips*. Cada semana utilizo uno diferente.

- Pero en el informe policial dicen que dejaste un mensaje en el teléfono celular de Leticia.

- Fue un desliz, lo sé. Pero eso no prueba nada. Puedo decir que dejé un mensaje por error. Puedo hacerme la tonta, ¿entiendes? Será mi palabra contra la de ellos. ¿Y quieres saber algo más?

- ¿Qué es?

- No iré a la comisaría. Simplemente no iré.

– Las cosas no funcionan de esa manera. Yo, como abogado, te sugiero que vayas. Es mejor de esta forma. Conozco a la policía de esta estación. Doy algún billetito y esta acusación no irá más lejos. Mantén la calma.

– Haré lo que me pidas.

– Sé una buena niña.

Denise estuvo de acuerdo, pero estaba cabreada. Se dijo a sí mismo:

– ¿Cómo se atreven? ¡Fueron a la estación de policía! ¡Qué vulgares son! Ellos están asustados. ¡Ya verán!

En la estación de policía, Denise se comportó como si fuera otra persona. Y, de hecho, parecía que había incorporado a otra persona. Se veía seria, recatada y de voz muy suave, sus gestos estaban delicadamente ensayados por Ignacio.

El comisario Paranhos, amigo de Carlos Alberto, hizo las preguntas y ella las negaba. Finalmente, de manera muy sencilla, afirmó que la denuncia no tenía por qué existir. Cuando el comisario mostró la copia de la conversación en el celular transcrita y grabada, dijo:

– No sé quién es

– ¿No reconoce su propia voz en el teléfono?

– No es mi voz. Se lo aseguro.

Al finalizar las declaraciones, Denise firmó unos papeles y salió de la comisaría, acompañada de Ignacio. Tomaron un taxi y, cuando se bajó en la entrada del edificio de Ignacio, estalló con el abogado. Denise soltó chispas de odio a los cuatro vientos.

– No estoy conforme. Además de ser preterida, fui humillada en una estación de policía. ¿Puedes creerlo?

– No fuiste humillada. El comisario incluso fue agradable.

– El mero hecho de entrar en una comisaría me hace sentir así.

– Deja a Leandro a un lado. Tienes una buena vida, un buen trabajo. ¿Por qué seguir arruinando la vida de la pareja?

– No estoy arruinando nada.

– Realmente no. Leticia está embarazada. Se ven felices. ¿No estás contenta con Jofre?

– Estoy feliz. Me trata muy bien. Tienes razón, debo concentrarme en lo mío y dejarlos en paz. No se puede jugar con la justicia. Ese comisario no me gustó en absoluto.

– ¡Inténtalo!

Denise se encogió de hombros y soltó un pequeño bufido. Se despidió de Ignacio.

– Gracias. ¿Quieres saber algo? Después de estar tan nerviosa, será mejor que tome un puente aéreo y me acurruque en los brazos de Jofre. Cuida bien nuestro negocio.

– De acuerdo.

Ignacio se despidió y entró al edificio. Denise continuó en el taxi y se dirigió al aeropuerto. En el camino llamó a Marina e inventó una excusa que solo regresaría al día siguiente. Llegó al mostrador de la aerolínea y exigió un boleto para ayer.

– ¡Inmediatamente! – le gritó al asistente.

– Pero, señora, el próximo vuelo ha sido cancelado y...

– ¡No me interesa! Has todo lo posible para que me pongas en un avión de inmediato. ¿Sabes con quién estás hablando?

La niña sintió que se le helaba la sangre, con tanta furia y arrogancia.

– Lo siento, señora, veré qué puedo hacer.

– ¡Eso es, descarada! Ve y llama al gerente de esta joya, ahora. Necesito embarcarme para Rio, ¿sabes?

Tras un tremendo quilombo, similar al ocurrido hace mucho tiempo en la cola del teleférico de Pan de Azúcar, Denise cogió su boleto y subió a la zona de embarque. Una hora y media después, saltó del taxi, le gritó al portero del edificio, se subió y encontró a Jofre tirado junto a la piscina, agitando una mano en el agua fría.

– Quítate la ropa y ven al agua. Está una delicia.

Ella asintió. Fue al dormitorio, se cambió y se puso un bikini. Se miró en el espejo y le gustó la imagen reflejada. Luego caminó hasta el último piso. Besó a Jofre en los labios, acarició su cuerpo oscuro y se metió en el agua.

– ¿Cómo te fue?

– Me las arreglé para convertirme en una santa. No sé si el imbécil del comisario lo creyó o no, pero hice mi parte.

– No me gusta la policía. Queremos a esa gente lejos de nuestro pie.

– Estoy realmente enojada, ¿sabes? Ignacio intentó sacarme la idea de seguir acosando a la pareja 20.

– Él tiene razón.

– ¿Y tú también, Jofre?

– Mira mina, para qué hacer este tipo de bromas de esa manera pareces una mujer desequilibrada, desesperada que quiere vengarse del *men* que te dio un puntapié. No se ve bien.

– Solo quería hacer de su vida un infierno.

– Hay otras formas de conseguir lo que quieres.

– Quería que le pasara algo peor a la parejita – Denise se rio con sarcasmo –. Incluso me deleité imaginándome a Leticia resbalando y golpeando esa barriga en el suelo, pero eso no es sufrimiento. Quería algo que moviera a toda la familia, que causara dolor y sufrimiento en general.

– ¿Una muerte accidental?

– No. ¿De qué le serviría morir Leticia? Por la forma en que se están amando, Leandro se convertirá en un viudo inconsolable y se acabará la diversión, perderá la gracia. Quiero a todos vivos para poder burlarme de sus sentimientos.

– ¿Quieres darle una paliza a Leandro?

– ¿Una paliza?

– Sí. Conocemos a algunas personas que pueden aplicarle un correctivo.

– Sería bueno, pero a mí misma me gustaría darle una bofetada.

– No sabemos qué más sugerir.

– No eres tan bueno pensando cosas malas. Vamos, intenta ayudarme –. Jofre pensó, pensó y preguntó:

– ¿Qué te gustaría hacer para aniquilar a Leandro?

– ¿Querrás decir aniquilar?

– Sí. Eso.

– No puedo matar a la esposa. Esto no me va a ayudar en absoluto. Quiero que Leticia también sufra.

En ese momento, Emerson se sintió atraído por ella. Estaba tan acostumbrado a inculcar pensamientos negativos en la mente de Denise que tan pronto como ella comenzó a entrar en un rango mental muy pesado y muy negativo, él se sintió inmediatamente atraído por ella.

No le gustaba oír que Leticia tuviera que sufrir. Le susurró al oído a Denise:

– Mi hija no tiene nada que ver con eso. El problema es Leandro. Merece sufrir hasta los últimos días de su vida en la Tierra.

Ella registró las palabras, pero su ira era mayor que cualquier otra cosa.

– Leticia es una pobrecita. Pronto será engañada. Necesito encontrar una manera de hacerla sentir mal. Estaba poseído cuando me enfrentaste ese día en el restaurante. Se sintió poderosa.

– Y ahora la señora fue a una estación de policía. ¿No crees que vas demasiado lejos? – Preguntó Jofre.

– Mmmm... me encantaría verla sufrir, sufrir mucho. Y llorar. Emerson negó con la cabeza.

– ¡No! ¡De ninguna manera! Ella no merece sufrir. Yo te dije que no te metieras con mi hija.

Leonidas se acercó.

– ¿Algún problema?

– ¡Muchos!

– Calma. Estás agitado.

– Es que leí los pensamientos de Denise. No son nada agradables. Antes me acercaba a ella y registraba lo que sentía. Ahora ella no acepta lo que digo.

– No es eso. Denise está naturalmente enojada. Cuando te acercas, ella se enoja aun más. Sin embargo, ella tiene libre albedrío, puede decidir qué elegir para pensar o sentir. Ya no puedes manipularla a voluntad. Tu odio sumado al de ella la convirtió en una mujer que simplemente perdió el miedo a hacer el mal a los demás.

– Estoy aquí hablando de mi hija. Ella no puede hacer nada contra Leticia. No lo permitiré.

– Tú mismo la ayudaste a alimentar su ira. Si no estuviera tan cerca de Denise, no estaría tan enojada y quizás los eventos que están por venir no se materializarían.

– ¿Qué está por venir?

– Nada que sea bueno. Y no podemos intervenir en la vida de los amigos encarnados. Solo podemos vibrar y orar por ellos, pedirle a Dios que los ilumine y les permita escuchar los buenos espíritus.

– De esa forma me asustas – dijo Emerson –. Parece que podría pasar algo muy grave.

– ¿Y qué esperas de una persona mezquina y resentida con un corazón tan duro y lleno de odio como el de Denise?

– Tú eres de luz. Tienes que detenerla – suplicó Emerson.

– No tengo que hacer nada.

– ¿Cómo que no?

– No puedo intervenir, solamente vibrar.

Emerson se llevó la mano a la cabeza en un claro gesto de desesperación.

– ¿Y ahora?

– Bueno, al principio sería interesante que te alejaras de Denise. De esta manera, tal vez la ira que siente pueda disminuir y los acontecimientos pueden tomar un rumbo diferente.

– Ella es la única fuente que tengo para recibir noticias de mi hija. Tus guardias ni siquiera me dejan llegar a la puerta del condominio. Ni siquiera puedo acercarme a mi nieto.

– Elegiste permanecer en este rango negativo, atrapado en el resentimiento, el odio, situaciones desagradables que provienen de otras vidas.

– Ni siquiera quiero saberlo. Todo son tonterías –. Leonidas se encogió de hombros.

– Puedes pensar lo que quieras. Mientras tanto, vine a hacerte una propuesta –. Emerson lo miró de reojo.

– ¿Qué propuesta?

– ¿Dejamos a Denise a un lado? ¿Qué tal si no te involucras en los problemas de Leticia y Leandro?

– ¡Es mi hija!

– Ya te dije que ella fue tu hija. ¡Moriste! Los lazos de amor continúan, pero los de sangre ya no tienen valor. Deja de actuar como si estuvieras viviendo en este planeta.

– Hum... – dijo Emerson.

– ¿No quieres ayudar al bebé que pusiste en el mundo? – sugirió Leonidas.

– ¿El hijo bastardo? ¿El del accidente?

– Llámalo como quieras. Pero esa persona, tu otra hija, enfrentará algunos problemas. Podrías ayudar solo con eso.

– Solo lo haré si prometes que Denise no dañará a mi hija, que no le pasará nada malo a Leticia.

– No puedo prometer nada. Te puedo asegurar que Leticia está protegida, especialmente por el estado en el que se encuentra.

Emerson no registró lo que le dijo Leonidas.

– Estoy cansado de estar enojado.

– Es una energía muy pesada. Y, repito, ya no perteneces a este mundo. Aquí todo es un poco caótico, las ondas mentales son demasiado fuertes. ¿Vamos a conocer el lugar donde vivo?

– No sé...

Leonidas aprovechó las vacilaciones y propuso:

– Hagamos esto: te llevo para que le des un beso rápido a tu hija y luego vienes conmigo a la Colonia espiritual.

Emerson sonrió ampliamente.

– ¿Podré acercarme a Leticia?

– Por unos pocos minutos.

– ¡De acuerdo! Una mano lava a la otra –. Los dos desaparecieron instantáneamente.

Denise todavía estaba atrapada en el sentimiento de odio. Entre uno y otro abrazo en la piscina, disparó:

– Las cosas no pueden quedarse así. ¡No puede!

– Somos unos desgraciados, pero yo no soy malo – dijo Jofre –. No sabemos qué hacer.

– Seré muy sincera.

– Dime.

– No descansaré hasta que sientan un poco de sufrimiento –. Jofre habló sin pensar.

– ¿Has pensado en un secuestro?

– ¿Qué dijiste?

– Secuestro.

– ¿Para qué voy a secuestrar a Leandro?

– No lo harás. Vamos a secuestrar al chico.

Denise sonrió, pero tenía miedo. Sin Emerson alrededor, su ira era menor y, por lo tanto, su discernimiento sobre los hechos en general era más lúcido. Sintió una punzada de miedo.

– Ese mocoso es insoportable.

– Entonces, aprovecha y dale una lección.

– No tendría el valor.

– No lo sabes.

– Tengo hambre – dijo Denise –. ¿Vamos a ponernos lindos y almorzaremos en un restaurante muy bonito y acogedor?

– Podemos almorzar aquí. ¿Por qué salir?

– No quiero molestar.

– Nunca me molestas, mina. ¿No tienes que volver a São Paulo?

– ¿Quieres que vuelva?

Él sonrió malicioso.

– Sabes que no. Si fuera por nosotros, me quedaría aquí para siempre.

Denise hizo una señal sensual con los dedos y Jofre entró en la piscina. Se quitó el traje de baño y la desnudó. Se besaron y se amaron.

CAPÍTULO 26

El coche de Marina volvió a fallar. Una vez más, detuvo el vehículo en la estación de servicio y lo dejó en el taller al lado para que lo repararan. Estaba cansada de gastar en el auto. Tomó un taxi y fue al parque para hacer ejercicios matutinos. Saludó a sus colegas con menos efusividad que solía hacerlo. Patricia preguntó:

– ¿Qué sucedió? Está decaída.

– No hay nada.

– Te conozco desde hace mucho tiempo. ¿Qué pasó?

– Elisa no pudo venir hoy. Decidí venir con mi coche. Se malogró de nuevo. Ya no puedo soportar esta vida para pagar la factura del taller.

– ¿Por qué no lo vendes?

– Tengo a mi madre. Ella cree que está enferma y, a veces, tengo que llevarla al hospital. Tengo miedo de no tener el coche en el momento de la emergencia.

– Llamas un taxi.

– ¿Y si el taxi tarda más y le pasa algo peor?

– Nada ocurre por casualidad. Creo que estás demasiado apegada a tu madre.

– Esa no sería la palabra. Me siento responsable, después de todo ella solo me tiene a mí. Mi hermano Jofre se ha ido de nuestras vidas.

– ¿Y no tienes o sueñas con tener tu propia vida?

– Sí.

– Vende el auto.

– ¿Será?

– ¡Por supuesto! Deja de gastar dinero por nada. Es mejor comprar uno nuevo. Hoy en día existen innumerables formas de comprar un buen coche sin tener que gastar mucho.

– Tienes razón, pero no quiero hacer más gastos. Estoy terminando mi postgrado y no veo la hora de buscar un nuevo trabajo.

– ¿Por qué no haces eso ahora?

– Yo dependo de ese trabajo. El seguro médico es muy bueno. La empresa no está mal, es todo lo contrario. Trabajar en Domménÿca da hasta status. Pero allí me enfrento a un verdadero problema.

– Imagino que el problema tiene un nombre.

– ¡Nombre, partida de nacimiento e identidad!

Ambas rieron. Empezaron a hacer una carrera ligera.

– Si Denise no fuera mi jefa, nunca consideraría dejar la empresa.

– ¿No hay forma de ir a otra sección?

– No hay como.

– ¿Ni siquiera puedes pedir cambiar de jefe? Tú eres competente.

– Lo soy, pero mucha gente le tiene terror. El entorno a veces se vuelve demasiado pesado. Prefiero probar con otra empresa.

– ¿Le gustaría tomar un pase un día de estos?

– ¿Un pase?

– ¿Has oído hablar de eso?

– Ya. Hace unos años fui a un Centro Espírita cercano a casa, pero confieso que no me gustaría quedarme en ningún lado.

– Este lugar al que voy es bastante bueno. El ambiente es sereno y tranquilo. Necesitas deshacerte de esas malas energías que te rodean.

– Me gustaría mucho.

– ¿Tienes algo que hacer el sábado por la mañana?

– No. No tengo clases, nada.

– Paso por tu casa y vamos juntas. Será un placer acompañarte.

– Vivimos en lugares muy lejanos.

– Es verdad. Sin embargo, será un placer acompañarte.

– Vives en Vila Mariana, ¿verdad?

– Eso mismo.

– Vivo cerca de la estación de metro Tatuapé. ¿Me bajo en la estación de Vila Mariana?

– Sí. El Centro Espirita está muy cerca.

– ¿Cuál es el horario?

– Empieza a las nueve y media de la mañana. Si puedes reunirte conmigo a las ocho y media, será perfecto.

– Sí, voy. Siento que necesito descargar las energías pesadas y recibir energías buenas y equilibradas.

– Te siento muy tensa.

– Es una fase. Pasará, Patricia. Pasará.

Edgar se acercó y le dieron espacio para que corriera a su lado. Marina suspiró levemente y Patricia, de manera elegante y educada, se alejó. Edgar preguntó:

– ¿Como has estado?

– ¿Bien y tú?

– La terapia me ha ayudado mucho. ¡La Dra. Vanda es fantástica!

– ¿En serio?

- Sí. Me siento como un hombre nuevo. Estoy aprendiendo a utilizar mi pensamiento de forma inteligente. No más sufrimiento por amor.

- Me alegra saber eso.

- ¿Cómo está Denise?

- Ya dije que no me gusta mezclar las cosas. ¿Por qué hablar de ella? La veo como una jefa y una jefa pesada. No tengo forma de hacer comentarios positivos al respecto.

Edgar sonrió.

- Mantén la calma. Me estoy liberando de ella.

- Pensé que ya estabas libre.

- No lo soy. Firmé los papeles de divorcio. Al principio me sentí muy mal, tuve que hacer sesiones con la Dra. Vanda toda la semana. Fue una sesión de cinco días. Entendí que era el final y que debía aceptarlo. Después de todo, cuando uno no quiere, dos no hacen. ¿No es ese el dicho?

- Sí.

Redujeron la velocidad y Marina consultó su reloj.

- Necesito estirarme. Es hora de ir a la empresa.

- Tenía muchas ganas de sentarme cara a cara con Denise.

- Llámala.

- Cambió su celular.

- Ve a la empresa. Ella no podrá escapar.

- Me diste una buena idea. ¿Estaría bien ir al lugar de trabajo?

- Si no te responde las llamadas y quieres hablar con ella, creo que ir a la empresa no está tan mal. De esta manera podrás terminar esta historia para siempre, ponerle punto final.

Edgar se animó.

- Me prepararé y, antes de ir a mi trabajo, pasaré por la empresa.

- Ella no está. Ayer se fue a Rio de Janeiro y aun no ha regresado. Dejó un mensaje tosco y estúpido en mi teléfono celular, diciendo que regresa hoy después del almuerzo.

- ¿Me harías un favor?

- ¿Cuál?

- ¿Podrías avisarme cuando llegue?

- No me gusta eso - dijo Marina con vehemencia.

- Por favor. Es una última oportunidad para poder intercambiar algunas palabras con Denise. Todo lo que pido es que me llames cuando llegue, eso es todo.

- Está bien. Lo haré, pero espero que no se vuelva una costumbre.

- No lo haré.

- Ya te dije antes que no soy una paloma mensajera ni una chica de recados.

- De acuerdo. Te prometo que será la última vez que te pida algo así. No eres tan amable, Marina.

Ella sonrió un poco forzada y él se alejó. Patricia se acercó y fue a estirarse con Marina.

- ¿Qué pasó?

- Ese Edgar. ¿Crees que todavía siente algo por su ex esposa?

- ¿Dijo algo? - preguntó Patricia.

- No directamente. Pero puedes notarlo en su forma de hablar. Todavía está emocionado. ¿Cómo un hombre puede ser abandonado y seguir muriendo de amor por su esposa?

- Es un desequilibrio afectivo. Edgar nunca amó realmente.

- Estaba loco por Denise.

- Pero no es amor. Está claro que lo que sintió o siente no es más que una pasión, un fuego. Edgar se acostumbró a Denise, se instaló en la relación.

– ¿Será?

– Marina, muchas personas son emocionalmente dependientes. Creen que la persona que eligieron amar será su salvavidas. Entregan su poder, su voluntad al otro, así, en un instante.

– Yo nunca haría eso. Yo tengo mi dignidad.

– Muchos no lo tienen. Prefieren vivir de migajas afectivas, prefieren sufrir, pero no dejan a su pareja. Es el viejo refrán: hay personas que prefieren estar mal acompañadas que solas, y piensan que si es malo con él, es peor sin él.

– Nunca me quedaría con alguien que me desprecia o no me trata bien.

– Tú eres diferente. Eres como yo. Sabemos el valor que tenemos como mujeres. Somos fuertes, independientes, queremos vivir una relación afectiva seria, placentera, que nos dé satisfacción.

– No estoy desesperada por un hombre.

– Desesperada no; sin embargo, puedo ver claramente que estás enamorada de Edgar.

– No te puedo mentir. Se ha convertido en un buen amigo en estos meses.

– ¿Me equivoco?

– No te equivocas, Patricia. Me enamoré de él.

– ¿Y por qué no te declaras?

– No.

– ¿Por qué no? Él no tiene compromisos, se separó legalmente. Es un hombre libre.

– Edgar puede ser un hombre libre a los ojos de la ley. Pero todavía está atrapado en Denise.

– Porque hasta ahora nadie se le acercó y le dijo: ¡Oye, me gustas!

– ¿Y crees que voy a hacer eso?

– Deberías. Edgar es un hombre interesante. Está bien, no es mi tipo, es un poco antipático, no me gusta. Y, aquí entre nosotras, estoy enamorada de mi Adriano. Pero si Edgar te toca el corazón, ¿qué esperas?

– Voy a pensar en ello.

– ¿Lo prometes?

– Sí. Voy a mirar dentro – señaló su pecho – y a tener una conversación con ese corazón inquieto.

CAPÍTULO 27

En la noche de ese día, Denise llamó a Marina para pedirle a su asistente que hiciera cambios en su boleto de avión. Marina estaba almorzando fuera de la empresa, no había suficiente señal y fue directo al buzón de voz. Denise resopló:

– Es solo si me voy un ratito y dejará de atenderme. No están en la oficina y no contesta el celular.

Marcó de nuevo, Marina no respondió y dejó un mensaje poco amistoso en el buzón.

Jofre entró en la habitación, se sentó en la cama y la besó en los labios.

– ¿De verdad te vas, mina?

Se inclinó hacia adelante y pasó la sábana por su cuerpo, cubriendo su cuerpo desnudo.

– ¡Estoy tan ligera! Después de amarme en a la piscina y traerme a la cama, no tengo ganas de irme de aquí.

Él se rio.

– La tarde es muy buena. Quédate.

– Me quedaré. Estaba aquí tratando de advertir a la idiota de mi asistente, pero ella no me responde.

– Te enojas muy rápido.

– ¡¿Yo?!

– Sí. ¿Por qué no la despides? Consigue una mejor.

– Eres tan práctico, Jofre. Nada como un hombre con la actitud de ayudarme.

– Nos gustamos.

– Yo también – respondió ella, estirándose y bostezando un poco.

– Tenemos un maldito apetito. Pasamos la hora de almuerzo hace algún tiempo. Bajemos a almorzar. Les pedí a los empleados que hicieran todo lo posible para complacerte.

– Eres muy amable.

Se besaron. La pasión volvió fuerte y se volvieron a amar. Después de una buena ducha, Denise se puso una bata de seda blanca, un regalo de Jofre, y se dirigió a almorzar.

El apartamento era muy espacioso, un ático con una vista ininterrumpida de la playa de São Conrado. El caso es que Jofre formaba parte del grupo llamado Novo-Rico, de los que tienen mucho dinero en el bolsillo y, por otro lado, un gusto muy dudoso.

Todo era extravagante, con colores que no combinaban entre sí, alfombras y cuadros muy feos. El apartamento era llamativo y descuidado.

– Aquí falta un toque femenino. Voy a dar un cambio de imagen de este apartamento – dijo al pasar por el salón.

Entonces Denise se encogió de hombros. Después de todo, ella estaba más interesada en el hombre que en su gusto. Ya ni siquiera le importaban más los graves errores que cometía al hablar. Incluso le pareció que era lindo. Denise caminó hacia el balcón donde se había puesto la mesa. Se sentó y comió con ganas.

Jofre se acercó y la besó.

– ¡Tienes hambre!

– Estoy hambrienta. ¡Has agotado mi energía! – Ellos rieron.

– Te amamos.

– También me gustas mucho, Jofre, pero sabes que no podemos tener nada serio.

– ¿Por qué no?

– Porque no eres un hombre para apegarse a una sola mujer.

– Por el momento solo te tenemos a ti.

– Por el momento...

– Bueno sí. El momento, qué importa, ¿verdad? Hoy estamos enamorados. Es lo que cuenta. El mañana a Dios pertenece.

– Por este ático, vale la pena vivir esta aventura.

– Ya no estás casada.

– Eso es de hecho. Soy una mujer libre, a los ojos de la ley y de los hombres.

– Y a los ojos de Dios y el Diablo – se corrigió.

– Soy libre y sin obstáculos. Todavía siento un poco de odio por parte de esa parejita. Nada más.

– ¿Sigues atrapada en esa? Fuiste a la estación de policía, hiciste tu parte. Se acabó la historia.

– Es difícil, Jofre. ¿Alguna vez te sentiste abandonado?

– ¿Yo?

– Sí. ¿Te sentiste burlado, engañado?

Jofre no respondió de inmediato. Volvió la cara hacia el mar. Sus ojos verdes se perdieron en esa impresionante vista. Se vio obligado a regresar unos años en el tiempo.

* * *

Jofre había crecido como un niño con problemas. Vio el día en que su padre, un italiano borracho y sin escrúpulos, golpeó a su madre, se llevó el poco dinero que tenían ahorrado y desapareció con una joven del barrio. Dejó a su familia y desapareció del mapa.

Consuelo pidió ayuda a un pariente lejano. Consiguió el dinero para el boleto a São Paulo. Se llevó a su hijo y se subieron a un "palo de guacamayo", una especie de camión que transportaba a los habitantes del noreste hacia el sureste y sur del país.

Después de un viaje de días en el palo de guacamayo sonajero, caluroso y abarrotado de gente, hambriento y sediento, llegaron a São Paulo por la mañana. Jofre no tenía idea del día ni del mes, pero sabía el año exacto en que pisó la capital paulista: 1980.

El niño, de diez años, estaba sorprendido por toda la emoción y le tenía miedo a la gran ciudad. Era muy diferente del interior del noreste. A Jofre le había impresionado la cantidad de gente que caminaba por las calles, los edificios que creía que tocaban el cielo. Sintió miedo, se aferró al brazo de su madre, sintiéndose como un extraño en ese mundo tan diferente a su realidad. Terminaron en una choza húmeda, caliente y apestosa en la parte central de la ciudad.

Consuelo consiguió un trabajo de limpieza, el dinero era muy poco, pero tenían al menos un techo para dormir y protegerse del frío y un plato de comida al día, generalmente una mezcla de frijoles y harina.

Jofre lustraba zapatos en Praça da Sé. Se levantaba temprano, tomaba una taza de café y un pan duro y seco de hacía días. Para mejorar el sabor del pan, que parecía más una piedra, el niño lo mojaba en la taza con café. Luego se iba y caminaba hacia la plaza. Se ganaba algo de dinero y con uno de los lustrabotas aprendió a aspirar pegamento de zapatero.

Jofre estaba extasiado. El producto lo hacía sentir ligero, anestesiado. No parecía sentir el dolor del mundo.

Por unos momentos podría estar en paz consigo mismo, viviendo en otra dimensión.

Se enganchó al pegamento. Luego vinieron las drogas más pesadas. Consuelo se desesperó, trató de ayudar a su hijo, pero no tenía mucho que hacer. ¿A quién recurrían? Eran muy, muy pobres.

Un día, con algunas monedas en el bolsillo y bajo los efectos del pegamento, Jofre entró en un cine dirigido al público adulto en el centro de la ciudad. Quería ver las películas prohibidas, las sucias, que sus amigos le decían tanto que debería ver. Anestesiado por el pegamento del zapatero, el niño entró en la sala de exposiciones equivocada. Cuando la pantalla comenzó a proyectar las imágenes, fijó la mirada y solo los desvió cuando se encendieron las luces y terminó la sesión.

Era la película *Pixote - La ley de los más débiles*, que acababa de estrenarse y fue un gran éxito de crítica y público. La película retrata la vida de un niño de la misma edad que Jofre. *Pixote* era un chico de la calle acogido en un reformatorio juvenil. Allí, se hace amigo de otros chicos. En una rebelión, estos niños huyen y forman una especie de familia, viviendo de pequeños robos, luchando por sobrevivir.

El pegamento había pasado y Jofre dejó que las lágrimas fluyeran libremente. Asistió a la siguiente sesión y luego a otra. Salió del cine con la cabeza gacha y triste.

– Terminaré como este chico – se dijo. Jofre cometió pequeños robos, luego se involucró en un atraco y terminó en la FEBEM – Fundación Estatal para el Bienestar del Menor – en aquella época, una entidad autónoma cuya función era llevar a cabo las medidas socioeducativas que aplicaba el Poder Judicial a los adolescentes que cometían delitos.

Allí permaneció más de un año. Después de una rebelión, él y otros niños huyeron. Jofre regresó a casa y encontró a Consuelo embarazada.

– ¿Qué es eso, madre?

– Estoy esperando un hijo.

– ¿Regresó papá? – preguntó, asustado.

– No.

– ¡Pero estás embarazada! – Consuelo se llenó de vergüenza.

– Solo sucedió.

– ¿Te acostaste con otro hombre?

– Sí.

– ¿Quién es él, madre? ¿Quién? – Consuelo no respondió –. ¡Exijo saber! Ella cambió de tema.

– ¿Qué haces aquí? ¿Te escapaste del FEBEM?

– Me escapé de ese infierno.

– Todo mejorará mi hijo.

– Me engañaste. No mereces mi confianza.

Ella trató de abrazarlo y Jofre la esquivó. Su relación nunca más fue la misma. Consuelo se llenó de culpa. Creía que ella no había sido una buena madre y por eso él había crecido así.

Nació Marina y el ambiente en casa se volvió horrible. Jofre miraba a su hermana e intentaba imaginar quién sería el padre. Convirtió la vida de la niña en un infierno por cualquier razón y un día incluso golpeó a Marina, hiriéndola. Un día, después de una discusión con Consuelo, se fue de la casa.

Jofre desapareció. Se involucró en delitos graves y los traficantes de drogas se lo llevaron a vivir a Rio de Janeiro. Se instaló en Duque de Caxías, en la Bajada Fluminense, y con el paso de los años se convirtió en un narcotraficante temido y respetado.

Habían pasado muchos años desde aquellos años ochenta, pero el dolor de sentirse engañado y traicionado seguía vivo, palpitando en su pecho apretado y herido.

***

Denise tuvo que darle un codazo para que pudiera escucharla.

– ¿Qué pasó? – ella preguntó.

– ¿Ah?

– Parece que te fuiste por un tiempo. ¿Terminaste en la luna? – Jofre negó con la cabeza de lado.

– Nos perdemos en el tiempo. Solo eso – sonrió y preguntó: – ¿Qué fue lo que dijiste, mina?

– Que me encantaría vengarme del desgraciado. Leandro me dejó como un perro sin dueño. No merezco que me ignoren así, de esa forma.

- ¿Qué planeas hacer? - preguntó mientras tomaba un sorbo de zumo de naranja y vodka.

- No lo sé. ¡He pensado en tantas cosas! ¡Tantas barbaridades!

- Te sugeriremos eliminar a la esposa, pero si quieres que sufra, no tiene sentido morir.

- No sé qué hacer. Solo quiero desquitarme. Luego sigo adelante con mi vida.

- Dijiste que ama a su esposa e hijo.

- Sí. Un mocoso que vive pegado al padre. ¡Pero qué cosa! Estábamos juntos, pero el fin de semana era sagrado. Leandro siempre corría a ver y estar con su hijo.

- Ya sabe qué hacer.

- ¿Cómo así? - preguntó Denise, sin comprender.

- Dices que quieres vengarte de ese hombre, ¿verdad?

- Sí.

- ¿Y quieres que su esposa también sufra?

- Exactamente.

- Para llegar a ambos al mismo tiempo, marido y mujer, hay que atacar al niño. Ya hablamos del secuestro contigo, ¿recuerdas?

Denise había rechazado la idea por miedo. Nunca pensó que llegaría tan lejos. Pero, ¿qué riesgo estaba tomando? Ninguno creyó. Jofre era un hombre de vida marginal, experimentado y bribón, podía ayudarla a asustar a la familia. Se levantó emocionada, abrazó y besó a Jofre varias veces en la boca.

- ¡Eres lo máximo! Necesitamos atacar a este chico. Así, tanto Leandro como Leticia sufrirán. Pero ¿cómo lo hacemos?

- Eso es fácil. Estamos bien conectados, tenemos algunos amigos y podemos eliminar al chico.

- ¿Matar al mocoso?

- Sí.

Denise se mordió los labios.

– No tenemos que llegar a tanto. Solo quería un susto, un buen susto.

– Secuestrar al niño por unos días.

– ¿Unos días?

– Sí. Podemos secuestrar al niño y llevarlo a un escondite. Podemos hacerlo rápido. Si te hace feliz, lo haremos.

– Yo quiero. Quiero mucho. Me encantaría ver a Leandro y Leticia desesperados. Creo que esta es la forma de vengarse. ¿Cómo podemos hacerlo?

Jofre sonrió y empezó a hablar. Le explicó a Denise cómo podía secuestrar al hijo. Le pidió que recopilara información sobre la vida de la familia: dónde vivía, a qué escuela asistía el niño, quiénes eran las sirvientas, si había conductor, absolutamente todo, detalle por detalle. Denise respondió a todo con los ojos llenos de rencor:

– ¡Pagarán caro por toda la humillación por la que me hicieron pasar!

CAPÍTULO 28

Después de leer un extracto de *El Evangelio según el Espiritismo*, Mila pidió a los presentes que se tomaran de la mano formando un círculo y pronunció una sentida oración de agradecimiento. Después que terminó la oración, sintió un ligero bienestar. Durante días tuvo una sensación extraña en el pecho y no pudo identificar por qué.

Al final del encuentro espiritual en la casa de Leticia, que venía sucediendo regularmente durante unos meses, recordó: había estado soñando con su padre durante días. Siempre el mismo sueño. Incluso ahora, al beber el vaso de agua – fluidificado por amigos espirituales durante el Evangelio en casa – recordaba con mayor claridad todo lo que había soñado.

Mila salía de su cuerpo físico, caminaba por la habitación y su periespíritu atravesaba la pared. En una fracción de segundo estuvo cerca de un accidente, los aviones en llamas, gente muerta y carbonizada de un lado, otros sintiendo sus cuerpos terriblemente en llamas y otros todavía clamando por ayuda. Una escena muy triste. Se llevó la mano a la boca para sofocar el grito de pavor. Poco después, el padre apareció de entre los escombros, lleno de hollín en su cuerpo, su ropa rasgada, su piel bien quemada. Mila no podía moverse, tanto miedo. Cerró sus ojos.

– No tengas miedo, soy yo, papá.

Escuchó la voz familiar y abrió los ojos. Los entrecerró para ver mejor.

– ¿Papá? ¿Tú?

– Sí, cariño, soy yo.

Mila se dio cuenta del accidente que había victimizado a su padre ya su madre hace muchos años.

– ¡Moriste en este accidente! Hace muchos años.

– Así es.

– Estoy de vuelta al pasado, ¿verdad?

– No. He plasmado escenas del pasado para que sepas que soy yo.

– ¿Las recreaste?

– En cierta manera, sí, porque era la única forma que supieras que soy yo, hija mía. El accidente ocurrió hace mucho tiempo, es cierto; sin embargo, tuve que recrear algunas escenas para que supieras que este no es un espíritu impostor.

Ambos se abrazaron.

– Cuánto te extraño, papá –. El espíritu sonrió.

– Yo también te extraño mucho. Antes soñabas conmigo, nos encontrábamos y después que regresabas a tu cuerpo físico no recordabas nada. Hoy está más lúcida, has estudiado mucho y evidentemente regresas a tu cuerpo físico con una memoria más fresca.

– Comento a Leticia que desde que empezamos a reunirnos semanalmente para orar, sueño contigo, pero es algo que no recuerdo, solo siento. Pero ahora no. ¡Todo es tan real!

– Pero es real, hija. ¿No estás hablando conmigo?

– ¡Tanto tiempo sin tu abrazo!

– Entiendo que la separación fue beneficiosa y muy importante para nuestro crecimiento espiritual.

– Créeme, desde hace algún tiempo le he dado un valor increíble a la familia.

– Esa fue la razón principal por la que tu madre y yo no compartimos tu crecimiento. Tu espíritu quería vivir sin sus padres.

Ella lo abrazó de nuevo, oliendo el perfumne que usaba cada vez que se afeitaba, un suave aroma a lavanda. Una lágrima corrió por su ojo. Mila lo secó suavemente con los dedos. Su padre extendió las manos e inmediatamente la condujo a un hermoso jardín.

El olor de las fragantes flores era embriagador. Mila sonrió y le estrechó la mano. En la Tierra, en su última encarnación, había sido Arthur, el padre de Mila. Después de su desencarnación, en el plano espiritual, prefirió ser llamado por el nombre que tenía en una vida anterior a esa: Leonidas.

Mila estaba emocionada.

– Me haces tanta falta. Crecí sin ti y sin mamá.

– Tu espíritu necesitaba valorar a la familia. Hubo algunas encarnaciones que no valoraste a los miembros de tu familia. Antes de nacer, pediste encontrar una familia que solo te tuviera a ti como hija y que estuviera destinada a morir temprano. Naciste como mi hija.

– ¿Entonces sabías que ibas a morir en ese horrible accidente?

– En plena conciencia, no. Pero mi espíritu lo sabía.

– ¿Estaba previsto el accidente?

– De alguna forma. Antes de reencarnar, dependiendo de nuestro grado de lucidez, podemos planificar nuestra vida futura en la Tierra. Hay departamentos en el mundo astral que se encargan de esto, son el llamado Departamento de Reencarnación, subordinado al Ministerio de Asistencia.

– No sabía que el mundo espiritual estaba tan organizado –. Leonidas sonrió ampliamente.

– Estamos muy organizados, incluso más que en la Tierra –. Mila estaba interesada.

– Entonces, ¿qué pasa en esos departamentos?

– El espíritu es atendido por un colaborador técnico, una especie de empleado calificado del departamento. Existe la posibilidad de conocer a la familia, de pedir nacer en un determinado país, claro que todo depende del grado de evolución del espíritu aspirante. Sabía que iba a morir joven, pero no sabía cómo iba a morir. El proceso de muerte es muy complejo y la muerte de cada uno está relacionada con el conjunto de creencias y valores del espíritu, entre otras peculiaridades que aun no tenemos la madurez espiritual para comprender.

– ¿Quieres decir que la vida se aprovechó de ese accidente para llevarte a ti y a mamá de regreso al mundo de los espíritus?

– Por supuesto.

– ¿Cómo está ella? Apenas recuerdo su rostro.

– Eras muy pequeña. Tampoco deberías acordarte de mí.

– Pero ¿por qué te recuerdo bien y apenas la recuerdo a ella?

– Porque tú y yo estamos unidos por lazos de amor, amistad, desde hace muchas vidas. Tu madre es una querida amiga mía y no tenía ningún vínculo contigo. Ahora, hay un vínculo de amor de madre e hija que nació en esta vida y que quizás podrás profundizar en existencias futuras –. Hablaron mucho y, al final, Mila confesó:

– Ese extraño sentimiento ha disminuido, pero no abandona mi pecho.

– Se avecinan tiempos difíciles.

– ¿Algo grave?

Leonidas quiso tranquilizarla.

– ¿Qué es grave a los ojos de Dios? Mira hija mía, todo es aprendizaje, todo es experiencia.

– Me angustia pensar que algo malo podría pasarme a mí o a las personas que me importan.

– Ora.

– ¿Y qué más?

– Ora fervientemente – repitió Leonidas.

– ¿Solo eso?

- Tú no tiene idea de la fuerza que tiene la oración. Una conexión con Dios o con los amigos espirituales del plano superior, por pequeña que sea, siempre que sea sincera y verdadera, tiene una fuerza increíble y puede incluso cambiar el curso de los acontecimientos. Muchas tragedias en el orbe de la tierra se evitaron gracias a la oración.

- No siento que me vaya a pasar nada.

- Y no lo hará. Ya has conocido a alguien que te quiere mucho. Estarán muy felices.

Mila se acordó de inmediato de Carlos Alberto. Sin embargo, solo habían salido a cenar unas pocas veces. Eran buenos amigos, eso era todo. Ella sonrió suavemente y su padre corrigió:

- Por el momento vine a pedirte que permanezcas en oración siempre que puedas. Ora mucho, en cualquier parte del día o de la noche. Ponte en contacto con Dios cuando te apetezca. Necesitarás estar en completo equilibrio emocional para ayudar a tus amigos.

- Realmente tuve la impresión que era algo relacionado con Leticia y su familia. Leonidas lo afirmó.

- Es hora que me vaya. No olvides rezar. El poder de la oración ayudará mucho a todos los involucrados.

Leonidas abrazó a su hija con gran afecto. La besó en la frente y desapareció. Inmediatamente volvió a su cuerpo físico y se despertó todavía con sueño. No recordaba mucho, excepto sobre el poder de la oración. Abrió los ojos y miró a sus amigos.

- Lo siento, creo que me quedé un poco dormida. Ricardo se levantó y la besó.

- Gracias por hacernos tanto bien.

Mila estaba emocionada, pero volvió a sentir la extraña sensación en su pecho. ¡Entonces el problema estaba con Ricardito! Ahora recordaba parte de la conversación con su padre. Ricardo podría estar en riesgo. Pero, ¿qué tipo de riesgo?

Trató de ocultar la angustia. Ella también lo besó y le preguntó:

– ¿No quieres pedirle a Iara que nos haga unos bocadillos?

– Lo pediré ahora mismo. ¡Tengo hambre! Con permiso.

Ella lo miró y notó algo extraño, una luz oscura alrededor del chico, como si fuera una energía diferente, más densa, que intentaba acercarse a Ricardo. Mila cerró los ojos y se conectó brevemente con sus amigos espirituales. Rezó una rápida, pero sentida oración. El ambiente se volvió más liviano y tranquilo.

– Me encantó tu oración – comentó Leandro –. Fue sincera y tocó mi corazón.

– A mí también – corrigió Leticia –. Me he estado sintiendo mal durante los últimos días. Aunque me siento mal, mi corazón se ha calmado un poco. Tenía la clara sensación que alguien intentaba hacernos daño.

– ¡Imagínate cariño! – dijo Leandro, acariciando suavemente su brazo con la mano.

– No nos puede pasar nada malo –. Leandro se levantó –. Veré si los bocadillos están en la mesa.

Tan pronto como se fue, Mila preguntó:

– ¿Fuiste al doctor?

– Pidió algunas pruebas, pero todo fue rutina.

– Si lo necesitas, puedo acompañarte –. Leticia le susurró a su amiga:

– Creo que el bebé nacerá pronto.

– ¿De verdad?

Mila tuvo un destello y recordó la conversación con su padre. Todo vino a su mente, cada detalle. Ahora tenía la duda: ¿podría ser que el problema era con Ricardito o con el bebé que estaba por nacer?

Suspiró y abrazó a Leticia. Habló sin pensar:

– Este niño te traerá mucha felicidad.

Leticia la abrazó de nuevo. Sentían un afecto especial y sincero el uno por el otro. Sus corazones habían estado unidos durante muchas vidas.

En una vida anterior a esta, las dos eran primas. Fueron criadas juntas, pero Mila, incapaz de soportar las estrictas reglas impuestas por su familia, se escapó con un extranjero y se fue a vivir a tierras lejanas.

Durante muchos años mantuvieron correspondencia por carta. Leticia sabía que su prima tenía problemas de relación con su familia; no se llevaba bien con sus hermanos, pero entendía y nunca sintió ningún dolor por la desaparición de su prima. Realmente sentía que a Mila le agradaba y necesitaba vivir lejos. Años después, muy mayores, tuvieron la oportunidad de reencontrarse y revivir algunos momentos de alegría...

Tras el cariñoso abrazo, las amigas se dieron la mano y se acercaron al comedor para una merienda.

CAPÍTULO 29

Edgar mejoró mucho con las constantes sesiones de terapia. Había aprendido a valorarse a sí mismo, a elevar su autoestima. Se dio cuenta, con la ayuda de la Dra. Vanda, que él era más importante que Denise, que primero debería ser amigo de sí mismo y que su matrimonio nunca tendría la posibilidad de un final feliz; después de todo, para que una relación dure mucho tiempo, era necesario que los involucrados quieran y deseen, de corazón, que perdure.

Evidentemente, tuvo que aprender a abandonar el sueño de querer vivir la misma historia que sus padres. Edgar necesitaba vivir su vida, a su manera, de acuerdo con su personalidad y las necesidades de su espíritu.

Después de unos meses, las sesiones disminuyeron a una vez por semana. Vanda incluso quería darlo de alta, pero él disfrutaba conocerse cada vez más. Esto lo fortaleció y lo convirtió en un hombre más seguro, firme y, por qué no decirlo, más guapo.

Sí. Edgar parecía más guapo. Había cambiado sus gafas por lentes de contacto. Su cabello era más corto, cortado con estilo. El muchacho había adoptado una encantadora barba y esta encantado de descubrir que estaba atrayendo la atención de las mujeres. Aprovechó esta nueva etapa y empezó a salir con algunas chicas. Sin compromiso serio. Todavía sentía que necesitaba algo de tiempo para comenzar y disfrutar de una nueva relación afectiva.

Intentó ponerse en contacto con Denise. Pasó el tiempo, las ganas de hablar con ella disminuyeron y ahora ya no quería saber nada relacionado con su época de casado. Había adoptado una postura tan firme y de tan alta autoestima que había tirado a la basura el marco con la foto de su boda, la foto que tanto amaba y besaba.

Lo que Edgar todavía no entendía era que debería sentirse bien consigo mismo y no ir mostrando al mundo que era el hombre más seguro del universo. Gradualmente, aprendía y aprendería la lección de la verdadera autoestima.

Fue una noche, saliendo de un restaurante de moda en la región de Jardins y acompañado por una rubia despampanante, que se encontró cara a cara con Denise. Ella estaba con Ignacio. Al verlo, Denise trató de fingir no notar su presencia y miró hacia abajo.

– ¿Cómo estás, Denise?

Ella levantó la cabeza y sonrió con ironía.

– Voy bien.

Ignacio lo saludó. La rubia se fue a la mesa y él continuó:

– Cuánto tiempo, ¿eh? ¿Está todo bien, todo en orden?

– Sí.

– Que bueno verte. Tomaremos un café cualquier día.

– No creo que tengamos nada que intercambiar, ni siquiera una idea.

– Estuvimos casados cinco años.

– Hemos estado separados por más de un año.

– ¿Y qué? ¡No crees que podamos tener una amistad!

– No. No quiero tu amistad.

– Estás muy dura y seca. Una mujer prepotente y arrogante. ¿Cómo podía involucrarme contigo?

– Porque eres un idiota, un imbécil que no sabe satisfacer a una mujer. Doy gracias a Dios por haberme liberado de ti.

– Doy las gracias todos los días por irte de mi vida. No sabes cuánto sufrí, cuánto lloré por ti.

Ella se encogió de hombros.

– ¿Quieres que sienta pena por ti? No lo siento.

– Mi terapeuta tiene razón. No sirve de nada intentar acercarme a ti. Pura pérdida de tiempo.

Edgar se alejaba y Denise corrió y le susurró al oído:

– Mira, aquí en este restaurante no sirven puré de veneno para ratas. Si quieres volver a matarte, te daré un arma muy poderosa. ¡Disparas y caes!

Sacudió negativamente la cabeza hacia los lados,

– No eres buena Denise. No vales nada. Hasta nunca.

Edgar habló y fue al baño. Entró, se acercó al fregadero, abrió el grifo y se echó mucha agua fría en la cara. Miró su imagen reflejada. Se dijo a sí mismo:

– No se preocupe. Soy un buen hombre. Merezco ser feliz. Nunca volveré a pensar en Denise. Nunca más.

Edgar habló, se secó la cara y se acercó a la mesa. Se sentó junto a la rubia y trató de entablar una conversación agradable.

– ¿Quién era esa mujer? – preguntó la rubia.

– Mi ex esposa.

– Bonita ella.

– Tu eres más bonita.

– Gracias.

– ¿Importa si hago el pedido?

– De ninguna manera. Quisiera un refresco.

– ¿No me acompañas a tomar una copa? – La rubia se rio y se sonrojó.

– Pareces un buen tipo. Voy a aceptar. Pero ¿está bien un trago? – Edgar asintió e hizo un gesto al camarero.

Al otro lado del restaurante, sentado y tomando una copa, Ignacio no contuvo la curiosidad.

– ¿Qué le susurraste al oído a tu ex? – Denise se rio.

- ¿Alguna vez te dije que cuando lo dejé, el infeliz de Edgar intentó suicidarse ingiriendo veneno para ratas?

- Pesado, ¿eh?

- Nada que pesado. Quien quiere realmente suicidarse encuentra una forma segura de morir. Te lanzas desde el piso veinte de un edificio, te lanzas a un tren en movimiento, se da un tiro directo en el corazón. O toma los medicamentos adecuados y las dosis adecuadas para caballos. Edgar no quería suicidarse, quería llamar la atención, eso es todo.

- Él está bien. No parece un debilucho.

- Pero no. Es un tonto. ¿Sabes lo que le dije? Que aquí en este restaurante no sirvan puré de veneno para ratas.

Ignacio soltó una fuerte carcajada.

- ¡Eres imposible! Una mujer terrible, Denise.

- Seamos realistas, tengo sentido del humor.

- Sarcástica.

- No importa. Un tonto siempre es un tonto. Este es el idiota que atrazó cinco años de mi vida.

- Se le ve muy bien. Más ruborizado, más fuerte, guapo, diría yo. Y mira que, parecía un tipo aburrido sin gracia. Lo acompaña una rubia preciosa.

- ¿Aquella? Es una tremenda pistolera.

- ¿Como sabes eso?

- Tengo experiencia y soy vivida, Ignacio. Ya subí el morro con Jofre. Sé cómo diferenciar a una mujer de una zorra.

- Lo que importa es que está muy bien acompañado -. Denise se encogió de hombros.

- Que se hunda. Lo desprecio totalmente. No siento nada por Edgar, ni enojo.

- ¿Nada de nada? ¿Ni una pizca de sentimiento?

- Para ser honesta, si se muriera hoy, no sentiría nada en absoluto. ¿Ves mi grado de sentimiento por ese desgraciado? Nulo, cero.

Ignacio tomó un sorbo de vodka y añadió:

- Ahora que estás atado al ricachón de la Bajada...

- Jofre es el hombre perfecto para una mujer. Es hombre con "H" mayúscula.

- Es hombre, está bien, pero eso no te hizo olvidar a Leandro.

- ¿Por qué tienes que tocar un tema tan desagradable?

- Fue solo un comentario.

- Un comentario desafortunado. Pide la cuenta y vámonos.

- Acabo de ordenar los platos.

- ¡Ignacio! - dijo Denise en un tono más fuerte de lo habitual: - ¡La cuenta!

Él asintió. Pidió la cuenta, pagó y salió del restaurante. Ignacio le dio el billete al *valet* para que recogiera su coche. Denise frunció el ceño. Subieron al coche e Ignacio condujo.

- Perdóname. No quería ponerte nerviosa.

- Todo bien. Pero te hablaré algo de Jofre. Me hizo olvidar a todos y cada uno de los hombres que he conocido.

- ¿En serio? Habla mal, parece un bandido. No lo sé... - Denise cerró los ojos y suspiró.

- Amo a los tipos peligrosos. Este hombre me deja a cuatro patas. Jofre puede hablar mal, parecer un matón y tener amigos duros. No me importa, porque me tiene como ningún hombre me ha tenido antes. Jofre me hace sentir una mujer deseada. Me valora.

- ¿Y por qué quieres intimidar a Leandro? Se te sientes valorada, amada y deseada...

- Mi historia con Leandro es pura venganza. Es eso.

- ¿De verdad quieres seguir con tu plan?

– Quiero.

– Creo que todo es demasiado arriesgado –. Denise le lanzó una mirada.

– Simplemente no aplico el freno de mano en este auto porque no quiero causar un accidente y morir. Tengo mucho que vivir, mucho que divertirme, me haré muy rica. Y vigilaré desde el palco que esa familia carioca sea destruida.

– Tú tienes dinero, abriste una cuenta en bancos extranjeros, pagaste a Domményca en miles de dólares. Puedes vivir muy bien en cualquier parte del planeta. Hoy, yo dejaría de lado esa venganza.

– ¿Estás bromeando?

– ¡¿Yo?!

– Sí. ¿Qué historia tan estúpida es ésta de hacerme desistir de mi plan?

– Porque creo que hay tiempo para rendirse.

– No soy una mujer que se rinda.

– Denise, lo tienes todo, dinero, hombre. Eres saludable, joven y bella, tiene muchos años por delante. Ve y disfruta de tu vida.

– ¿No fuiste tú quien me incitó?

– Hace un tiempo hice un comentario sobre la venganza, pensé que todo era una broma, nunca pensé que quisieras llegar tan lejos, arriesgarte tanto.

– ¿Hay algo mejor que arriesgarse? Incluso da un pequeño escalofrío en el estómago.

– Denise, detente y reflexiona.

– Llegaré muy lejos Cuento con tu ayuda, Ignacio.

– Sabes lo que pasa... – Denise lo cortó violentamente.

– ¡No! ¡No sé qué pasa, Ignacio! ¡Y ni siquiera quiero saber! Prometiste ayudarme.

- Estamos hablando de la vida de un niño, el hijo de personas conocidas en la sociedad. Es demasiado arriesgado.

- Ya dije que me encanta correr riesgos.

- Piensa y reflexiona.

- No tengo nada en que pensar. Pero tú sí tienes qué pensar y reflexionar.

- ¡¿Yo?!

- Sí. Sabes que tengo todos los documentos que manipulaste en Domményca. Tengo los originales guardados en una caja fuerte. También te llevaste mucho dinero. Solo tengo que chasquear los dedos y esos maníacos de la Policía Federal vendrían como buitres sobre ti. Te comerán vivo, sin piedad siquiera. Quieres aparecer en la televisión nacional, ser esposado por esos matones y un reportero diciendo: el abogado Ignacio Mello Farías, que dirigía una banda, fue detenido hoy...

Ignacio tragó y se detuvo ante un semáforo. Él la miró con el sudor corriendo por su frente.

- No tienes que continuar. Sé que tengo la cola pegada a ti. Haré lo que me pediste.

- ¿Y qué te pedí? - ella preguntó.

- Tú, Denise, es la autora intelectual del secuestro de Ricardo Ferraz Dantas, hijo del empresario Leandro Dantas y Leticia Theodoro Ferraz.

- ¡Graba bien los nombres! ¿Y qué más?

- Quiere que tome medidas para convertir mi patio en el cautiverio del niño. Necesito alejar o despedir a mi cuidador y dejar que la gente de Jofre se quede allí al menos una semana. Debo proporcionar suministros y...

- ¡Eso mismo! - Ella aplaudió -. Felicidades. Sabes que quiero que el sitio esté listo para la próxima semana. Este mocoso tiene que ser secuestrado pronto. Sin falta. Sabes que sigo un horario estricto.

– Por supuesto – estuvo de acuerdo.

Denise habló y cuando se dio cuenta estaba en la puerta de su nueva dirección, un suntuoso caserón en Jardim Europa, una de las direcciones más *chics* y caras de la ciudad.

– Llegamos – dijo Ignacio mientras acercaba el vehículo a la acera –. Puedes contar conmigo. Sabes que haré lo que quieras, pero déjame aclarar una cosa.

– ¿Qué es?

– Si algo sale mal, apenas sepa lo que está pasando en mi patio. Lo negaré todo, como Judas. No seré arrestado por tu capricho.

– Puedes estar tranquilo, nada saldrá mal.

– Eso espero.

– Buenas noches.

Cerró de golpe la puerta del coche, inmediatamente se encendió un foco en la acera. La puerta automática se abrió y apareció un guardia de seguridad.

– Buenas noches. Denise

Ni siquiera saludó al chico. Entró a la casa, se quitó los zapatos y se tiró en un sillón. Delis vino a atenderla.

– ¿Quiere algo, señora?

– ¿Te llamé, idiota? ¿Llamé?

– Lo siento...

– Ni siquiera sé por qué te invité a trabajar conmigo, Delis. Sirves para trabajar para Edgar. Un idiota sirviendo a otro idiota.

– Si no necesitas nada más, me marcho.

– Aprovechando que tengo a la *songamonga* delante, ve a prepararme un Martini. Necesito un trago antes de acostarme.

Denise terminó de hablar, cerró los ojos y comenzó a imaginar la desesperación de Leandro y su esposa. No podía esperar a que Jofre pusiera sus manos sobre ese estúpido chico.

Delis agachó la cabeza avergonzada, tratando de contener las lágrimas. Corrió a la cocina.

– ¡Qué ganas de matar a esta mujer! ¿Cómo puede ser tan grosera, tan estúpida? El guardia de seguridad entró por la puerta de la cocina y enmendó:

– No estés triste, Delis. Lo que aquí se hace, aquí se paga.

– Pero esa se lleva bien con la vida. Mira la casa, el lujo, el dinero...

– Y; sin embargo, vive sola, atrapada por la arrogancia y la ilusión.

– Si no tuviera niños pequeños que criar, juro que me iría ahora mismo. Hasta el día de hoy, lamento haber dejado mi trabajo como jornalero. Tenía jefes geniales y su ex marido, Edgar, era un buen patrón. Una de las mejores personas que he conocido.

– Probablemente viniste aquí para ganar más.

– La propuesta en ese momento era irrefutable. El salario es bueno, pero lo siento mucho. ¡Si pudiera retroceder en el tiempo!

– Confía en Dios que todo estará bien. Eres una buena persona, Delis.

– Y tú también, Chico. Es un buen hombre. Tenemos que trabajar duro, sacrificarnos. Somos gente honesta y educada. Y mire esa mujer: vive bien, tiene una vida cómoda, un trabajo excelente. No sé cómo lo tiene todo, siendo tan maleducada – dijo Delis, mientras preparaba el Martini para Denise.

– No se compare con eso. Tienes un buen corazón. La gente como Denise nunca le va bien en la vida.

– Siempre le ha ido bien en la vida, Chico. Siempre.

– Un día la casa se caerá. La casa siempre se cae...

* * *

En la calle, a Ignacio le salía humo de espuma de odio. Avanzó y empezó a chirriar los neumáticos.

– ¿Quién se cree Denise que soy? ¿Un idiota como su exmarido? ¿Quién obedece todo, quién la obedece como un esclavo? Ella no me conoce. ¡Me chantajeó y no sabe con quién se está metiendo!

Estuvo rumiando sus pensamientos hasta que llegó a casa. Estacionó el coche y dijo:

– Esta mujer me va a pagar muy caro por intentar chantajearme – miró la grabadora de MP3 discretamente colocada al lado del asiento del pasajero. El dispositivo electrónico fue eficiente para grabar conversaciones. ¿Cuántas veces Ignacio lo usó para grabar reuniones secretas y luego chantajear a Dios y al mundo con las conversaciones grabadas? Recibió dinero de muchos empresarios que pagaron sobornos para vender sus productos en Domményca.

Él sonrió e introdujo el dispositivo en el estéreo del automóvil:

– *¿Y qué te pedí?*

– *Tú, Denise, es la autora intelectual del secuestro de Ricardo Ferraz Dantas, hijo del empresario Leandro Dantas y Leticia Theodoro Ferraz.*

– *¡Grábate bien los nombres! ¿Y qué más?*

– *Quiere que tome medidas para convertir mi patio en el cautiverio del niño. Necesito alejar o despedir a mi cuidador y dejar que la gente de Jofre se quede allí al menos una semana. Debo proporcionar víveres y...*

– *¡Eso mismo!* – Ella aplaudió –. *Felicidades.*

Ignacio no cabía en sí de tanta alegría. Sabría cómo vengarse de Denise. Y no tardaría mucho.

CAPÍTULO 30

En el restaurante, mientras comían, Edgar empezó a cansarse de la rubiecita. Aunque hermosa, solo quería hablar sobre las cirugías plásticas a las que se había sometido en los últimos meses para estar con ese cuerpo escultural. Se había arrepentido amargamente de invitarla a salir.

En un momento, Edgar notó, dos mesas al frente, un grupo de conocidos que acababan de sentarse. Inmediatamente reconoció a Adriano y Patricia. Se disculpó y fue a saludar a la pareja.

– ¡Hola queridos!

Adriano se levantó y abrazó a su amigo.

– ¡Estás desaparecido!

– He estado saliendo mucho. ¿Cómo estás, Patricia?

– Bien – respondió ella, corta y seca.

– No saben a quién encontré aquí hoy.

– ¿A quién? – preguntó Adriano, curioso.

– A Denise.

– ¿En serio?

– En carne y hueso. Hablamos un rato, fue muy estúpida. Me enfrenté a ella, a pesar que escuché cosas desagradables de su boca.

– Denise siempre ha sido desagradable – dijo Patricia.

– ¿Sabes¡ Al fin me di cuenta y pisé tierra. No puedo imaginar por qué me arrastré junto a una mujer tan arrogante.

Adriano lo abrazó.

– Felicidades. La enfrentaste y ahora ya no estás atormentado por el fantasma de esta mujer. ¡Que seas muy feliz!

– Lo que más quiero es disfrutar. Traje a una chica rubia que conocí en Internet – señaló la mesa justo detrás.

– Hermosa – dijo Adriano.

– Y a ti, ¿qué te parece, Patricia?

– No encuentro nada.

– ¿Qué pasó?

– ¿Qué fue eso?

– Estás siendo grosera conmigo. ¿Te hice algo?

– Eres tan patético, Edgar. Siempre pensé en ti como un tipo formidable, un hombre fantástico. Siempre te he elogiado y Adriano es prueba de ello – su esposo asintió en sentido afirmativo, de arriba abajo –. No sé qué te pasó, porque desde hace un tiempo sales con una mujer tras otra, como si estuvieras jugando con muñecas. No creo que sea una buena actitud de tu parte.

– Es algo natural. Después de lo que pasé con Denise, me siento con derecho a disfrutar de la vida.

– ¿Y disfrutar de la vida para ti es simplemente salir con una mujer diferente cada noche? ¿Es esto?

– Sí.

– ¿Solo para alimentar tu ego? Después de tantas sesiones de terapia, ¿todavía no has aprendido a equilibrar y tratar de conocer a alguien que pueda amarte y ser correspondido?

– Eso no existe. Ya no voy a caer en la trampa del matrimonio. ¿Quieres hacer que dos personas se odien? Es solo hacer que se casen.

Habló y soltó una carcajada. Adriano iba a reír, pero ante la mirada de desaprobación de su esposa, bajó la mirada, avergonzado.

Marina apareció.

- Perdón por el retraso. Tomé el autobús equivocado y me dejó unas cuadras atrás. Edgar frunció el ceño.

- Me cambiaste por Marina. Ahora es Marina arriba y abajo.

- Al menos no nos avergüenza.

- ¿Qué es eso, Patricia? ¡Hey chicos! - preguntó él asombrado.

- Sí. Tú, siempre tan cariñoso, tan sensible, un marido fantástico, de repente te convertiste en esa gallina, solo para satisfacer tu ego enfermizo. ¿No te das cuenta que hay mujeres mucho más interesantes que esas rubias y morenas plastificadas llenas de botox? ¿No te das cuenta que puedes vivir una relación tan buena como la mía y la de Adriano? ¿Crees que todas las mujeres son como Denis? Pues entérate que no lo son.

- Hasta ahora, no he conocido a ninguna mujer que me haya atraído, si me preguntas. Un montón de tontas. Son buenos para la cama, nada más - hizo un gesto señalando de nuevo a la mesa en la que estaba sentado.

- Tu energía de semental atrae a ese tipo de mujer fútil, que no quiere comprometerse. Si realmente quisieras involucrarte con alguien que valiera la pena, tendrías que cambiar esa actitud de coqueteo barato. ¿Crees que todavía tienes diecisiete años? Ahora eres un hombre, deberías comportarte como tal. ¡Sé realista!

Adriano negó con la cabeza de lado. Patricia respondió:

- Vuelve a tu mesa y a tu divina rubia. Alimenta y satisface tu ego y deja que el amor verdadero fluya por tus manos. ¡Ciego!

- Bueno, me voy a mi mesa. No creo que sea bienvenido por aquí.

- Para nada - terminó Marina.

- ¿También tú? Creí que eras mi amiga.

- ¿Lo pensaste? - dijo ella sosteniendo su mirada -. Qué pena.

Edgar no entendió, se despidió con la mano y volvió a su mesa. Los tres se sentaron y Adriano susurró:

- Has sido muy duro con él. Sabemos cuánto sufrió. ¡Necesita divertirte!

- ¿Divertirse? - preguntó Patricia con incredulidad.

- El muchacho intentó suicidarse. Lloró y sufrió por amor. Tengamos una pizca de lástima.

- No siento pena por él - respondió Patricia -. Edgar no usa su imaginación de manera inteligente. La imaginación desenfrenada, sin control, puede causarnos serios problemas, no solo en esta encarnación, sino en vidas y más vidas por delante. Estoy de acuerdo en que la terapia lo ayudó. Al menos Edgar dejó de quejarse, dejó de llorar y sufrir.

- Eso es genial, ¿no?

- Hasta cierto punto, Adriano. Edgar ha estado haciendo esto durante meses. Coqueteó con todas las solteras de nuestro grupo de corredores. No puede ver una cola de falda que pronto le cae encima a la pobre. Eso no es la vida. Edgar siempre fue un hombre apasionado, nació para el matrimonio.

- Esta traumado por lo que Denise le hizo.

- No creo en las víctimas. Podemos elegir, estamos dotados de libre albedrío. Nadie obligó a Edgar a casarse con Denise.

- No olvides que quedó embarazada.

- ¡Sabrás de quién! Sabemos que Denise salía con todos los hombres del barrio. No se le escapó ni uno.

- A mí no me interesaba - respondió Adriano.

- Estábamos saliendo. Y nunca fuiste del tipo de Denise.

- Edgar tiene derecho a llevar la vida que quiera -. Marina se puso de pie.

- Voy al baño a retocar el maquillaje. Transpiré un poco al caminar la parada del autobús hasta el restaurante.

Se fue al baño y Patricia le dio un codazo a su marido.

– No estoy defendiendo la moral y los buenos modales. Sabes que no soy una hipócrita y acepto a las personas como son.

– Entonces deja a nuestro amigo en paz.

– ¿No te das cuenta – Patricia tomó un sorbo de guaraná y bajó la voz – que Marina está enamorada de Edgar?

– ¿Marina? – preguntó Adriano, asombrado.

– Sí. Ella se enamoró y...

– ¿Y por qué no se declaró?

– Mira a tu amigo. Solo quiere saber de juergas. Marina no es una mujer de juerga.

– ¿Por eso le dijiste hace un momento que estaba dejando que el amor se le escurra por sus manos? Ahora te entiendo, amor.

– Obvio, Adriano. Marina dio varias indirectas. Después de darse cuenta que Edgar se interesaba superficialmente por todas y cada una de las mujeres, prefirió quedarse callada.

– Necesitamos hacer algo, querida.

– El pobre se siente como el rey del coco negro. Quiere porque quiere salir con todas las mujeres del mundo.

– Vamos a arreglar esto – dijo Adriano y colocó su mano suavemente sobre la de su esposa. Patricia sonrió y lo besó en los labios.

– Sabía que podía contar contigo.

Marina regresó y se sentó. Estaba más guapa por el efecto de maquillaje, pero Patricia se dio cuenta que había llorado. Marina estaba enamorada de Edgar y era difícil reprimir ese amor.

– ¿Estás bien? – preguntó Adriano.

– Sí. Estoy cansada, pero bien.

– ¿Pedimos los platos? – sugirió Patricia.

– Yo no tengo mucha hambre.

– Necesitas comer. Estás muy delgada. Has trabajado mucho.

- Me alegro que los sábados acepte un pase. Si no fuera por el pase, creo que estaría en la cama.

- No es fácil tener una jefa como Denise.

- Definitivamente, Adriano.

- ¿Por qué no renuncias? preguntó.

- Porque la empresa ofrece un excelente seguro médico. No puedo pagar un plan de salud sola. Mi madre está enferma y necesita asistencia médica. No tengo el valor de dejarla en un hospital público.

- Entiendo - respondió Adriano, apenado.

- Podrías buscar otro trabajo que te pague más - sugirió Patricia.

- ¿Y la crisis económica? Es difícil encontrar trabajo.

- Difícil para quienes creen que es difícil - corrigió Patricia -. Nuestro país ya está prácticamente libre de los efectos de la crisis mundial. Hay trabajo, sí.

- ¿Crees que soy conformista?

- De ninguna manera; sin embargo, te sientes víctima de la situación, como si Denise fuera el lobo feroz y tú la pobre chica indefensa que no puede liberarse de ella.

- Esta no es la forma de hablar con tu amiga - protestó Adriano.

- Por eso mismo. Ella es mi amiga. Los amigos dicen la verdad. Marina se está dejando llevar por el victimismo, paralizada por un miedo imaginario, solo tiene pensamientos negativos y no toma ninguna medida. Sé que el mundo se enfrenta a una crisis económica muy grave, pero nuestro país lo está haciendo muy bien. Los trabajos están creciendo en la industria y yo, en particular, creo que cualquiera que realmente quiera conseguir un trabajo lo conseguirá.

- Veo las noticias en la televisión y me asusta.

– Porque estás impresionada negativamente por la noticia. Mira cuántas personas están sentadas aquí, en este gran restaurante, comiendo y pagando sus cuentas. Creo que todos aquí están empleados. Todos trabajan. ¿Crees que no hay ninguna vacante para ti en una ciudad que alberga a diez millones de personas?

– Creo que sí.

– Tú eres competente, Marina. Ya te pedí tu CV varias veces. Tengo una buena red social y profesional de amigos. Quién sabe, es posible que alguien te ofrezca un buen trabajo, con mejor salario y mejor atención médica. ¿Por qué solo pensar en lo peor?

– Así es – asintió Adriano –. ¿Por qué piensas que vas a conseguir un trabajo más pequeño y ganar un salario más bajo? ¿Por qué no crees en tu potencial y buscas algo mejor? – Patricia agregó:

– No tiene sentido dar un paso y cultivar esos pensamientos que solo aterrorizan y paralizan nuestra mente. Tienes que reaccionar, Marina. Necesitas empezar a cambiar tus conceptos, repasat tus creencias y actitudes hacia la vida. Eres una mujer fuerte y trabajadora, que nació pobre, vivió muchos años en la pobreza absoluta. Lograste terminar tus estudios, estás terminando sus estudios de posgrado, hablas varios idiomas. Después de todo lo que ha pasado en la vida, ¿tiene miedo de cambiar de trabajo?

Adriano intervino:

– Para aquellos que han tenido que pasar necesidades en la vida, como el hambre y la sed, que es tu caso, ir tras un trabajo no es una bestia de siete cabezas.

Marina asintió. Se movía hacia arriba y hacia abajo, coincidiendo con todo. Patricia propuso:

– Hagamos lo siguiente: pásanos tu CV a Adriano y a mí. Enviaremos algunos e-mails a amigos, difundiéndolo, entre nuestros conocidos, hasta que en un momento determinado alguien lea, se interese y te llame para una entrevista. Vas a ver, amiga mía, créame. Confía en la vida.

Mientras hablaban, Marina sentía cada vez más una deliciosa sensación de bienestar. La amistad de Adriano y Patricia le estaba haciendo tremendamente bien y ella, por primera vez en mucho tiempo, estaba empezando a crear la fuerza para actuar en relación con su trabajo actual.

Estaba tan absorta e interesada en la conversación que, por ahora, olvidó el fuerte sentimiento que tenía por Edgar.

CAPÍTULO 31

Marina apenas logró pegar un ojo esa noche. La conversación de trabajo que tuvo con la pareja de amigos la había animado mucho. Se animó a enfrentar la rudeza de Denise. Una voz amistosa sonó en su oído:

- Ten coraje y fuerza. Haz lo que tu corazón crea mejor.

Marina escuchabva la voz como si se hablara a sí misma:

- Nunca me gustó trabajar con Denise. Me quedé porque el trabajo es bueno, los empleados son excelentes y me ofrecieron un buen plan de atención médica. Estoy cansada que me maltraten.

- Cultiva pensamientos positivos. Mantente bien. No te mezcles con las energías dañinas que emanan de Denise o Ignacio. Confía porque tienes todo para vivir una vida plena y feliz.

- Necesito confianza. Soy buena persona. Quiero el bien para mí y para mis amigos. Ya no aceptaré más ser pisoteada frente a mis colegas. No lo haré.

Leonidas aprovechó el momento y le transmitió a Marina un pase reparador. Poco a poco, perdió el conocimiento, el sueño se hizo fuerte y se quedó dormida.

- Qué chica tan linda.

- ¿De veras lo crees, Emerson?

- Sí. Estaba un poco preocupada por el trabajo, pero luego calmaste su espíritu. Duerme como un ángel.

- Marina necesita recargar sus energías. Necesita estar en equilibrio para hacer frente a lo que se avecina.

– Ya hicimos esto con mi hija, con mi yerno... –. Emerson negó con la cabeza –. ¿Qué pasará que yo no sepa? No estás visitando a todas estas personas en este momento.

– No. Muchos eventos están por venir y transformarán en gran medida la vida de esta chica – señaló a Marina – así como la tu tu hija, yerno y nieto.

– ¿Qué sucederá?

– Espera y verás.

– ¡No me gustan los secretitos!

– Hablando de secretitos, ¿te gustaría acompañarme, por favor?

Emerson se encogió de hombros, sonrió al cuerpo de Marina tendido en la cama y siguió a Leonidas a otra habitación de la casa. Era la habitación de Consuelo. Estaba durmiendo, pero su periespíritu estaba agitado. Su mente estaba muy confundida, agitada, triste, preocupada...

– Vaya, está muy tensa, preocupada.

– Esta es la madre de Marina.

– Hum... Sus pensamientos están agitados. Su mente está acelerada. Se despertará con el cuerpo destrozado, sintiéndose cansada.

– En los últimos días Consuelo se ha estado despertando así, tensa, preocupada. No sé cuánto más resistirá su cuerpo físico. Muestra claros signos de agotamiento.

– ¿Qué podemos hacer?

– Darle un pase. ¿Me ayudarás Emerson?

– ¡¿Yo?!

– Sí, tu mismo. Es hora que hagas algo bueno por la gente de este mundo. Estabas perdido, inconsciente, luego pasaste años influyendo negativamente en tu hija y atormentaste a tu yerno sin medida.

– ¿Ahora me arrojarán en la cara mis errores?

– De ninguna manera. Deja de comportarte como un pobrecito, porque, de víctima, no tienes nada –. Leonidas bajó la mirada: – Te conozco muy bien.

– Nunca antes había hecho esta transmisión de energía.

– Es fácil. Simplemente concéntrese, levante las manos, tome la energía de lo alto y luego coloca las manos unos centímetros por encima de su periespíritu. ¿Vamos a intentarlo?

– Puede ser.

Leonidas se frotó las manos y las levantó. Emerson hizo lo mismo. Pronto los dos estaban transmitiendo energías de equilibrio y recuperación a Consuelo. Gradualmente, su periespíritu se volvió menos agitado y su mente se calmó un poco.

– ¡Mira qué bien funcionó! – se alegró Emerson.

– Consuelo tendrá un sueño reparador, al menos esta noche.

– Y ahora, ¿qué vamos a hacer?

– Todavía estaremos aquí, solo un poco más –. Leonidas se acercó a Emerson y le preguntó:

– ¿No te acuerdas de ella?

– No.

– ¿Estás seguro? Mira con más calma –. Emerson entrecerró los ojos.

– No. No tengo la menor idea de quiénes son.

– No te haré volver a otras vidas, pero ¿vamos a recordar algunos hechos de esta última encarnación?

– ¡Por fin tendré acceso a una vida pasada!

– Negativo. Volvamos a unas cuantas épocas de la última, de cuando estaba casado con Teresa y eras padre de Leticia.

– ¿Y de qué sirve recordar esa vida? ¡Lo recuerdo todo!

– ¿Todo?

– Sí. Nací en 1949, fundé la Compañía en 1971, me casé con Teresa en...

Leonidas se acercó y puso su mano derecha sobre la frente de Emerson. Se sintió entumecido, las imágenes parpadeaban en su mente. De la mano de Leonidas salió una luz de color amarillento. Emerson cerró los ojos y las escenas volvieron a ser vibrantes, muy claras.

* * *

Consuelo era una hermosa negra de unos veinte años cuando fue a trabajar en la casa de Emerson. Él había alquilado un departamento en São Paulo, vivía más en São Paulo que con su familia en Rio. Era una época de hiperinflación, precios descontrolados, economía caótica. Necesitaba adelantarse en los negocios para no ir a la quiebra, como sucedía con los competidores menos preparados para afrontar las constantes crisis económicas por las que atravesaba el país a principios de los años ochenta.

Emerson trabajó mucho, eso no lo podía negar, hizo todo lo posible para mantener a la Compañía estable en el mercado. El trabajo lo consumió hasta tal punto que pasó del apartamento al trabajo y viceversa. Era un momento en el que ni siquiera podía pensar en tomarse un descanso y divertirse, como hacían algunos amigos.

Consuelo trabajaba en el apartamento tres veces por semana. Había sido referida por una amiga que tenía tres días libres. Ella aceptó de buena gana y se echó el trabajo a la espalda. Después de todo, solo una persona vivía en el apartamento y Emerson solo lo usaba para dormir. Fue muy fácil limpiar las habitaciones, ya que siempre estaban en orden.

Un día, Emerson llegó temprano del trabajo. Hubo mítines, confusión y muchos sectores de la sociedad, cansados de enfrentar una inflación masiva, se declararon en huelga. Los empleados de su empresa también se unieron al movimiento y no tenía otra alternativa: tenía que regresar a casa antes del final de la jornada laboral.

Consuelo estaba fuera. Ella lo saludó.

– ¿Estás conforme con el servicio?

– El apartamento siempre está limpio.

– ¿Me queda algo por hacer? ¿Quieres que cocine algo?

– No. No es necesario.

– Ah – dijo alegremente – Compré todo lo que puso en la lista. Aproveché y también compré algunas frutas y verduras. Las manzanas estaban bonitas, la lechuga estaba muy fresca. ¿Quiere ver? Están aquí en el estante. Consuelo abrió el frigorífico y se inclinó hacia delante. Naturalmente, el vestido se subió y Emerson se encontró con un par de muslos esculturales.

– ¡¡Caramba!! – silbó.

– ¿Qué pasó sr. Emerson? ¿Compré muchas manzanas? – preguntó, sin imaginar que la estaba midiendo de arriba abajo con ojos de pura lujuria.

Emerson no se había acostado con una mujer durante meses. Solo él, en Rio de Janeiro se acostó con su esposa y unas chicas que conoció en bares. El deseo era fuerte. La abrazó por detrás y le murmuró al oído.

– ¡Estoy loco de deseo!

Consuelo se dejó entregar. Ella era una mujer seria. Se había casado a los catorce años, tenía un hijo. Había vivido una vida infeliz y dura. Su marido la había abandonado y ella llevaba un tiempo viviendo en la capital. Nunca había pensado en salir con otro hombre, pero ella era una mujer de carne y hueso, tenía deseos. Cerró los ojos, gimió de placer y se entregó a él, allí mismo, en el suelo de la cocina.

Entonces así fue pasando el tiempo. Cada semana, Emerson encontraba la manera de llegar temprano a casa y acostarse con Consuelo. Se llevaban muy bien en la cama. Él era muy varonil y ella extremadamente femenina. Hacían travesuras en la cama. Hasta que quedó embarazada.

– Vas a tener que sacarte a ese niño – dijo de manera inoportuna.

- No haré eso. No me sacaré a este niño.

- No quiero un hijo.

- Pues yo quiero.

- ¿Para qué? - Preguntó enojado -. ¿Para chantajearme?

Consuelo era una mujer ingenua, tenía un corazón puro. Nunca imaginó quedar embarazada para aprovechar la situación.

- ¡Me ofendes! No quiero nada de ti, nada - gritó mientras las lágrimas rodaban incontrolablemente.

Emerson se dio cuenta que Consuelo estaba siendo sincera. Ella no era una cualquiera. No se protegían, ya que en esos tiempos no era habitual usar condones.

La abrazó y se llevó su cabeza al pecho.

- ¡Shh! Calma. Todo va a salir bien.

- ¿Cómo? Soy pobre, vivo en un cobertizo. Tengo un hijo adolescente que me da mucho trabajo. No puedo cuidar de este niño solo. Por favor, ayúdame.

Por lástima, Emerson decidió ayudarla. Cogió algo de dinero del banco, suma en ese momento era suficiente para que Consuelo comprara una casa y tuviera unos ingresos razonables. Dos semanas después, le entregó el sobre con la siguiente condición:

- Espero que esto te ayude. No tenemos nada más de qué hablar.

Ella tomó el fajo de dinero con las manos temblorosas. Bajó la cabeza, rodó sobre los talones y se fue. Nunca se volvieron a ver. Consuelo no volvió a buscarlo. Y, a lo largo de los años, aparecieron otras mujeres. Emerson olvidó y nunca quiso saber sobre el paradero de Consuelo. Era una cuestión del pasado, muerto y enterrado.

Emerson pareció salir de un trance.

- ¿Qué fue eso? - preguntó, sintiéndose un poco inquieto, su respiración jadeante.

– ¿Ahora te acuerdas de todo?

– ¡Dios mío! ¡Cuántos años! Era joven.

Leonidas señaló la cama donde Consuelo dormía profundamente. El pase le ayudará a desconectarse un poco de la mente atormentada por tantos problemas y preocupaciones.

– Ella también era joven. Una joven muy bella y fogosa –. Emerson miró, miró y, poco a poco, empezó a reconocer a esa mujer.

– ¡Pero no puede ser! ¿Es esta la mujer que quedó embarazada?

– Sí.

– Está vieja, acabada.

– No está vieja, pero está muy acabada. Los años no le sonreían. Consuelo tuvo una vida dura, sufrió y aun sufre por la locura de su hijo, perdido en este mundo de Dios. Tuvo una hermosa niña y, si no fuera por Marina, habría fallecido hace muchos años.

Emerson se tapó la boca con la mano para evitar un gemido de sorpresa.

– ¡Tuvo al hijo!

– El hijo, no. La hija.

– Estás tratando de decirme...

Leonidas movió la cabeza arriba y abajo.

– Esa chica de la otra habitación es tu hija –. Emerson puso su mano sobre su cabeza.

– Han pasado tantos años... Nunca me hubiera imaginado que ella estuviera viva y que tuviera el hijo.

– Tuvo a la niña y luego compró este apartamento con el dinero que le diste.

– Pensé que podría estar bien, después de todo, le di una buena cantidad de dinero en ese momento, suficiente para que dejara de trabajar si quería.

– Consuelo usó su cabeza. Compró este apartamento e invirtió el dinero en una cuenta de ahorros. Pero sabes cómo la economía del país ha atravesado altibajos. Hubo un gobierno que confiscó los ahorros de todos los ciudadanos.

– Recuerdo esa época horrible. La suerte es que convertí mi dinero en dólares. Guardé los dólares en la caja fuerte de la empresa. Si no hubiese hecho eso, podría haber quebrado.

– Consuelo perdió el poco dinero que tenía. Marina se ha convertido en una niña responsable. Trabajó desde muy joven, estudió, completó su curso de inglés y español. Actualmente está haciendo su postgrado. Es una chica competente, tiene visión para los negocios, al igual que su padre.

Emerson sintió un dolor sin igual en el pecho. Su espíritu despegó y literalmente voló a la habitación de Marina. Se detuvo frente a ella y la miró fijamente durante mucho tiempo.

Ella dormía plácidamente y él, con lágrimas en los ojos, movió la cabeza hacia los lados, contemplando ese ser que había sido generado por él.

– Mi hija. ¡Mira esa hermosa morena!

– Muy bonita. Y de corazón puro, como la madre. Marina es un espíritu conectado con las fuerzas del bien.

– ¿Qué le pasará? Me acabas de decir que su vida cambiará mucho.

– Marina está a punto de ser despedida. El seguro médico la cubrirá por un mes más. Después de eso, Dios sabe lo que pasará.

– Necesito hacer algo. Necesita saber que yo soy su padre, que tiene derecho a parte de mi herencia.

– Por eso te traje aquí. Dependiendo de tu esfuerzo y de la voluntad de Consuelo, quizás el futuro de Marina sea diferente. ¿No te gustaría ayudarla?

– ¡Pues claro! Pero ¿y Teresa? Mi esposa está muy apegada al dinero. Puede meterse en problemas, pagar excelentes abogados y alargar el caso en los tribunales.

– No lo hará. Teresa sufrirá mucho por lo que se avecina. Siento que su espíritu madurará, superará su ilusión y aceptará pasar parte de su herencia a Marina.

– Me dejas preocupado. Dime que va a pasar.

– No. Ahora debes concentrarte en ayudar a Marina a conocerte.

– Pero ¿cómo? ¿Quieres que me incorpore en un Centro Espírita y le diga la verdad?

– Eso no se hace.

– No puedo imaginar cómo voy a hacerles saber la verdad.

– De pie junto a Consuelo. Inspirándole buenos pensamientos. Intenta convencerla que le diga la verdad a su hija.

– ¿Marina no tiene la menor idea de quién es su padre?

– Consuelo dijo que era un novio. Que desapareció cuando se enteró del embarazo. Al menos no le mintió a su hija. Solo no dijo quién fue el hombre que la había dejado embarazada.

– Realmente es una mujer de fibra, decente, honesta y trabajadora. No le importaba mi dinero.

– Y si no estuviéramos aquí, nunca pensaría en decirle la verdad a Marina. Consuelo está aterrorizada que su hija la rechace. Tiene miedo que Marina se vaya, al igual que Jofre. Su vida en la Tierra está con los días contados. Sin embargo, si desencarna y no se lo cuenta, sufrirá mucho aquí en el astral. Siento que su espíritu estará tan alterado que acabará en el Umbral.

– ¿En ese lugar donde está la gente perturbada?

– Ese mismo. ¿Y sabes qué? Si te quedas aquí por un tiempo, también serás transportado a Umbral.

Los ojos de Emerson se abrieron de asombro.

– He escuchado comentarios horribles sobre ese lugar. Tú que conoces tantos lugares astrales, ¿de verdad puedes decirme si ese lugar es tan malo?

– Como dice nuestro querido amigo André Luiz, el Umbral funciona como una región destinada a agotar el desperdicio mental; una especie de zona purgatoria, donde se quema el material deteriorado de las ilusiones que la criatura adquirió al por mayor, descuidando la sublime oportunidad de una existencia terrena.

Emerson tuvo escalofríos por todo el cuerpo.

– Ya puedo imaginarlo cómo es.

– Bueno, amigo mío. Eres un espíritu afortunado. Si yo no estuviera cerca y continuaras influenciando a tu hija, naturalmente te llevarían allí.

– Eso no sucederá. Yo no quiero. ¿No basta que me siente mal aquí entre estos encarnados?

– Te sientes enfermo porque quieres. Tan pronto como desencarnaste, recibiste una visita para ir a recibir tratamiento en una colonia espiritual, ¿no es así?

– Así es. Me llamó un familiar, no lo recuerdo con seguridad. Pero preferí quedarme aquí porque tenía que advertir a mi hija y...

Leonidas lo cortó con firmeza.

– ¡Basta! No traigamos recuerdos desagradables al entorno. Tu aura está limpia. La casa está desinfectada y si empiezas a pensar por qué te quedaste en la Tierra después de tu muerte, desequilibrará energéticamente el ambiente. Así que sin pensamientos negativos.

– Entiendo – respondió Emerson, avergonzado.

– Quédate aquí hasta que despierten. Yo necesito salir.

– ¿Y qué hago?

– Trata de tener buenos pensamientos. Ha llegado el momento de ejercitarse para mejorar el contenido de tus pensamientos.

– ¿Cómo?

– Si aparecen pensamientos desagradables o malos, intenta convertirlos inmediatamente en algo bueno, positivo. Viviste muchas cosas buenas, tuviste una vida difícil, lo sé, pero tuviste éxito. Eras un hombre respetado, un exitoso hombre de negocios.

Emerson asintió.

– Así es.

– Construiste una empresa sólida. Generaste puestos de trabajo que han ayudado a prosperar a muchas familias. Tienes una hija, es decir, dos hermosas, buenas hijas, de alma noble. Piensa en esas cosas buenas. El resto no importa.

Emerson sonrió.

– Es verdad. ¿Por qué diablos voy a pensar cosas malas? Tienes razón – se animó. Déjamelo a mí, cuando regreses, esta casa estará radiante, llena de energías beneficiosas que les irá tremendamente bien a las dos.

– Gracias. Nos vemos más tarde.

Leonidas habló y desapareció en el aire. Emerson fue a la sala de estar y se sentó en el extremo del sofá. Mientras Consuelo y Marina dormían profundamente, él trajo los recuerdos más felices de su última existencia en el planeta.

De repente, hubo un destello y su memoria volvió a una encarnación pasada. Emerson se veía a sí mismo como un noble portugués que vivía en una mansión, en la época del Imperio. Estaba casado con Leticia, una hermosa joven que había perdido a su prometido en la Guerra del Paraguay. A Leticia no le agradaba su marido. Se casó porque sus padres la obligaron. Si solo tuviera la presencia de su prima... Pero Mila se había escapado con un extranjero y se correspondían por cartas. Leticia se ocupaba de la casa y tenía un ama de llaves. Consuelo hacía bien el trabajo, era una mujer de principios. Tenía una hija, Marina, una niña mimada y fútil que odiaba ser pobre.

Un día, Marina sorprendió a Emerson acostándose con uno de los esclavos, Josías. La chica se escabulló por el pasillo y se quedó escondida en un rincón, esperando que terminaran de amarse. Si la bisexualidad hoy en día es algo que aun es complejo de entender y aceptar, imagínense hace ciento cincuenta años. Los estándares morales eran mucho, mucho más estrictos y si esta preferencia de Emerson por los chicos se hiciera pública, sería el final.

Emerson terminó de vestirse y cuando se fue, Marina estaba de pie frente a él, con los ojos brillantes de codicia.

– Vi lo que hiciste –. Emerson le dio una bofetada en la cara.

– Eres descarada, lo negaré todo. Soy noble, eres la hija del ama de llaves. ¿Quién te va a creer?

Marina sonrió.

– Josías también es mi amante. Estamos decididos a revelar su preferencia – enfatizó.

Emerson palideció. Si Marina y Josías hacían eso, sería un escándalo sin precedentes.

– ¿Que quieren?

Marina exigió una buena suma de dinero. Luego se escapó con el esclavo.

Años más tarde, en el Umbral, se volvieron a encontrar. Marina había lamentado amargamente de la actitud tomada. Se sintió mal por chantajear a Emerson. Se había arrepentido mucho y llorabva por perdón.

Emerson volvió en sí y miró a su alrededor.

– ¡Dios mío! ¡Los tres vivimos juntos en otras vidas!

Se quedó allí en el sofá, pensando en todo, esta última vida y los destellos que vinieron de la anterior. Después de mucho pensar y reflexionar, Emerson se dijo a sí mismo:

– Todos hemos cambiado mucho. Entiendo por qué Marina tuvo una vida tan difícil. Pero ahora todo será diferente. Su espíritu ha aprendido la lección y cosechará buenos frutos. ¡Que Dios la ayude!

CAPÍTULO 32

Marina se despertó sintiendo un tremendo bienestar. Ella estaba de buen humor, su cuerpo había descansadoa, su mente tranquila.

– ¡Pucha! ¡Hacía cuánto tiempo no dormía tan bien!

Bostezó, se desperezó y se levantó de la cama. No era un día de entrenamiento, así que podía levantarse un poco más tarde. Caminó hasta el baño y pasó primero por la habitación de su madre. Consuelo dormía y su rostro parecía sereno. Marina sonrió y se fue al baño. Abrió la ducha y, mientras el agua tibia caía sobre su cuerpo, recordó los acontecimientos de la noche anterior.

A Marina le había gustado Edgar desde el primer momento. Anteriormente se había prometido a sí misma que nunca volvería a enamorarse, después de lo que había pasado con su ex novio. Pero, ¿quién dice que gobernamos en el corazón? Incluso podemos intentar reprimir nuestros sentimientos, pero el amor es más fuerte que cualquier otra cosa; es como una apisonadora que supera todas las desilusiones, todas las heridas. Es como un tsunami que se apodera de nuestros cuerpos y abre nuestro corazón a vivir de nuevo, arriesgando nuestros sentimientos, apostando de nuevo por una posibilidad real de felicidad.

Marina se dio cuenta que ya no quería luchar contra su corazón. Buscaría a Edgar para charlar y ser sincera. Lo peor que podría pasar sería que dijera que en ese momento no quería nada.

– Así dejo de alimentar ese sentimiento y paso a otro. Es mejor así. No me gusta estar en la valla – dijo, luego de cerrar el grifo y comenzar a secarse.

La joven apartó sus pensamientos con las manos y su mente trajo otro tema: la conversación que había tenido con Patricia y Adriano en la cena la noche anterior.

- Son buenas personas. Me ayudaron con consejos muy interesantes sobre el trabajo y la actitud ante la vida. Los pases me han hecho un tremendo bien, al igual que la carrera, y estas nuevas amistades, ya sea con ellos o con Elisa. Lo único que tengo que hacer es trabajar en esta mala relación con Denise. Nada más - concluyó.

Marina empezó a cuestionar sus valores, su actitud hacia el trabajo, hacia Denise, hacia la vida, incluso. Creía que las personas temerosas y con baja autoestima profesional se dejaban liderar y maltratar por jefes como Denise, esparcidos por varios rincones de empresas nacionales y alrededor del mundo. Por otro lado, había buenos jefes, buenos profesionales que reconocían el talento de sus empleados y los trataban con un mínimo de cordialidad, con una pizca de educación.

Marina pensó, pensó y decidió que la próxima vez que Denise la maltratara, pediría su renuncia. Necesitaba acabar con esta relación profesional, que era tan agotadora, y por qué no decirlo, degradante.

- Marina, ¿estás despierta? - preguntó Consuelo, desde su habitación.

Se envolvió en una toalla y usó otra para secarse y atarse el cabello.

- Sí, mamá.

- Nos quedamos dormidas.

- No, hoy no es el día de los entrenamientos. Podía despertarme un poco más tarde -. Habló desde el pasillo y luego entró a la habitación. Se sentó en el borde de la cama, se inclinó y besó a Consuelo en la mejilla.

- Dormí muy bien, mamá. Qué sueño tan reparador.

– Ni me lo digas. Yo también. Me fui a dormir preocupada, pero me desperté muy bien.

– ¿Preocupada de qué?

– No sé. Sigo pensando con mis botones sobre la venta del coche. No dio casi nada.

– Estaba a punto de darles el coche a los chicos del garaje. Eso es prácticamente una chatarra. Y me dieron mil quinientos reales. No contaba con ese dinero, mamá. Lo puse en ahorros. Al menos, tenemos dinero para emergencias.

– Eres tan positiva.

– ¿Y por qué no serlo? Vivimos en esta casita, está bien que sea muy estrecha, pero es nuestra, mamá. Tenemos un techo, tengo un buen trabajo, nuestras cuentas están al día...

– Eres muy trabajadora, hija. Haces mucho por mí. Ni siquiera sé cómo agradecerte –. Marina volvió a besarle la frente.

– No tienes nada que agradecerme. Eres mi querida madre y te quiero mucho.

– Yo también te amo, hija mía.

– Ahora necesito irme. Tengo que prepararme rápidamente y tomar el metro y el autobús. Dios me ayude a llegar a tiempo.

Marina salió de la habitación y fue a cambiarse en su habitación. Consuelo se mordió el labio con cruel duda.

Emerson estaba conmovido. Sentía cuánto Marina amaba a su madre, como era una chica trabajadora y con un espíritu ligado a las fuerzas superiores del bien. De vez en cuando, cuando hablaba con su madre, su aura emitía un color cercano al lila. Parecía estar en paz consigo misma y ser una persona real, de buen corazón. Ya no se parecía a la chica sin escrúpulos que lo había chantajeado en otra vida. El espíritu de Marina había lamentado sinceramente ese comportamiento tan malo para ella y para los que la rodeaban. Había aprendido mucho, ya sea en los años que pasó en Umbral o ahora en esta vida que había sido tan difícil. Emerson sintió una tremenda simpatía por la niña.

– Qué hermosa es y ahora, de hecho, tiene un corazón puro. Se parece mucho a Consuelo cuando nos conocimos.

Tan pronto como Marina salió de la habitación de su madre, Emerson captó los pensamientos de duda que rondaban la mente de Consuelo.

– Si digo la verdad, Marina se decepcionará de mí. No puedo permitir que eso suceda.

Se acercó y sintió lástima por la pobre mujer. Se acercó y le susurró al oído:

– Di la verdad.

Consuelo captó la voz de Emerson como si estuviera en su cabeza. Él respondió en voz alta:

– No puedo decir la verdad. Si le digo, Marina desaparecerá como Jofre. Si él desapareció después de enterarse, ¿por qué Marina lo haría de manera diferente?

– Porque ella no es como Jofre – comentó Emerson –. Marina es una buena chica, tiene un corazón puro y está llena de amor por ti. Si le dices toda la verdad, sus vidas pueden transformarse positivamente. Tendrán dinero para comprar una casa mejor. Marina podrá estudiar otros cursos sin depender de un trabajo. Ella será una persona independiente, rica y, por lo que me siento muy feliz. ¿Por qué robarle a tu hija esta nueva y fascinante posibilidad de vida?

– Me temo que se enterará.

– Consuelo, ya no te quedarás mucho más tiempo aquí en el planeta. Tu existencia está llegando a su fin. Tu cuerpo físico está al límite de sus fuerzas. Actúa con el corazón, no dejes que tu ego interfiera en una decisión tan importante. No te lleves ese secreto a la tumba, por favor.

Las lágrimas corrían por su rostro y Consuelo estaba desesperada. No sabía qué hacer. Su corazón le pidió que dijera toda la verdad. Sin embargo, el miedo y la desesperación eran mucho mayores.

– ¡Señor! ¡Ayúdame, por favor, dame una salida!

El tráfico de São Paulo es conocido en todo el país por tener embotellamientos de un kilómetro de largo y perturbar la vida de muchas personas. Esa mañana, para variar, hubo un accidente en el paseo marítimo de Tietê. Marina y el resto de la población no contaban con el tamaño de la congestión. Y llegó tarde al trabajo.

Denise estaba sentada en su silla. Ella se asustó.

– ¿Qué hace en mi escritorio?

– Vine a echar un vistazo – dijo Denise, con los ojos inyectados en sangre de furia.

Marina trató de recomponerse. Sudaba mucho, había estado atrapada en el autobús durante mucho tiempo.

– Llegué tarde debido a la congestión y... – Denise la interrumpió abruptamente.

– ¡Mira allí! Poner de excusa el tráfico congestionado en esta ciudad está de más. No sirve. Sabemos que São Paulo vive con sus carreteras embotelladas. Sal de casa temprano.

– Lo hice. Bien temprano. Es que...

– Sin explicaciones. Estoy harta de tus tontas excusas.

– No son excusas y...

– ¡Cállate! Ya no soporto escuchar tu voz – gritó Denise.

Denise había estado incontrolable durante unos días. A medida que se acercaba el día del secuestro, se ponía aun más nerviosa y ansiosa. Si era un animal en días normales, ahora prácticamente se estaba comportando como un monstruo. Nadie más tuvo paciencia con ella. Los vecinos habían firmado la petición para que saliera de la casa, ya que encendía la radio al máximo volumen y no respetaba el horario, nada. Algunos proveedores se sintieron irritados por su comportamiento. Muchos comenzaron a cancelar pedidos y trabajar con otra empresa de la industria, cuyo gerente era un tipo mucho más amable y profesional.

Denise estaba simplemente irascible. Marina trató de argumentar:

– Llegué tarde porque había mucho tráfico. Lo que importa es que llegué. Estoy aquí, ¿no? ¿Qué necesita?

Denise no esperaba una actitud tan firme. Estaba acostumbrado a ver a Marina bajar la cabeza y no responder. Se puso de pie de un salto y casi avanzó sobre la muchacha. Los empleados estaban estáticos. Esperaban lo peor.

Con su dedo levantado, casi tocando la cara de Marina, Denise explotó:

– Mira, insolente. ¿Quién crees que eres? Soy tu jefe y exijo respeto.

– Soy su empleado y también exijo respeto. Ya no permitiré que me trates como si fuera cualquiera.

– ¿Qué te pasa?

– Yo tengo dignidad.

– ¿De la noche a la mañana decidiste enfrentarte a mí?

– No la estoy enfrentando. Solo quiero que me traten bien.

Denise respiró hondo y cerró los ojos para no abofetearla allí, frente a todos. Necesitaba tener el control total de la situación.

– Puedes pasar de inmediato por el departamento de Recursos Humanos. Estás despedida. ¡Entendiste! ¡Des-pe-di-da!

Marina se llevó la mano al pecho.

– ¿Despedida? ¿Solo porque no incliné mi cabeza ante ti?

– ¡Y puedes irte ahora! Ni siquiera tiene que cumplir con un aviso previo. Estoy harta de verte la cara de pobrecita. ¡A la calle!

Ella gritó, se dio la vuelta abruptamente y se dirigió a su oficina. Cerró la puerta con tremenda fuerza. Algunos funcionarios se acercaron a Marina. Elisa fue al comedor a buscar un vaso de agua con azúcar. Se acercó apurada y se lo entregó a su amiga.

– Gracias – dijo Marina, tomando un sorbo –. Estoy bien, por increíble que parezca. Ya esperaba esto, iba a suceder tarde o temprano.

– La empresa paga el seguro médico. ¿No era esa la razón para aguantar las fechorías de esta mujer?

– Lo sé, Elisa. Pero ya no podía soportar más esta situación. Soy una persona que merece respeto. Respeto y exijo lo mismo de los demás.

– Es que me preocupo por la salud de tu madre.

– Lo sé, pero vendí el auto, tengo algo de dinero. Tengo un poco más de dinero ahorrado.

Un joven se acercó y la tranquilizó:

– Tómalo con calma, Marina. Trabajo en Recursos Humanos e informaré al equipo médico de tu salida solo dentro de un mes, como si estuvieras cumpliendo con un preaviso. Marina se conmovió:

– Gracias, Paulo. Eres muy amable. Muchas gracias.

– No hay forma, Marina. Eres más competente que la arpía de allí – señaló la oficina de Denise.

– Así es. Eres competente y, sobre todo, carismática – corrigió Elisa.

– Encontrarás un trabajos fácil, fácil – añadió Paulo. Marina se sintió conmovida por el gesto de Elisa. La abrazó con cariño.

– Sé que siempre puedo contar con tu amistad.

– Siempre – respondió Elisa –. Eres una excelente amiga y una gran profesional.

De esta forma Marina se sintió rodeada por una ola de entusiasmo y serenidad. Se seEstaba muy bien consigo misma, ni siquiera parecía haber sido despedida. Se despidió de los empleados de su área, uno a uno, y Elisa la acompañó a Recursos Humanos. Marina firmó los papeles y Paulo la tranquilizó:

– Quédate tranquila en cuanto al seguro médico.

– Realmente lo necesito, Paulo. Mi madre siempre está enferma.

– Lo superarás. Eres una buena persona y a la gente buena siempre le va bien en la vida.

Ella estaba sinceramente conmovida. Apenas conocía al chico de Recursos Humanos. Ella le estrechó la mano y le dio las gracias.

– Gracias, Paulo. Tú y Elisa son personas con las que vale la pena compartir y fortalecer los lazos de amistad. Nunca olvidaré lo que hicieron hoy por mí.

Se despidió del chico, luego Elisa la acompañó a su escritorio. Marina tomó sus pertenencias, las metió en una caja de cartón y salió acompañada de un guardia de seguridad de la empresa. Elisa sacó un poco de dinero de su bolso y discretamente colocó el puñado de billetes en su mano.

– ¿Qué es eso?

– Un dinerito.

– No es necesario...

Elisa le susurró al oído:

– Para taxi. No cargarás esa pesada caja en el autobús. Anda, cualquier día, me pagas.

Tan pronto como salió a la calle, Marina, con los ojos llorosos, miró hacia arriba y oró.

– Gracias, Dios mío, por estar a mi lado. Que nunca me abandonas. Confío en tu fuerza y sé que pronto mi vida mejorará.

Luego pidió un taxi. Le dio al conductor la dirección de casa y sonrió. Estaba segura que lo iba a superar.

Cuando llegó a casa, Consuelo se asustó. Estaba sentada frente al televisor, viendo un programa femenino, escribiendo la receta del sabroso pastel que la presentadora acababa de sacar del horno.

— ¿Qué haces en casa tan temprano? ¿Se han declarado en huelga?

— Me despidieron, mamá. Consuelo se llevó la mano a la boca.

— ¡No puede ser! Necesitabas, quiero decir, realmente necesitábamos ese trabajo.

— Lo sé, mamá. Pero ¿qué hacer? Mi jefe hoy fue insoportable. Me avergonzó delante de otros empleados. Todo fue muy inesperado, muy triste, muy vergonzoso.

Habló y dejó la pesada caja sobre la mesa de la cocina. Consuelo se levantó con dificultad y la siguió.

— ¿Y el seguro médico?

— El chico que trabaja en Recursos Humanos mantendrá el convenio hasta el próximo mes. Tenemos treinta días de cobertura.

— ¿Y después?

— Entonces, si todavía estoy desempleada, buscaré un plan más asequible.

— Estoy enferma. Te cobrarán muy caro. Puede haber un período de espera.

— No nos vamos a desesperar. Tenemos un dinero ahorrado. No mucho, pero servirá para pagar las cuentas.

— ¿Cómo vas a conseguir trabajo con esta crisis? - Preguntó Consuelo, con desesperación frenética.

— No sé. Empezaré a buscar mañana. Voy a esa casa de Ian que está en la esquina para acceder a Internet y buscar en los sitios de trabajo.

— Hace poco vi en televisión que el número de desempleados ha crecido mucho en los últimos meses.

— Empleo conseguiremos, mamá, aunque sea de señora de la limpieza. ¿No trabajabas como señora de limpieza? ¿Perdón? ¿No fuiste doméstica?

— Fui, ¿y qué tiene eso que ver con la conversación?

– Tú lograste comprar esta casa. Soy joven, tengo salud y disposición. En el último caso, voy a trabajar de doméstica.

Consuelo se desesperó.

– ¡No! Estudiaste mucho, hiciste un curso de idiomas. No puedes trabajar de doméstica.

– ¿Por qué no? Es un trabajo digno como cualquier otro. Puedo trabajar en casa de extranjeros, ya que hablo inglés y español. Incluso puedo ganar más que si estuviera en una empresa. ¿Sabes que es buena idea?

– ¿Buena idea?

– Sí Madre. Estoy cansada del mundo empresarial.

– Estás a punto de terminar tu postgrado.

– Si no arreglo nada hasta el próximo mes, tendré que reservar la matrícula. Ahora necesito recortar todos los gastos posibles.

Consuelo sintió un fuerte dolor en el pecho.

– ¿Te sientes bien, mamá?

– Un poco de dolor en el pecho. Pronto se irá.

– Siéntate aquí. Quédate tranquila.

Consuelo obedeció. Estaba nerviosa. Si tan solo tuviera el coraje de contarle a su hija sobre su pasado... Pero tenía miedo que Marina la rechazara, la repudiara. Estaba muy unida a su hija y prefería morir antes que decirle la verdad sobre el pasado. Su mente estaba en total desesperación:

– Si le cuento cómo conseguí esta casa, Marina... podrá odiarme por el resto de su vida. Me culpará como a Jofre. Él tenía razón. Yo era una mujer fácil, una ordinaria que se acostaba con el jefe. No merecía el perdón, no merezco perdón...

Por mucho que se atormentara a sí misma con pensamientos tan negativos sobre sí misma, Consuelo tenía la sensación real que ahora estaban atravesando una situación difícil. Era seguro que el dinero sería escaso. Tenía miedo que tuvieran que vender la casa. ¿Qué sería de sus vidas a partir de entonces?

Trató de ahuyentar los pensamientos negativos con las manos, pero persistían y la molestaban. Consuelo había adoptado una postura pesimista sobre la vida. Se había convertido en una mujer amargada y desconfiada de todo y de todos. Había sufrido en el pasado y temía que su mala conducta la alejara de la hija que amaba tanto.

Emerson, de nuevo, insistió. Le pidió a Consuelo que se olvidara del miedo y le dijera a Marina toda la verdad. Por mucho que lo intentó, Consuelo no pudo deshacerse de los pensamientos negativos que había albergado durante tantos años. Se estaban volviendo más fuertes que ella. Más fuerte que cualquier otra cosa.

– ¡Basta! – ella gritó –. ¡No puedo soportarlo! – Marina llegó corriendo a la habitación.

– ¿Qué pasó?

Consuelo no respondió. Sintió un dolor agudo en la nuca, le empezaron a sentir un hormigueo en los brazos y perdió el equilibrio. Cayó sobre sí misma. Consuelo acababa de sufrir un accidente vascular cerebral o, en el lenguaje común, un derrame cerebral.

CAPÍTULO 33

Denise dejó todo el trabajo en manos de Elisa.

- No puedo cubrir el trabajo de Marina.

- Ni siquiera quiero saber, encárgate. Voy a viajar y estaré de regreso en una semana. Los directores lo saben.

- Pero, doña Denise, los gerentes reclamarán su presencia en la reunión.

- ¡Malditos! – estalló –. Necesito ir a Rio de Janeiro urgentemente. Regresaré en una semana, como máximo diez días.

Elisa bajó la cabeza y no dijo nada. El resto de los gerentes de la empresa llevaban tiempo quejándose de la actitud descuidada de Denise. Incluso había rumores que estaba a punto de ser despedida.

Denise incluso llegó a conocer esa posibilidad y no le importó. Había malversado a la empresa y había invertido una buena cantidad de dinero en bancos extranjeros. Tan pronto como terminara el secuestro, viviría con Jofre lejos del país.

Salió de la empresa, tomó el coche y se fue a casa. Tocó la bocina varias veces, hasta que apareció una vecina y golpeó la ventana de su auto. Denise no la abrió. Incluso con una fina película negra en las ventanas, la vecina la reconoció y volvió a golpear el cristal con suavidad.

Denise dejó escapar un gruñido. Estaba irritada por el retraso del seguridad.

- ¡Voy a hacer que despidan a ese desgraciado! Haré que despidan a todos estos incompetentes –. Ella conocía esa camioneta que vivía al lado. Estaba acostumbrada a sus quejas. Denise rugió y bajó un poco la ventana.

– ¿Qué pasa?

– Buenas tardes.

Denise no respondió. La mujer dijo:

– Quería hablar contigo sobre... – Denise la interrumpió.

– No la conozco, no le doy el derecho a tener intimidad conmigo. Llámeme señora –. La niña se sonrojó afuera. Aclaró su garganta:

– Me gustaría pedirle a la señora que baje el volumen de su estéreo, al menos después de las diez de la noche. Tengo un bebe y...

– ¡Quiero que tú y tu bebé se vayan al infierno! – gritó ella.

Chico abrió la verja y ella aceleró, chirriando los neumáticos. Casi atropella al seguridad. El tipo se detuvo a su lado y salió como una leona.

– Estuve más de dos minutos en la puerta.

– Perdón, doña Denise

– Podría ser asaltada por demorar tanto tiempo – miró a la vecina, todavía seguía de pie en la puerta – sería mejor que me asaltaran que escuchar las tonterías de esta gente molesta que vive al lado. Me alegro de dejar esta ciudad, este país corriente. No merezco vivir en el tercer mundo. Y en cuanto a ti, Chico...

– Bueno, no, doña Denise

– Puedes empacar tus cosas, metértelo entre tus piernas e irte. Estás despedido.

– Pero, doña Denise.

– ¡Cállate! ¿Entendido? Llamaré a la compañía de seguridad ahora mismo. Ya no te quiero aquí en mi casa, incompetente.

El chico inclinó la cabeza, desconcertado.

– Sí señora.

Denise dio un salto y entró a la casa. Llamó a Delis y le pidió que la ayudara a empacar. Delis hizo todo sin abrir la boca. Había visto cómo Denise había tratado a Chico y sabía que, si decía una "a" que también era, la atacaría verbalmente. Hizo las maletas de su ama en completo silencio.

Chico caminó hacia la puerta y se disculpó con la vecina.

– Ella está nerviosa.

– No puede tratarnos a ti y a mí de esa manera. Ella es una mujer muy poco educada. Nunca hemos tenido vecinos tan groseros.

– Disculpe, señora.

– Vivo al lado y lo conozco. Sé que eres un buen empleado.

– Gracias.

– Si quieres, tengo una amiga que vive en la otra cuadra y necesita los servicios de un guardia de seguridad. ¿Quieres que hable con ella?

– ¿Haría eso por mí?

– Claro. Ve a empacar tus cosas y luego pasa por la casa. Sabes donde vivo –. Ella se despidió y Chico sonrió con emoción.

– Todavía hay buena gente en el mundo. Gracias a Dios voy a librarme de esta jefa prepotente y arrogante.

Chico entró por la parte trasera de la casa y encontró a Delis llorando en la cocina.

– ¿Qué pasó?

– Ella te despidió.

– No te preocupes por mí – se acercó y la abrazó –. Calma.

– No es justo, Chico. Esta mujer no tiene límites para el mal. ¿Dios no ve todo eso? ¿Por qué no le pone freno a esa mujer?

– Dios hace todo bien, Delis. Personas como Denise nos ayudan a ser más fuertes.

– Ella es una víbora.

- No pienses en negativo. Ella viajará, tendrás unos días de paz.

- Tengo miedo de estar aquí sola en esta casa.

- La empresa de seguridad enviará a otro empleado.

- ¿Y qué será de ti? Denise se quejará y tal vez te despidan -. Chico sonrió.

- Me siento muy bien.

- ¿Cómo puedes? ¿Acabas de ser despedido y te sientes bien?

- Dios cierra una puerta y abre otra.

- No entiendo.

- La vecina de al lado vio a Denise despedirme y me informó que una vecina de la cuadra necesita los servicios de un guardia de seguridad. Parece que ella me recomendará.

Delis lo abrazó con cariño.

- Qué bueno, Chico. ¡Estoy tan feliz! Eres bueno y mereces trabajar con jefes geniales.

- Si quieres, puedo hablar con la vecina y averiguar si necesita una empleada.

- Hago cualquier cosa: lavo, cocino. ¿Harías eso por mí?

- ¡Por supuesto! Sabes lo mucho que me gustas.

Delis sintió un estremecimiento de emoción. Chico le gustaba. Hacía mucho tiempo que no se sentía atraída por ningún hombre. Estaba separada, tenía dos hijos que criar. Ella había estado sola durante años. Desde que lo conoció, había estado sintiendo algo diferente, algo especial.

A Chico, por su parte, también le gustaba Delis. Era viudo, tenía una hija comprometida y también estaba solo. De ese abrazo surgieron, en sus mentes, otras posibilidades además de la amistad. El amor nació entre ellos.

✳ ✳ ✳

Denise estaba imposible. Emocionada y nerviosa por la proximidad del secuestro de Ricardito, descargaba su ansiedad en oleadas de gritos a Dios y al mundo. No podía esperar para romper el corazón de Leandro y, por tanto, el de Leticia. Sentía un gran odio por el chico, sin razón aparente.

- ¡Ahora veremos! Quiero asustar a esa familia. Quiero ver a este chico desaparecer completamente.

Habló y se rio mientras subía su maleta al taxi que la esperaba en la puerta. Ni siquiera se despidió de Delis. Se subió al auto, le pidió al conductor que corriera al aeropuerto, evidentemente de una manera ruda y rígida, como era su costumbre.

Después de todo, ¿en qué consistía este secuestro?

Ni siquiera era tan complejo. Jofre y sus compinches recogerían al niño y lo llevarían a casa de Ignacio. En unos diez días dejarían al niño en un camino para que Denise pudiera vengarse de Leandro. Una broma de muy mal gusto, que podría traer terribles consecuencias a todos los involucrados.

Jofre era narcotraficante y trabajaba para una figura que dominaba el negocio de la droga en uno de los cerros de Rio. Era valiente, temido y conocido por eliminar fríamente a sus adversarios. Había matado a mucha gente. Y no sentía ni una pizca de remordimiento por eso. Su espíritu no sabía hacerlo de otra manera. Durante algunas vidas había estado matando sin piedad. Dios, en Su misericordia, le ofreció la oportunidad de reencarnarse junto a espíritus preocupados por su evolución espiritual y que intentaron ayudarlo a seguir un camino diferente al del crimen.

En la última fase de preparación para reencarnarse en el planeta, había sido advertido por uno de los colaboradores del Ministerio de Ayuda a Reencarnación:

- Estuviste muchos siglos en el Umbral. Sabes que estás aquí conmigo porque todavía hay espíritus que creen en tu recuperación.

El funcionario hablaba de Consuelo. Había reencarnado junto a Jofre durante muchas vidas y siempre había sido una amiga espiritual. A lo largo de las encarnaciones Jofre había ido contrayendo cada vez más enemigos y, en la coyuntura actual, solo quedaba Consuelo.

— Voy a mejorar. Cuando estoy al lado de Consuelo, estoy bien.

— No engañemos a nadie aquí. Si no cumples con lo que te decimos, sabes que no volverás más a Umbral.

— Yo sé. Me han informado que, si fallo en mis intentos, iré a este otro planeta, que está cerca del orbe de la Tierra.

— Este planeta, que los astrónomos ya han descubierto, está cerca de la Tierra. Muchos espíritus, como tú, se ven obligados a reencarnarse y, digamos, a enderezarse. Si fallas, no habrá más perdón. Irás directamente a ese lugar, tan malo o peor que Umbral. Sabes que allí solo viven espíritus que no quieren mejorar y crecer de ninguna manera. Allá todos son iguales en términos de maldad y crueldad. Se matan por un puñado de comida. Es como si volvieran a la época prehistórica, donde impera la ley del más fuerte. No hay leyes, justicia, nada que pueda proteger al individuo, salvo su instinto de supervivencia. Allá puedes usar toda tu ira, de toda tu cólera para poder seguir con vida. Puedes matar tantas veces como quieras, te pueden matar tantas veces como sea necesario.

— Y, si me desvío de la ruta en la Tierra y voy allí, ¿cuánto tiempo permaneceré en ese planeta?

— Unos pocos siglos o miles de años, todo depende. Los primeros habitantes de la Tierra también fueron como tú. Allí no has cambiado mucho desde que llegaste de Capela a la Tierra. Como tú, hay muchos en todo el mundo. Sin embargo, la Tierra está atravesando un período de cambio, para mejor por supuesto, y la energía del planeta está cambiando. Solo aquellos que tengan el sincero deseo de progresar y crecer, de cultivar la bondad y de seguir el camino del amor, podrán tener derecho a reencarnarse.

Los brutos de corazón, lamentablemente, tendrán que reencarnarse en otro planeta. ¿Está claro?

– Sí. Juro que permaneceré en el camino del bien.

Después de esta reunión, Jofre se preparó para la reencarnación y regresó a la Tierra. Su espíritu pasaría hambre y necesidad. Aceptaría las palizas de su padre, se comería el pan que amasaba el diablo, pero tendría el amor de Consuelo. Juntos superarían las adversidades de la vida. Se esperaba que Consuelo volviera a encontrarse con Emerson.

Tendrían una hija y Jofre tendría que trabajar duro y mantener a su madre y a su hermana. Si perseveraba, Consuelo revelaría más tarde la verdadera identidad del padre de Marina, recibirían un buen dinero y su vida podría seguir un camino feliz y gratificante.

También existiría la posibilidad que resencontrare con desafecciones del pasado y sería la ruleta rusa, dependiendo del grado de evolución de cada espíritu reencarnado. Jofre podría fundar una organización no gubernamental y cuidar de los niños desfavorecidos, espíritus que había cortado la vida en otros tiempos, o incluso podría ser asesinado por un enemigo. Cualquier cosa podría pasar. Lamentablemente, como sabemos, Jofre no siguió la ruta trazada. Su espíritu se deslizó en graves errores, prefirió seguir y continuar, por libre albedrío, por el camino del crimen. Todavía existía la posibilidad que cambiara. Todo dependía única y exclusivamente de sus decisiones.

CAPÍTULO 34

Llegó el día siguiente y ya había salido el sol cuando Denise se despertó. Se estiró durante mucho tiempo, moviéndose nerviosamente en la cama, girando su cuerpo desnudo de un lado a otro.

Jofre vestía jeans y camiseta.

- Llegas tarde. Dormiste más de la cuenta, mina.

- Me dejaste agotada esta noche – ella sonrió –. ¡Nunca tuve un amante tan varonil, tan ardiente como tú!

Jofre se acercó y la besó en los labios.

- Hacemos lo que podemos –. Denise sintió un poco de irritación en los oídos.

- Hacemos lo que se puede, querido.

- Está bien. Hoy es el gran día.

Consultó el reloj. Eran las diez y media de la mañana.

- No te preocupes. El mocoso sale de la escuela a las doce y media. Tenemos dos horas de sobra.

- Negativo. Los compinches me llamaron. Están al acecho.

- ¿Quién recogerá al chico? ¿El padre o el conductor?

- Para esta semana es el padre –. Denise sintió un estremecimiento de placer.

- ¡Oh, qué maravilloso! ¿Leandro recogerá a su hijo en la escuela?

- Afirmativo.

– Quiero ver su cara cuando atrapen al mocoso.

– No. No puedes estar cerca.

– Lo deseaba tanto.

– No puedes, es arriesgado. Vas directamente al patio.

– Pero podré ver al chico más tarde, ¿verdad?

– Le ponemos una capucha y...

– ¡No! protestó ella –. Quiero ver su cara. Quiero ver esos ojitos llenos de pavor. Quiero, necesito ver la cara de ese chico.

– ¿Por qué lo odias tanto? – Ella se encogió de hombros.

– No sé. No creo que sea odio. Es un deseo morboso ver sufrir al infeliz. No puedo explicarlo. Cosas que están aquí y que sentimos – señaló a su pecho.

Jofre la besó y le entregó un sobre.

– Lleva el coche al garaje. Vaya a la casa de tu amigo. Dimas y Tiñón llevarán al niño directamente para allá. Quiero que los recibas. El chico va encapuchado. Nada de verlo antes que yo llegue.

– Seguiré estrictamente tus órdenes. Controlaré mi ansiedad. Espero a que llegues para que me enseñes al chico.

– Excelente.

Jofre terminó de prepararse, sacó una pistola semi automática. Metió el arma en la parte trasera del pantalón. Luego sacó su celular y llamó:

– ¿Cómo van las cosas, Tiñón?

– Está bien, jefe. Estamos aquí al acecho. Cuando el niño salga, la gente entramos con el coche. Déjanoslo a nosotros.

– Cualquier problema, llámame.

– No habrá problema. Todo estará bien. Te lo aseguro.

– Gracias compadre.

Jofre colgó y se fue a desayunar. Mientras se servía café y leche, recordó los últimos días, los hechos, las órdenes dadas para llevar a cabo el plan.

Los matonces de Jofre eran figuras peligrosas, frías y muy violentas. Estudiaron a fondo los pasos de Ricardo, la hora que salía para ir a la escuela, la hora en que regresaba a la natación y del inglés. Revisaron el esquema de seguridad del condominio y se dieron cuenta que no habría forma de hacer nada. El condominio, uno de los más nobles, costosos y seguros de Barra da Tijuca, estaba dotado de un sólido sistema de vigilancia, con muchas cámaras y personal de seguridad bien capacitados. El niño debía ser secuestrado en la escuela. Incluso de forma atrevida, a la luz del día. A estos marginados les encantaba aterrorizar a la población. Y no serían diferentes en el caso del secuestro de Ricardo.

Jofre sonrió siniestramente. Finalmente, había llegado el día de llevar a cabo el sórdido plan.

– Es ahora que tenemos en nuestras manos el dinero de esa familia – se dijo en voz alta –. Denise cree que somos unos tontos. Pensó que estábamos haciendo un capricho por ti. Por supuesto que lo vamos a hacer, pero la tonta no dijo que vamos a secuestrar al hijo de un pez gordo, Leandro Dantas. Vamos a hacer su capricho, secuestrar al niño y asustar a la familia. Pero también queremos ganar dinero. Y hablo en dinero negro. Tomaré unos millones para quemar...

* * *

Ricardito se despertó con dolor de cabeza ese día.

– Creo que es mejor que no vayas hoy al colegio, hijo – dijo Leticia, después de ponerle la mano en la frente del hijo –. Tienes fiebre.

– Tonterías, madre. Soy fuerte, sano. Debe ser una indisposición. Ayer me pasé exageradamente en huasaí con granola. Eso debe haber sido.

– Te dije que no comieras huasaí antes de irte a dormir.

– Soy un hombrecito. Necesito comer huasaí para mantenerme fuerte. Mis amigos son todos fuertes.

– ¿Y para qué quieres ser tan fuerte?

– Para proteger a nuestra familia: papá, tú, ese bebé que está a punto de nacer – pasó suavemente su mano sobre la gran barriga de Leticia.

Ella estaba conmovida. Ella lo besó varias veces en la mejilla.

– ¡Eres mi héroe! ¡Mi hijo!

– Realmente lo soy – se levantó y se puso las zapatillas para ir al baño –. ¿Cuándo nacerá mi hermana?

– ¿Como supiste? Se suponía que iba a ser una sorpresa.

– La escuché hablar con Mila la otra noche. Estabas eligiendo el nombre. Hablaron de Gabriela, Jâlia, Camila...

– Estás escuchando detrás de las puertas. ¡Qué cosa fea! – Dijo en tono de reproche, jugando con su hijo.

– Yo estaba feliz. No lo hice con mala intención.

– ¿Y qué nombre te gustó más?

– ¡¿A mí?!

– Sí, Ricardito. ¿Qué nombre te gustó más? – Se llevó el dedo a la barbilla y pensó por un momento.

– Me gustó mucho el nombre de Camila.

– ¿En serio?

– Sí. Creo que es hermoso. Camila.

– Tenía dudas entre Jâlia y Camila. Como te gustó el nombre, tu hermanita se llamará Camila.

– Lástima que no voy a poder acompañar el ritmo de su crecimiento.

– ¿Qué dijiste?

– Que no podré acompañar el ritmo del crecimiento de mi hermana.

– ¿Por qué dices eso? – Leticia se llevó la mano al pecho –. ¿Sientes algo? ¿Tienes un mal presentimiento? Qué...

El chico la tranquilizó.

– Tómalo con calma mamá. Hablé por hablar. Lo sé. Perdóname.

Ricardo se acercó a Leticia y la abrazó con cariño.

– Eres la mejor madre del mundo. Te quiero.

La besó y Leticia sintió una sensación desagradable en su pecho. La presión bajó y, si no fuera por Ricardo, se iría al suelo.

– ¿Qué pasó? ¿No te sientes bien?

Condujo a Leticia a su cama. Se sentó con dificultad.

– No fue nada. La presión simplemente bajó.

– ¿Segura?

– Sí. El médico dijo que tu hermana debe nacer entre la semana que viene y los diez días.

– ¡Será una fiesta inolvidable!

– Sí, lo será – dijo, con el rostro pálido como la cera.

– Será mejor que llame a papá.

– No lo hagas. Deja que tu padre descanse. Se ha esforzado mucho por quedarse aquí más que en São Paulo para estar más cerca de nosotros. No lo despertaremos por tonterías.

– Pero me voy a la escuela. El conductor me llevará y no puedes quedarte aquí así.

– Mila viene a tomar un café conmigo. Pronto llegará.

– Está bien. Entonces quédate aquí descansando en mi cama. Me pondré el uniforme escolar –. Ricardito se levantó y fue al baño. Leticia se abanicó la cara con las manos. Estaba sintiendo una debilidad única. El corazón de su madre ya auguraba lo peor, pero ella, envuelta en el embarazo, pensó:

– Pronto pasará.

CAPÍTULO 35

El día anterior, Consuelo había sido ingresada en el hospital y trasladada directamente a la UCI – Unidad de Cuidados Intensivos –. Su estado de salud requería atención y no fue la mejor.

Un buen doctor vino a encontrarse con Marina,

– ¿Es usted pariente de Consuelo María da Silva?

– Sí, yo soy.

– Necesito ser franco contigo. La salud de tu madre es grave –. Marina se llevó la mano al pecho. Se recompuso y dijo:

– Mamá había sido hipertensa durante años y había estado tomando sus medicamentos. Cada mes íbamos a un médico diferente.

– Ella sufrió un derrame cerebral. Haremos todo lo posible para evitar que el accidente cerebrovascular isquémico se convierta en un accidente hemorrágico, que puede ser fatal. Haremos todo lo que esté a nuestro alcance para salvar su vida.

– Gracias doctor. Muchas gracias.

Marina se quedó con el médico unos minutos más. Podía visitar a su madre dos veces al día, tarde y noche, durante media hora en cada visita. También tuvo que firmar los papeles del ingreso, hacer todo el papeleo. Una hora más tarde, angustiada y sin querer salir del hospital, llamó a Patricia. Le contó lo que había y Patricia le pidió que se calmara, en dos horas como máximo estaría en el hospital. Escribió la dirección y terminó:

– Espera que Adriano y yo estaremos allí pronto.

– Gracias.

Patricia llamó a su marido y le sugirió:

– ¿Qué te parece llamar a Edgar?

– Marina y él se picotearon en la cena. ¿De verdad crees que deberías llamarlo?

– Siento que sí. Si Edgar siente algo por Marina, será ahora que podrá demostrarlo. Ella está frágil. Me dijo superficialmente que hoy no era un buen día para ella. ¿Sabías que Denise la despidió?

– ¿De verdad?

– Así es. Fue despedida y, al parecer, cuando doña Consuelo se enteró, se puso mal y tuvo un derrame cerebral.

– ¡Válgame Dios! Marina no se merece pasar por esto.

– Creo que es ahora cuando los amigos deberían estar a su lado. No tiene familia, no tiene parientes, no tiene a nadie. Somos su familia.

– Tienes razón, amor. Saldré temprano del trabajo y te recogeré en el tuyo. Llamaré a Edgar ahora mismo.

Colgaron el teléfono y Adriano llamó al celular de Edgar. Cayó en el buzón. Adriano llamó dos veces más. No contestaba. Se puso inquieto.

– Extraño. Edgar siempre contesta el teléfono, incluso en el trabajo.

No satisfecho, Adriano llamó a la empresa donde trabajaba Edgar. La secretaria respondió y lo saludó:

– ¿Cómo estás, Adriano? ¿Todo bien?

– Sí, gracias.

Antes que él le preguntara, ella disparó:

– ¿Dónde está tu amigo?

– Te iba a hacer la misma pregunta, Rose.

– Edgar no vino hoy a trabajar. Y me pareció muy extraño porque los directores programaron una reunión importante temprano por la mañana. Esa reunión estaba programada desde hace días. Edgar nunca falta las reuniones. Quiero decir, tuvo esa ausencia debido a las paperas hace meses, pero nunca faltó ni un día. Y cuando llega tarde, siempre me llama.

– ¿Probaste su celular?

– Llamé unas cinco veces. Solo dio correo de voz. Adriano colgó el teléfono y no le hizo ninguna gracia la excusa que Edgar había inventado para el personal de la oficina cuando estaba fuera por el intento de suicidio. Rose era una empleada competente, había trabajado para Edgar durante años y no era chismosa. Si no podía localizar al jefe, no podía ser nada bueno.

Adriano puso su celular sobre la mesa y sintió un sabor amargo en la boca. Metió el dedo en el cuello y se aflojó la corbata. Tuvo la misma sensación que cuando Edgar intentó suicidarse. Idéntico. Una extraña sensación en el pecho.

– Se veía muy bien ayer en la cena. Lo acompañó una rubia despampanante.

Adriano se quedó pensativo por un momento y pensó en llamar a Juan, el portero del edificio. Desde el intento de suicidio, mantuvo en sus contactos todos los teléfonos de las personas conectadas con Edgar: sus padres, la secretaria y el portero.

Juan respondió:

– ¡Hola, sr. Adriano!

– ¿Cómo estás, Juan?

– Todo en orden. ¿Quiere algo?

– Dime, ¿estás en el edificio?

– Sí, estoy. Hoy entré a las seis de la mañana y me quedaré hasta las seis de la tarde. ¿Por qué?

– ¿Viste a qué hora fue a trabajar Edgar?

- Mire, no creo que haya ido a trabajar, no. No lo vi salir del garage con su coche y tampoco lo vi salir por el vestíbulo.

Adriano se desesperó. Trató de mantener su voz menos tensa.

- Juan, por favor, comunícate ahora mismo por el intercomunicador de su apartamento.

- Sí, señor - Juan llamó, una, dos, tres veces -. Nadie responde.

- ¿Puedes hacerme un favor? Sube y echa un vistazo.

- No tengo autorización, Sr. Adriano. Si voy allí y abro el apartamento, me pueden echar a la calle.

- Pero sabes lo que pasó en el pasado. Juan se rascó la barbilla, pensativo.

- Es cierto.

- Por favor, Juan, ve al apartamento. Toma esa llave de repuesto que te di. Asumo la responsabilidad de todo. Estás seguro.

- No lo sé, Adriano.

- Por favor. Siento que Edgar no se encuentra bien.

- Está bien.

- Ve al apartamento y llámame, ¿quieres?

- De acuerdo.

Adriano colgó el teléfono, pero no esperó la llamada de Juan. Terminó su turno, le entregó algunos informes a su asistente y se fue. Recogió su auto en el estacionamiento del edificio donde trabajaba en la región de la Avenida Paulista. Desde allí, fue directamente a la casa de Edgar.

Cuando estuvo cerca del edificio, a unos diez minutos, sonó el celular. Lo puso en altavoz y siguió prestando atención al tráfico.

- Sr. Adriano...

Juan tenía una voz llorosa y desesperada.

- ¿Qué pasó?

– ¡Corre, por el amor de Dios! Creo que tu Edgar logró suicidarse esta vez...

* * *

Faltaban veinte minutos para que Ricardo saliera de la escuela. Los martes y jueves, Leandro viajara a São Paulo y se ocupara de los negocios. Había contratado a un gran ejecutivo para que ocupara su lugar los demás días de la semana. Desde que Leticia quedó embarazada había decidido estar más cerca de ella y de su hijo. Estaban estudiando la posibilidad de mudarse a São Paulo, pero todas eran conjeturas. Hablarían después que naciera la niña.

Leandro buscaba a su hijo los lunes, miércoles y viernes. Este viernes estaba radiante. Se despertó de buen humor, saludó a Leticia, desayunó con ella y Mila. Luego, se encerró en la oficina y a través de la computadora habló con los empleados, realizó conferencias. Puso una alarma para que sonara alrededor del mediodía. Era la hora de recoger al niño de la escuela.

Leandro llegó cerca de la escuela y condujo su automóvil hacia el pequeño patio para los padres. Esperó un rato, escuchando una estación que ponía música antigua. Tarareaba una canción hasta que apareció su hijo. Abrió las puertas del coche y entró Ricardo. Se besaron y su hijo dijo emocionado:

– Obtuve diez en la prueba, papá.

– ¿En serio?

Leandro arrancó y salieron por una pequeña calle que daba acceso a la Avenida de las Américas. Ricardo estaba muy emocionado.

– Sí. Sabía que era bueno en historia y geografía.

– Es difícil que a un niño de tu edad le gusten esas materias. Yo, a tu edad, francamente no me gustaba ninguna.

Ambos rieron.

- Me encanta, papá. Conoces otros países, otras culturas. Creo que el mundo es maravilloso, un lugar encantador para vivir.

- Que quieres ser cuando seas grande?

- No sé. Tal vez trabajando por todo el mundo, siendo funcionario de la ONU o incluso embajador del Brasil en el extranjero.

- Estoy muy sorprendido que pienses así de grande.

- Pienso así.

- Estoy feliz, pero hoy tu madre, en el desayuno, me dijo que no seguirías el crecimiento de tu hermana. ¿Por qué dijiste eso, hijo mío?

Ricardo estaba a punto de responder, pero de repente Leandro se vio obligado a frenar bruscamente. Un coche vino loco en la dirección contraria y lo hizo frenar, sino se hubiesen chocado.

Leandro pensó que era un loco barrido, uno de esos criminales que utilizan el coche como si condujeran un carro de combate.

- ¿Estás bien, hijo mío?

- Sí, papá. Menos mal que estoy usando el cinturón de seguridad.

Leandro iba a salir del coche, pero todo pasó demasiado rápido. Dos hombres encapuchados salieron del vehículo y cada uno se dirigió a un lado de la puerta. El que se detuvo junto a la puerta de Leandro apuntaba con una pistola. El que estaba parado en la puerta de Ricardo apuntaba con un rifle.

No tuvieron tiempo de hacer nada. Tiñón gritó y ordenó a que abrieran la puerta. Leandro estaba aterrorizado y no podía presionar el botón de desbloqueo de la puerta. El matón golpeó con el rifle en el vidrio del lado del pasajero. Rompió el vidrio y le dijo al chico que saliera.

Ricardo estaba aterrorizado y paralizado por la brutalidad. Leandro hizo un movimiento para quitarse el cinturón de seguridad y ayudar a su hijo a quitarse el suyo. Tiñón pensó que iba a reaccionar, sin squiera parpadear. Disparó el arma y le disparó tres tiros.

Ricardo lanzó un grito de pavor.

– ¡Papá!

Los bandidos sacaron al niño del auto y lo llevaron a otro vehículo. Hicieron que Ricardo oliera una tela con éter, se desmayó y lo encapucharon, arrojándolo al maletero del vehículo. Los dos forajidos corrieron, chirriaron neumáticos y dispararon hacia los lados y al aire, asustando a los transeúntes.

La última escena que vio el niño fue a su padre cerrando los ojos, inconsciente. Ensangrentado y sin fuerzas para reaccionar, Leandro sintió el sabor amargo de la sangre y fue perdiendo el conocimiento. Antes de ver a su hijo desaparecer, cerró los ojos y su cuerpo cayó pesadamente hacia adelante.

Leandro en espíritu vio su cuerpo físico inerte tendido sobre el volante del vehículo. No entendía nada. Miraba su periespíritu y su cuerpo sin comprender nada. ¿Qué estaba pasando? No podía concatenar sus pensamientos.

Entonces miró hacia adelante y vio como encapuchaban a su hijo y lo metían en el maletero del vehículo. Su espíritu se sintió tan mal que no pudo soportarlo. También perdió el conocimiento y se desmayó.

CAPÍTULO 36

Adriano paró el auto prácticamente en medio de la calle, salió corriendo y entró al edificio. Juan estaba angustiado.

– No tuve el coraje de quedarme allí. Creo que se volvió loco antes de morir. Los muebles están volcados, todo está fuera de lugar. Un desastre. El cuerpo yace desnudo en el suelo del dormitorio. Puse una sábana sobre el cuerpo, pobrecito.

Adriano se metió al ascensor y pareció una eternidad llegar al décimo piso del edificio. Entró al apartamento y no creyó lo que vio. Realmente era un desastre. Corrió a la habitación. Edgar estaba tendido en el suelo, una sábana cubría su cuerpo hasta el cuello. Adriano se acercó e instintivamente acercó su nariz a la boca de Edgar. ¡Respiraba!

– ¡Gracias a Dios!

Adriano abrazó a su amigo, lo sentó y lo colocó de manera que su espalda estuviera contra los pies de la cama. Palmeó a su amigo en la cara. Edgar no respondió.

– Por favor, Edgar. ¿Qué hiciste esta vez? ¿Qué has tomado hombre de Dios?

Él continuó con los ojos cerrados. Adriano fue al baño, tomó un vaso de agua fría y comenzó a frotar las muñecas y la cara de su amigo.

– Despierta, Edgar, por el amor de Dios, despierta. No morirás ahora, por favor.

Adriano se echó a llorar y abrazó a su amigo. Qué triste fue ver a Edgar así. Sabía que, en algunos casos, el suicida hacía otro intento de quitarse la vida. Las lágrimas corrían incontrolablemente.

– ¿Por qué, Edgar? ¿Por qué?

Poco a poco, Edgar estaba balbuceando.

– Ya, yo... Qué... hice... No quiero... es 34-00-03...

– ¡Gracias a Dios! – Adriano vibró alegremente –. Lo que sea que tomó, está recuperando la conciencia.

– 34-00-03. Edgar seguía repitiendo esta extraña combinación de números.

Adriano corrió a la lavandería y tomó el amoníaco. Lo mezcló con agua y se lo llevó a su amigo para que lo oliera. Edgar abrió los ojos y de repente gritó:

– ¡¿Qué pasó?!

– Eso te pregunto, hombre. ¿Qué sucedió? – Edgar concatenó gradualmente sus pensamientos.

Miró a su alrededor y reconoció la habitación. Luego miró el cuerpo desnudo y luego a Adriano.

– ¿Qué sucedió?

– No tengo la menor idea, pero, antes que nada, dime: ¿qué tomaste esta vez?

– ¿Ah?

– Tomaste barbitúricos, ansiolíticos, ¿qué? No encontré ningún remedio, ni veneno. ¿Con qué trataste de suicidarte esta vez, Edgar?

– No lo intenté...

– ¿Qué tomaste?

– No sé.

– Llamaré a una ambulancia de inmediato. Necesitamos ir urgentemente al hospital. Edgar movió la cabeza hacia los lados de manera negativa.

– No lo hagas. No necesitas llamar.

- ¿Cómo no? ¡Mira tu condición!

- Me estoy recuperando. Calma. Dame un vaso de agua. Mi garganta está seca, muy seca.

- Necesito saber lo que te tomaste.

- No lo sé, pero dame un vaso de agua.

Adriano fue al baño y llenó un vaso. Corrió de regreso.

- Tóma.

Edgar lo tomó a toda prisa, casi de un sorbo. Se atragantó y tosió.

- ¿Qué pasó? ¿Qué está pasando? - preguntó el amigo, angustiado.

- Cálmate Adriano. Me ahogué. Eso es todo.

- ¿Te sientes mejor? Llamaré al 911.

- No es necesario. Ahora recuerdo.

- ¿Qué recuerdas?

- De todo. ¿Te acuerdas de la rubia que llevé a cenar?

- Sí.

- Pues bien. Después de la cena ella se insinuó, hablando melosamente y no pude resistir. La invité a que vinieras aquí. Le preparé una copa, otra para mí. Fui al baño y cuando regresé bebí mi bebida y perdí el conocimiento.

Adriano se frotó la frente.

- ¡Uff! Menos mal.

- ¿Qué crees que pasó? Me desmayé y me desperté ahora, contigo gritando en mi oído.

- Discúlpame amigo. Pensé que habías vuelto a hacer esa locura.

- ¡Jamás! Ese fue un acto desesperado para llamar la atención de Denise. Quería que ella sintiera lástima por mí, que corriera al hospital y dijera que me amaba más que a nada. Lo hice a propósito. Tanto es así que tomé un poquito de veneno.

— Pero seguía siendo una locura. Nos preocupaste mucho esa vez.

— Pero, ¿qué me pasó?

— Fuiste víctima de la llamada *"Cenicienta de las buenas noches."* Eso es.

— ¿Yo? No puede ser. Soy listo.

— Muy inteligente. Tan inteligente, que mira tu apartamento está todo revolcado. Los muebles están fuera de lugar, con los cajones girados. Mira tu armario – señaló – está todo desordenado.

— ¡Oh, Dios mío!

Edgar se puso de pie sintiéndose un poco mareado. Se puso ropa interior y, guiado por Adriano, miró todo alrededor de la casa.

— ¡Fui robado!

— ¿Dónde está tu billetera?

— Allí en la mesa del comedor.

La billetera estaba abierta y vacía. Solo con una hoja de laurel que Edgar recibió de su madre en la víspera de Año Nuevo. Era para tener la billetera siempre llena, todo el año.

— La rubia tomó tus tarjetas y dinero. ¿Tiene talonarios de cheques, efectivo o joyas?

— No. Solo tengo tarjetas de crédito. Los talonarios se guardan en la caja fuerte de la empresa. No tengo joyas. Quiero decir, tenía un reloj de mi padre, uno viejo.

Fueron al armario y el reloj estaba desaparecido. Adriano habló inesperadamente:

— Estabas repitiendo 34-00-03. ¿A qué te refieres?

— ¿Qué?

— Decías esta secuencia numérica varias veces: 34-00-03.

Edgar se llevó la mano a la frente.

— ¡Pucha!

— ¿Qué pasó?

– ¡Esa es la contraseña de mi tarjeta bancaria!

– Creo que será mejor que llames al banco y a los operadores de tarjetas de inmediato. Edgar llamó y canceló la tarjeta bancaria y las tarjetas de crédito. Luego tomó un baño largo, más fresco que tibio. Salió del baño y Adriano dijo:

– Vayamos al hospital.

– Estoy bien.

– No sabemos lo que tomaste. No tenemos idea de lo que esa rubia puso en tu bebida.

– ¿No lees los periódicos? ¿No ves cómo este crimen se ha extendido por todo el país? Son hombres y mujeres bien vestidos, aparentemente cultos y refinados, que te adormecen para robar y también para matar. ¡Buen Dios, Edgar!

– Deja de gritarme. Fui una víctima, ¿qué puedo hacer?

– ¿Dónde están los vasos?

– Los vasos están en la mesa de la sala. Adriano se fue a la sala y nada. Fue a la cocina y los vasos estaban limpios y secos. La rubia había sido inteligente, no había dejado marcas de lápiz labial ni huellas digitales. Sería prácticamente imposible descubrir al autor del ataque. En cualquier caso, había sido una gran lección para Edgar. Nunca volvería a llevar a un extraño a su apartamento. Regresó a la habitación.

– Ella fue inteligente. Lavó los vasos y aparentemente no dejó ninguna huella. No creo que podamos atraparla. En cualquier caso, si quieres presentar cargos...

– Quiero ir a la comisaría, sí. No importa. Tengo que denunciarla. Además, necesitaré el informe policial si tengo problemas con los retiros de las tarjetas del banco y los gastos con los administradores de las tarjetas de crédito.

– Bien pensado. Vamos a la comisaría y luego al hospital. ¿Conoce Hospital São Basilio?

– Sí. Creo que mi seguro médico me da derecho a usar ese hospital. ¿Por qué?

– Porque después de hacer la denuncia policial, vamos allí. Los médicos pueden hacer algunas pruebas y tranquilizarnos.

– Te preocupas mucho por mí.

– ¡Por supuesto! Eres mi hermano. Confundido e intrascendente, pero eres mi hermano de corazón –. Edgar lo abrazó con cariño.

– Gracias, Adriano. Tu eres mi hermano mayor, mi protector.

– Aprovechamos y matamos dos pájaros de un tiro.

– ¿Cómo así?

– La madre de Marina tuvo un derrame cerebral y fue ingresada en el mismo hospital.

– ¡Dios mío! ¿De verdad?

– Sí. Ella está sola y frágil. No tiene parientes, nadie.

– Ella es muy buena onda – dijo Edgar, mientras se vestía.

– Simpática y enamorada.

– ¿Marina está enamorada? Apuesto a que debe ser uno de los más fuertes de nuestro grupo de corredores.

– ¿No sientes nada por ella? – preguntó Adriano.

– Creo que es bonita e inteligente. Pero hay mucha arena para mi camión.

– ¿Crees eso?

– Hum... Hum... Marina nunca se fijaría en mí. Disparates.

– Prepárate para escuchar la bomba del año.

– ¿Cuál es?

– ¡Marina está enamorada de ti!

CAPÍTULO 37

Ricardo abrió los ojos e inclinó la cabeza hacia los lados. Había una luz tenue en la habitación. Estaba en una cama, junto a ella había una pequeña mesa para las comidas y al frente había dos puertas. Uno era del baño y el otro del dormitorio.

La ventana estaba sellada con una hoja de madera. El ambiente estaba muy cargado y pensó que se asfixiaría por el calor. El niño fue a mover las manos y notó que una de sus muñecas estaba esposada a la estructura de hierro de la cabecera. Respiró hondo, rodó sobre el duro colchón y pensó en su padre. Las lágrimas cayeron rápido. La escena había sido muy fuerte. Ver morir a su padre, allí frente a él, lo había devastado, destrozado su pequeño corazón de doce años.

En ese momento, Ricardo pensó en su madre y en la hermana por nacer. Las ideas estaban un poco confusas. Pero sospechaba que lo habían secuestrado.

Tiñón entró en la habitación. Tenía una capucha sobre la cabeza.

– Y chico, ¿tienes hambre?

– No. No quiero comer.

– De esa forma morirás. Necesitas comer algo. Llevas un día aquí y el jefe dijo que comieras.

– No comeré.

Tiñón se encogió de hombros. Cogió el sándwich de jamón y lo tiró sobre la mesa. Se fue y luego regresó con una botella de guaraná.

- El plato del día es ese. Si quieres, come. Si no quieres, el problema es tuyo. Es tu vientre el que va a roncar, no el mío.

Él se rio y se fue. Cerró la puerta y cerró el pestillo. Afuera, ordenó a Dimas:

- Vigila la puerta. El chico es reacio. Creo que dará trabajo.

- Déjalo conmigo. Si se hace el gracioso, le aplico un correctivo. Sabes que soy bueno con los niños.

Tiñón se rio.

- ¡So hijo de tu madre! Quieres abusar del chico, ¿verdad? - Dimas soltó una risa maliciosa.

- ¡Puedes creerlo! Si ese chico da trabajo, le doy trámite. Me encantan los pequeñitos.

- Eres un descarado.

Tiñón habló y se fue. Ricardo estaba en la habitación del portero, un poco alejado de la casa principal en el patio. En él, Denise estaba acostada en el sofá, con la cabeza en el regazo de Jofre.

- Lástima que tuvieron que eliminar a Leandro. No quería que llegara a eso, pero paciencia.

- Trató de defenderse y se llevó un plomazo. Mi manada no perdona - tomó un sorbo de cerveza, chasqueó la lengua en el fondo de la boca y corrigió: - No salió nada en los periódicos.

- Este tipo de secuestro, de gente rica y conocida, no sale en los medios. Es confidencial.

- Hoy llamé a su casa y hablamos con una mujer. Creo que era la madre del fallecido.

Denise estaba interesada.

- ¿Qué les dijiste?

- Que el chico está vivito y coleando. Que queremos diez millones de dólares para la noche del domingo. O me dan el dinero o eliminamos al chico.

Denise se levantó de un salto.

– ¡No!

– ¿Cómo no?

– No acordamos eso.

– ¿Y qué tengo que ver con eso? ¿Firmé algún papel? – Denise estaba exasperada.

– Solo quería asustar a la familia, Jofre. Está bien que las cosas no salieron según lo planeado, Leandro murió. Pero acordamos dejar al niño la semana que viene en la carretera, en un punto de la autopista Fernão Dias.

Jofre negó con la cabeza de lado.

– Negativo, mina. Queremos sacar mucho dinero de esa familia. Ellos tienen mucho dinero. Queremos poner nuestras manos en el dinero y luego dejamos al chico en la carretera. Pero solo después de recibir mis millones.

– Jofre, creo que es demasiado arriesgado. Leandro es un profesional conocido en todo el país, la policía ya debe estar detrás de las pistas. Si devolvemos al chico rápidamente, no corremos ningún riesgo. Pero si lo mantienes aquí hasta que consigas el dinero, podemos enfriarnos –. Él rio.

– ¿Qué pasa ahora? ¿Me estás tomando el pelo?

– Eso no. Pero mira...

– Cállate, mina.

Jofre habló y le dio una fuerte bofetada en la cara. Denise sintió que se le quemaba la cara y perdió el equilibrio. Se resbaló y se dejó caer en el sofá.

– ¿Cómo puedes golpearme?

– Te lo mereces. Me estoy quedando sin paciencia. No dejas de hablar. ¡Qué cosa!

– Jofre...

– Si abres la boca de nuevo, te daremos una paliza, ¿de acuerdo? ¿Entiendes o necesitas recibir otra bofetada?

Ella se encogió por todo el sofá.

– No lo hagas. No es necesario.

– ¿Crees que perderíamos esta oportunidad? Cuando hablaste del chico, pensamos que era divertido. Haría el secuestro para complacerte. Sabía que era un capricho. Pero luego descubrimos de quién se trataba mina – los ojos crecieron –. Decidimos aprovechar.

– De esa forma seremos arrestados. ¡No quiero que me arresten!

Jofre ya no soportaba oír la irritante y chillona voz de Denise. Dio un grito, un silbido y llamó a Tiñón.

– Llévate a esa de ahí y ponla a hacerle compañía al chico.

Los ojos de Tiñón fueron de Jofre a Denise y viceversa. El chico tenía tremendas dudas.

– ¿Qué pasó? ¿No entendiste? Llévatela – señaló a Denise – al cautiverio. Tiñón obedeció asintiendo. Tomó a Denise por los brazos.

– ¡Suéltame! Me estás lastimando.

– Si te da trabajo, métele un plomazo. Puedes eliminarla.

Denise entró en pánico.

– ¿Cómo puedes hacerme esto, Jofre? Fui yo quien ideó el plan. Espera, hablemos.

– No tenemos nada de qué hablar contigo.

– Podemos compartir el dinero, tomaré el cuarenta por ciento y te daré el sesenta –. Jofre volvió a reír.

– ¿Qué estás pensando? ¿Qué somos idiotas?

– Me quedo con el veinte por ciento. Perdóname por querer parecer mezquina...

Denise habló para ganar tiempo y calmar los ánimos de Jofre. Negativo. Él asintió con la cabeza y Tiñón la arrastró hasta la casa del cuidador. Dimas estaba sentado en la puerta, escuchando a escondidas. Cuando lo vio, se levantó inmediatamente.

– ¿Qué sucedió?

– El patrón ordenó que la dama fuera puesta en la casita con el niño.

Dimas sonrió ampliamente. Tenía los dientes manchados de nicotina. Masticaba una cerilla entre sus dientes amarillos.

– Yo sabía que iba a pasar.

Se agachó y recogió una botella que estaba a su lado. Humedeció un trozo de tela con éter y se volteó bruscamente hacia el rostro de Denise. Ella ni siquiera luchó. Se desmayó instantáneamente. Tiñón la tomó en sus brazos, Dimas abrió la puerta. Ricardo se despertó asustado.

– Tómalo con calma, chico. No tengas miedo, no. Trajimos compañía.

Tiñón depositó el cuerpo de Denise en el suelo, junto a la cama. Sacó una esposa del bolsillo trasero de sus pantalones y sujetó su muñeca izquierda a los pies de la cama.

– No quiero que nadie ensucie aquí – dijo Dimas –. Solo yo puedo jugar – y se rio a carcajadas que hizo eco en toda la habitación.

Ricardo se arrinconó la cama. Los ojos de Dimas le dieron miedo. Miedo puro. Tenía edad suficiente para saber lo que significaba jugar. El miedo se apoderó del niño y oró, oró con una fuerza extraordinaria.

Los muchachos salieron de la habitación y cerraron la puerta. Ricardo fijó sus ojos en Denise. Ella parecía muerta. Estiró su brazo libre, colocándolo cerca de su boca. Respiró. Observó a esa mujer. El rostro no le era ajeno. Sabía que no la conocía, pero ¿dónde creía haber visto a esa mujer?

* * *

Edgar fue visto por dos médicos en el hospital. Después de exámenes minuciosos, uno comentó:

– Esperaremos los análisis de sangre y orina, pero puedo decirte que, al parecer, no tienes nada.

– ¿Qué pudo haber pasado, doctor?

– Probablemente haya ingerido un cóctel elaborado con tranquilizantes con algún potente anestésico que provoca somnolencia, pérdida de la memoria, alienación y también delirios –. El otro doctor comentó:

– Disculpe haberme entrometido... – Edgar asintió.

– ¿Qué es doctor?

– Bueno, hace unas semanas recibimos a un joven del mismo grupo de edad que el suyo y que tenía los mismos síntomas. También dijo que salió con una rubia...

El médico describió a la mujer y Edgar dijo:

– Puede que sea la misma mujer que me robó.

– Hay que tener cuidado – reflexionó el médico –. Si sales a encontrarte con alguien y te ofrece una bebida, dile cortésmente que prefieres recoger la tuya en la barra o pregúntale directamente al *bartender*.

Nunca te alejes de tu vaso por nada. Nunca lleves a un extraño a tu casa.

– Puede estar seguro, doctor. Aprendí la lección. Siempre pensé que era inteligente y creí que los que sufrían este tipo de agresiones, por así decirlo, eran unos imbéciles con dinero y...

Los parlantes anunciaron:

– Doctor Eduardo y Dr. Lopes, urgencias... Doctor Eduardo y Dr. Lopes, urgencias.

– Tenemos que irnos. Tan pronto como los exámenes estén listos, venga para verlos.

– Sí señor.

Asintieron levemente y se fueron. Adriano palmeó a su amigo en el hombro.

– Entonces, ¿pensaste que solo los idiotas de alta gama caen en esta trampa? ¿Te sirvió la caperucita? – Edgar se encogió de hombros y habló con desdén:

- Siempre pensé que era inmune a este tipo de ataques, eso es todo. Pero aprendí la lección, por si quieres saberlo. De camino al hospital estaba pensando en todo lo que pasó. No me siento víctima de la situación. Lo hice fácil, realmente me estaba comportando como un idiota. Era una forma de no sentirme solo. Necesitaba demostrarme que era irresistible para las mujeres.

- ¿Aprendiste la lección, Don Juan?

- He aprendido. Y he estado pensando en lo que me dijiste sobre los sentimientos de Marina hacia mí.

- ¿Has estado pensando?

- Sí. ¿Sabes? Mi pecho se abrió cuando me dijiste que le gustaba.

- ¿No están tratando de darte un gusto? No vas a herir sus sentimientos. Te quiero mucho, te considero un hermano. Pero Marina es muy simpática, una mujer seria, de valores nobles, y un corazón puro. Si te le haces daño, te las verás conmigo.

- Por quien me estás tomando - preguntó Edgar, sorprendido y nervioso.

- Es que te has estado comportando como un chico que acaba de salir de la adolescencia. ¿Conoces al que acaba de cumplir dieciocho años y recibió un coche de regalo de sus padres? Pues te pareces a ese pequeño gracioso que anda quemando llantas, mostrando la máquina a Dios y al mundo y piensa que tendrá a todas las mujeres del mundo por el auto. Has superado la edad de querer impresionar. Hace tiempo.

- ¿Ya se acabó tu sermón?

- Por hora. Vamos a la sala de espera de la UCI. Patricia y Marina están ahí.

Edgar acompañó a su amigo y subió al tercer piso. Tan pronto como se fueron, vieron a Patricia y Marina abrazadas, llorando. Marina estaba de espaldas y Patricia se volteó hacia los chicos. Adriano miró a su esposa como preguntándole si había pasado lo peor. Patricia asintió. Consuelo acababa de fallecer.

CAPÍTULO 38

La situación en la casa de Leticia y Leandro no era la mejor. Desde el secuestro de Ricardito, la tensión, la desesperación y una indefinible ola de tristeza se cernían sobre la casa. A la entrada del condominio, había un discreto auto de policía.

En la puerta de la casa, dos policías. Dentro de la propiedad, dos profesionales de la industria de la seguridad personal. Trabajaron en asociación con la policía. Eran profesionales del riesgo los que traban negociando con secuestradores de todo el mundo por la liberación de sus víctimas. Uno de ellos estaba sentado junto a la extensión del teléfono principal en la oficina de la casa.

Mila intentó a toda costa calmar los nervios de Leticia.

– Sé que la situación es la peor posible, pero no puedes ceder a la desesperación.

– ¿Cómo no voy a hacerlo? Se llevaron a mi hijo no sé dónde y mataron a mi marido. ¿Qué quieres que haga Mila? Siento escalofríos con solo mirar ese teléfono – señaló el dispositivo en la mesa lateral –. Sé que pedirán rescate, harán amenazas. No me resistiré.

– Vamos. Por supuesto que lo harás. Tu eres fuerte. Tu hija está por venir al mundo. Si sigues tan desesperada, le transmitirá esos sentimientos desagradables al bebé. Por favor, Leticia, me imagino la magnitud de tu dolor, pero piensa en Camila, querida.

Leticia respiró hondo y cerró los ojos. Recordó la conversación que había tenido con su hijo esa mañana. Las lágrimas continuaron cayendo por las comisuras de sus ojos.

- Ricardo sintió algo malo. Dijo que no vería crecer a su hermana. Oh, Mila, creo que van a matar a mi hijo. Yo no quiero eso. No merezco esta desgracia.

Mila no sabía qué hacer. Fue difícil decir algo. La situación exigía oración y un gran respeto por el dolor de Leticia. Abrazó a su amiga y también lloró.

- Te quiero mucho, Leticia, eres mi hermana de corazón. Te juro que me quedaré a tu lado hasta que todo esté resuelto. Cuentas conmigo, querida. Cuentas conmigo.

Teresa y Carlos Alberto estaban sentados en el sofá frente a ellos. Ambos se sintieron conmovidos. Teresa estaba diferente. Toda esta tragedia había provocado cambios significativos y positivos en su espíritu. Antes, una mujer arrogante e inútil, ahora comenzó a abrir su corazón para comprender más sobre los hechos de la vida y, por qué no decir, la muerte.

Se frotó las manos en un gesto desesperado.

- Siempre pensé que la violencia era algo que solo se veía en televisión. Lo más que me pasó fue el robo de un reloj, hace muchos años. Fue una empleada quien lo robó. Pero entonces, este tipo de violencia, nunca.

- Muchas familias en todo el país se han enfrentado o enfrentan lo mismo que usted, doña Teresa - dijo Carlos Alberto -. Como comisario he visto barbaridades. Desafortunadamente, este tipo de ocurrencia sucede con cualquier familia, independientemente de la clase social. Es un mal nacional.

- No Puedo soportar ver a mi hija así. Si yo estoy sufriendo, me imagino su dolor. Quién sabe dónde está mi nieto. Y mi yerno - se aclaró la garganta, se tocó - no me llevaba bien con Leandro, pero lo que le hicieron fue terrible, inaceptable.

- Los médicos están haciendo todo lo posible para salvarlo.

– ¿Será? Le dispararon tres veces, está inconsciente. Para mí, tuvo muerte cerebral y los médicos no quieren decirnos la verdad.

– Oremos y confiemos, doña Teresa.

– No tenemos nada que hacer más que rezar. Solo rezar para quitarme ese gran peso de encima. Es extraño que un comisario me hable de oración.

– ¿Y por qué no hablar? Detrás del comisario hay un hombre de carne y hueso, que tiene sentimientos y que, incluso lidiando con el crimen y la violencia todos los días, cree firmemente en Dios.

– Ojalá tuviera esa fuerza.

Continuaron la conversación y sonó el teléfono. Los ojos de Leticia se agrandaron. Mila lo tomó en sus manos.

– Calma.

Uno de los chicos de la agencia cogió la extensión de teléfono. Teresa respondió.

– El niño sigue vivo. Queremos diez millones de dólares en billetes de cien dólares para el domingo por la noche. Mañana llamaremos para dar instrucciones de dónde llevar el dinero.

Colgaron. Leticia estaba angustiada.

– ¿Fueron ellos, los secuestradores?

Teresa asintió.

– ¿Mi hijo? – preguntó con voz temblorosa.

– Está vivo. Quieren diez millones de dólares para la noche del domingo.

– Tenemos el dinero. Vayamos a la caja fuerte de la empresa. Cogemos el dinero, se lo damos y rescatamos a mi hijo. Por favor, vámonos.

Hizo un gesto para que se levantara y Carlos Alberto trató de calmarla.

– Ésta no es la forma de hacerlo Leticia.

– Quieren el dinero, ¿verdad? Les damos la cantidad que quieren y liberan a mi hijo, ¿está de acuerdo?

Uno de los profesionales acostumbrados a lidiar con este tipo de situaciones movió negativamente la cabeza.

– El jefe de la sección antisecuestro ha sido convocado. Tengo que pasarle la información. Necesitamos tener sangre fría en esos momentos. No podemos actuar con razón.

– No tengo sangre fría – protestó.

– Necesita tenerla. Disculpe por ser franco, doña Leticia, pero ¿cuál es la garantía que tras recibir el dinero entregarán vivo a Ricardito? No podemos simplemente salir y tomar una maleta llena de dólares y pensar que todo se resolverá.

Mila asintió.

– Tiene razón, amiga. Esperaremos instrucciones de la policía. Confiemos en estos profesionales y en la policía. Saben lo que hacen.

El teléfono volvió a sonar. El chico de la empresa de seguridad personal corrió hacia la extensión y Teresa respondió, angustiada:

– ¿Que quieren?

– Aquí, el hospital. Necesitamos autorización de la familia para realizar una transfusión de sangre y...

Después de colgar el teléfono, Teresa dijo:

– Leandro necesita una transfusión. El banco de sangre del hospital está en cero.

– ¿Cuál es el tipo de sangre de Leandro? – preguntó Mila.

– A positivo.

– No sé cuál es mi tipo de sangre – dijo Mila.

– No recuerdo el mío – dijo Teresa.

– Soy B negativo – siseó Leticia –. Ni siquiera puedo donar sangre a mi marido – gimió.

– Yo puedo – dijo Carlos Alberto.

– ¿Puedes? – preguntó Mila.

– Sí. Mi sangre es O negativo, conocida como universal. Mi sangre se puede transfundir a cualquiera. Quédate aquí e iré al hospital de inmediato.

Salió y avisó a los dos policías en la puerta de la casa. Carlos Alberto se subió a su auto y se dirigió al hospital.

Leonidas y Emerson intentaron limpiar el ambiente de las pesadas energías que todos emitían en la casa. Por mucho que lo intentaran, un poco de miedo flotaba en el aire. Y los espíritus trataban de dar pases a las mujeres para que estuvieran tranquilas la mayor parte del tiempo, algo muy difícil de conseguir.

Emerson estaba desconsolado.

– Soy responsable de todo esto. Estaba influyendo negativamente en Denise y mira lo que pasó. Secuestraron a mi nieto.

– No te sientas culpable – dijo Leonidas –. No tenías la culpa. Denise usó su libre albedrío. Ella tomó esa decisión, podría haberse comportado de manera diferente.

– Pero contribuí a esa catástrofe. Si mi nieto muere, no podré soportarlo.

– Calma, hombre. Por supuesto que puedes soportarlo.

– Me convertí en el obsesor de Denise. Fui malo.

– Bien sabes que la obsesión no es más que la entrega de nuestra voluntad a los demás. El obsesionado vive de la constante influencia de los demás. Necesitamos estar atentos en nuestros pensamientos y no aceptar todo lo que aparece en nuestra mente. Tenemos que asumir la responsabilidad de lo que pensamos. Si somos conscientes del tipo de comida que comemos, sabiendo cuál es bueno y cuál es malo, también tenemos que aprender a hacer lo mismo con nuestros pensamientos. Están los que sirven y los que no sirven, que son fruto de las influencias de otros encarnados o incluso de los desencarnados, como fue tu caso. Denise podía recibir tus sugerencias, pero tenía la opción de aceptarlas o no.

– Quiero que mi hija sea feliz. Me cansé de querer estar a su lado. Siento que ella y Leandro realmente se aman.

– Sí. Se aman. Estabas muy apegado a tu hija. Esta es una gran oportunidad para que aprendas a dejar ir a los demás. Necesitamos respetar la voluntad de aquellos a quienes amamos. Esa es una gran lección.

Las palabras resonaron con fuerza en Emerson: – Necesitamos respetar la voluntad de aquellos a quienes amamos.

Sonó una especie de pitido y Leonidas tomó el dispositivo y dijo:

– Tenemos que irnos. Consuelo acaba de fallecer.

Los ojos de Emerson se agrandaron y, con el pecho oprimido, siguió a Leonidas al Hospital São Basilio, en São Paulo.

Los dos llegaron al hospital justo cuando Marina había recibido la noticia de los médicos. Emerson sintió un dolor tremendo cuando vio a su hija en un estado tan lamentable. Marina lloró con un llanto doloroso y triste. Amaba a Consuelo y era difícil enfrentar esa realidad.

Emerson se acercó y la abrazó con afecto. Sus lágrimas se mezclaron con las de ella.

– No estés triste, hija mía. La muerte es algo natural y la separación es temporal. Pronto estaremos todos juntos, en espíritu, trazando nuevos planes de vida. No te pongas así.

Leonidas llegó rápidamente.

– Manténgase alejado de ella, ya que tus emociones se transmiten a Marina –. Emerson se alejó y continuó:

– Si de verdad quieres ayudarla, ve tras esa enfermera – señaló.

– ¿Por qué?

– Vaya con ella y descúbralo usted mismo.

Emerson besó a Marina en la frente y siguió a la enfermera. Mientras se acercaba a la joven, escuchó sus pensamientos:

– ¿Estaba el paciente en la cama 43 diciendo algo? ¿Será? Me dijo, antes de morir, en un arranque de tremenda lucidez, que su hija debía buscar a la familia de Emerson Theodoro Ferraz. ¿Y ahora? ¿Le digo esto a su hija o no?

Emerson se aferró a la enfermera y trató de influir en ella, ahora de manera positiva, para que creyera lo que había escuchado y transmitir el mensaje a Marina.

Carlos Alberto llegó a casa con una sonrisa contagiosa. Mila no entendió ese aire de satisfacción mientras lloraban por Leandro y Ricardito. Trató de reprochar a su novio, pero él pronto dijo:

– Primero, me gustaría decir que doné la sangre, la transfusión fue un éxito y Leandro respira sin dispositivos.

Leticia se llevó la mano al pecho.

– ¿Leandro se despertó?

– Todavía no. Está en coma, pero sin la ayuda de máquinas –. Mila sonrió.

– Leandro es fuerte, ganará esta batalla.

– Otra cosa más importante y fantástica – habló y les pidió que lo acompañaran a la sala de televisión. Nadie entendió nada, pero por la cara de felicidad de Carlos Alberto se levantaron. Mila y Teresa ayudaron a Leticia a levantarse. Sus fuerzas estaban agotadas, su bolsa a punto de estallar. Caminaban despacio y Carlos Alberto encendía el televisor. Incluso los dos chicos de la empresa de seguridad sintieron curiosidad y los acompañaron. Corría la noticia, con imágenes de la Policía Federal y dos hombres esposados:

– La Policía Federal detuvo hoy al abogado Ignacio Mello Farías en São Paulo, en un operativo de más de un año junto con la Hacienda Pública y el Ministerio Público. Ignacio es acusado de conspiración, de montar un esquema supuestamente fraudulento en la importación de dispositivos electrónicos para la cadena de tiendas Domményca, además de falsedad ideológica. Otras dos personas fueron condenadas en el mismo caso: el contador de la empresa, Evaristo Nascimento y la gerente general de Domménvca, Denise Sanches Arruda, no habidas. La Operación de la Policía Federal se lanzó el año pasado para combatir la sospecha de evasión fiscal. Ignacio Farías y Evaristo Nogueira fueron trasladados a la sede de la Policía Federal, en el barrio de Lapa, donde los sospechosos suelen ser interrogados y detenidos. La policía no pudo informar del paradero de Denise Arruda...

Carlos Alberto apretó el control remoto y apagó la televisión. Las tres se miraron y lo miraron. Mila preguntó:

– ¿Por qué nos llamaste para mostrar esta historia en el noticiero? Estamos acostumbrados a que este tipo de personas sean detenidas todos los días.

– Yo tampoco lo entendí. Si quisieras distraerme – corrigió Teresa – no lo has logrado – Leticia no respondió. Tenía la cabeza baja, su mano se frotaba suavemente el vientre, ajeno a todo.

Carlos Alberto estaba encantado.

– Ese abogado, Ignacio Farías, fue detenido esta tarde. En cuanto fue interrogado, entregó pruebas que vinculan a Denise Arruda con el secuestro de Ricardito.

Leticia arqueó las cejas:

– ¿Qué dijiste? No entiendo.

– El abogado de Domménvca estaba siendo chantajeado por Denise Arruda para que le prestara su sitio como lugar de cautiverio para recibir a Ricardito. Ignacio grabó en el reproductor MP3 la parte de la conversación en la que Denise habla bien los detalles del secuestro.

– Todo esto es muy surrealista – dijo Teresa –. ¿Quién puede decir que lo que dijo este hombre es cierto?

– Tiene el dispositivo con la grabación. Dio orientación a la policía para salvar a Ricardito, por supuesto, todo a cambio de la reducción de la pena.

– ¡Denise! – gritó Leticia –. No puedo creer que esta víbora haya tenido el valor de lastimar a mi hijo.

– Yo tampoco pensé que llegaría tan lejos– dijo Mila.

– Te juro que, si le pasa algo a Ricardo, iré al infierno tras esta mujer. ¡Te juro que la mataré! – Leticia habló en un tono que sorprendió a todos en la sala.

CAPÍTULO 39

El inicio de la enuncia no pudo llegar en el mejor momento. Armados con información confidencial, la Policía Federal se puso en contacto con el delegado, jefe de la comisaría antisecuestro de Rio de Janeiro.

La policía ingresó al lugar del cautiverio al amanecer del domingo. Tiñón y Dimas, sorprendidos, fueron esposados y arrestados. Jofre salió disparando a todos lados y resultó fatalmente herido. Murió instantáneamente.

Tan pronto como desencarnó, su periespíritu fue sacado de su cuerpo físico y succionado a otra dimensión, a otro mundo, mucho más violento y atrasado que el nuestro. Como Leonidas había mencionado antes, Jofre había tenido la oportunidad de cambiar su destino. Prefirió seguir otro camino. El resto es historia.

Ricardo y Denise fueron liberados y uno de los policías tranquilizó al niño.

– No te preocupes que todo salió –. Ricardo abrazó al policía.

– Gracias. Quiero irme a casa, cuidar de mi madre. Perdí a mi padre y ella debe estar muy sana y...

El chico estaba muy emocionado, la adrenalina corría. El policía levantó su cabeza al encuentro con su pecho:

– ¡Shh! Calma. Vamos a casa. Tu familia te está esperando.

– Necesito salir de aquí.

– Quédate tranquilo.

Denise se sintió aliviada.

- Al final. Estos forajidos casi nos matan. Me alegro que la policía haya sido tan eficiente.

Un oficial de policía le sonrió e inmediatamente la esposó.

- Denise Sanches Arruda. Estás arrestada.

Sacudió la cabeza violentamente hacia los lados.

- ¡No puede ser! ¿Qué es esto?

- No hablaré - dijo el policía -. Su amigo Ignacio Mello Farías fue detenido ayer por la tarde en São Paulo y nos mostró la grabación donde hablaba los detalles del secuestro y el escondite.

Denise luchó, pateó. Gritó a la policía, escupió en la cara de uno.

- También será procesada por desacato a la autoridad.

La metieron en una camioneta y la llevaron a la estación de policía. Al día siguiente, acompañada de dos policías, Denise fue esposada en un avión y enviada a la Prisión de Mujeres de Carandiru, en el norte de São Paulo.

Denise fue juzgada y condenada a veintiocho años de prisión. No le fue bien en la prisión. Con su temperamento fuerte e irascible, pronto fue acosada por las presas. Por razones de seguridad, Denise fue trasladada a la Penitenciaría de Mujeres Tremembé en el Valle de Paraíba.

Leandro abrió los ojos y primero tanteó la cama. Luego miró a su alrededor. ¿Estaba muerto? Como si leyera sus pensamientos, Leonidas respondió:

- Aun no has muerto.

- ¿No?

- No. Depende de ti si te quedas aquí o regresas a la Tierra.

- ¿Cómo así? - Estaba confundido. Le dolía la cabeza y sentía un dolor severo en el brazo y hombro izquierdos.

- Entraste en coma.

- ¿En coma?

- Sí. Tu cuerpo físico está debilitado; sin embargo, ya no respiras con la ayuda de dispositivos. Esa es una señal que tu espíritu quiere vivir.

Leandro se dio cuenta de todo. Recordó a los secuestradores, las armas, la desesperación de Ricardo y los disparos.

- Pensé que había muerto. Vi mi cuerpo ensangrentado, tendido sobre el volante.

- Pero no moriste. Con el impacto de los disparos, tu periespíritu se desprendió del cuerpo físico y tuviste un destello de conciencia. Llegaste a este lugar de recuperación cerca de la corteza terrestre hasta que decidas si regresas o no.

- ¡Mi hijo! Estoy preocupado por mi hijo.

- Ricardo está bien. Fue rescatado por la policía y está bien.

- Estoy cansado y confundido. ¿Por qué fuimos víctimas de tanta brutalidad?

- A los ojos del mundo terrenal, se le considera una víctima, pero aquí, en esta dimensión, todo tiene una explicación plausible.

- ¿Explicación plausible? Intentaron matarme y secuestraron a mi hijo. ¿Hay explicación plausible para esto?

- La hay. ¿Crees en la reencarnación?

- Empecé a estudiar el tema no hace mucho. Me gustan las reuniones en mi casa, las oraciones, pero a veces dudo de todo. No veo, no veo a los espíritus. ¿Será cierto?

- Pero Ricardo dice que ve y habla con los espíritus. ¿Tu hijo está loco?

- No. Todo lo contrario. Ricardo es inteligente y astuto, un chico de una inteligencia excepcional, además de tener una tremenda sensibilidad.

- Y si tu cuerpo está en coma y estás aquí en esta cama – sonrió Leonidas – ¿con quién hablas?

Leandro no supo responder de inmediato. Pensó, pensó y respondió:

– ¿Eres un espíritu?

– Soy amigo de la familia. Ricardo, tú y yo hemos estado conectados durante muchas vidas.

– No te recuerdo.

– No me he reencarnado cerca de ti esta vez, por ahora. Hay planes para que regrese a la Tierra, si Ricardo me acepta como hijo, dentro de veinte años.

Leandro miró hacia afuera y entrecerró los ojos.

– Tu rostro no me resulta extraño, pero ¿de dónde lo conozco?

Leonidas se inclinó y puso su mano sobre la frente de Leandro. Cerró los ojos, hizo una oración a lo Alto y Leandro se durmió. Cayó en un sueño profundo, casi hipnótico, que lo llevó a un viaje de doscientos años a través del tiempo.

✳ ✳ ✳

Inglaterra, 1809. La Revolución Industrial estaba en su apogeo y las fábricas, de todo tipo y tamaño, seguían creciendo, principalmente en las industrias textil y minera. John y Edward eran hermanos adinerados, propietarios de mineras y textiles – fábricas de algodón. Eran gemelos idénticos y muy lindos. Debido a la amistad que tenían con el rey Jorge III, tenían el monopolio de una mina; en una región cercana a Londres.

Eran temidos porque, como otros dueños de fábricas de época, tenían niños en el campo de trabajo. Sí, en aquelola época los niños hasta los seis años trabajaban unas diecisiete horas diarias, de lunes a lunes, sin descanso, sin condiciones mínimas de higiene. Vivían apretados en los sótanos de fábricas o minas de carbón y la esperanza de vida de esta población específica rondaba los dieciséis o diecisiete años.

John era más serio. Siempre atento a los negocios, quiso saber cómo enriquecerse y no hizo ningún esfuerzo: hacer que sus minas funcionaran a toda velocidad, extrayendo carbón casi las veinticuatro horas del día.

Edward estaba más relajado. Típico burgués de la época, amigo de la reina Carlota Sofía, frecuentaba la alta sociedad de Londres y era un conquistador nato. Se acostó con todo tipo de mujeres.

Había un lado oscuro en la personalidad de Edward. Tenía un deseo por las chicas jóvenes. Y había muchas de ellas que trabajaban en sus fábricas. Mucho. Le tenía mucho cariño a una niña de catorce años, Emily. Ella era linda, su piel blanca, su cabello rojo largo y rizado. Edward exigió que la niña durmiera con él y Emily calentó su cama durante tres años. Trabajaba desde las seis de la mañana hasta las seis de la tarde. Tenía una hora para almorzar, donde le sirvieron pan con mantequilla, sin nada para beber, por la noche, tenía que bañarse y corría sigilosamente a la casa de Edward. Entraba a la cocina y disfrutaba de la comida. Descansaba un rato en la cocina y, alrededor de las diez de la noche, Edward le pedía que fuera a su habitación.

Cuando cumplió diecisiete años, Edward perdió el interés. Se estaba convirtiendo en una adulta y, en su concepción, demasiado mayor para acostarse en su cama. Emily fue despedida de la fábrica de algodón y vivió mendigando en las calles, comiendo restos y sobras de comida, durmiendo en galerías y alcantarillas debajo de la ciudad.

Una tarde, vio a John saliendo de una taberna, un poco borracho. Ella creyó que se trataba de Edward. Se acercó y pidió ayuda. Estaba hambrienta, había sido mordida por ratas en la alcantarilla y necesitaba ayuda, de lo contrario moriría.

John no tenía idea de quién era esa loca. La empujó con fuerza hacia la calle. Emily perdió el equilibrio, se cayó y vio una piedra. Fue una reacción de instinto de supervivencia. Ella tomó la piedra y avanzó hacia John. Borracho y con fuerzas reducidas, no pudo defenderse a tiempo. Emily le aplastó la cara y lo mató en el acto.

Edward lloró mucho por la muerte de su hermano y quiso vengarlo. Colocó carteles de recompensa por toda la ciudad para cualquiera que diera una pista para localizar el paradero de la chica asesina. Emily fue encontrada fácilmente y Edward la encarceló en una habitación diminuta, sin ventanas, húmeda, mal ventilada y apestosa, en uno de los sótanos de la mina. La dejó allí, atrapada, llena de ratas y agua alrededor.

- ¡Mereces morir! - rugió, tan pronto como la hubo encerrado en la pequeña habitación.

Diez días después, cuando se abrió la puerta del dormitorio, un hedor se apoderó de las fosas nasales de Edward. El cadáver de Emily estaba cubierto de ratones que ya le devoraban las entrañas.

Leandro abrió los ojos e hizo una mueca de incredulidad.

- ¡Dios mío! ¡Viví esa historia!

- Claro. Por supuesto que la viviste. Fue tu penúltima encarnación en la Tierra.

- ¿Tanto tiempo?

- ¡Ajá! Después de tu desencarnación, tú y Emily vivieron durante muchos años en el Umbral, uno queriendo vengarse del otro, debido a eventos relacionados con vidas anteriores a esta vivida en Londres. John, que había entendido por qué murió de esa manera y perdonó a Emily, fue llevado a una colonia astral y estudió mucho. Después de años, logró localizarte y convencerte que dejaras atrás tus resentimientos e intentaras seguir adelante en el viaje evolutivo de tu espíritu. Para alejarte un poco de Emily, reencarnaste en Brasil por un corto tiempo. Moriste en la Guerra del Paraguay. Después de casi doscientos años, contando desde la encarnación en Inglaterra, la vida volvió a poner a Emily en tu camino y en el de John, para que se lleven bien y dejes de lado las maldades y los resentimientos que entre todos ustedes durante muchos siglos...

– Entonces, ¿yo soy Edward?

– Sí. Y John hoy es Ricardo.

– ¿Y tú?

– Yo era tu padre, Robert. Me sentí culpable por la crianza liberal que te di. Pensé que yo era responsable de la muerte de Emily, ya que les había dado a mis hijos una educación libertina y desenfrenada.

– Emily...

– Es Denise.

– La maté.

– Tú causaste su muerte, sí.

– Por eso odia a Ricardo sin razón aparente...

– Todo queda registrado en la memoria del espíritu. Denise todavía tiene destellos de esa encarnación pasada. Su espíritu odia a Ricardo porque él la hacía trabajar casi veinte horas al día en la fábrica.

– ¿Y su marido en toda esta historia? Sí, porque Edgar estaba loco por ella –. Leonidas sonrió.

– Ya sabes Leandro, cuando reencarnamos en la Tierra, el ochenta por ciento de las personas que se cruzan en nuestro camino son espíritus que han vivido con nosotros durante muchas vidas. Solo el veinte por ciento son espíritus que se cruzan en nuestro camino por afinidad energética. Es como si nos sintiéramos atraídos por el hierro, o las abejas atraídas por la miel.

Leandro escuchó todo con total atención. Leonidas continuó:

– Después que tú y Emily, es decir, Denise, se dieron un respiro en el mundo astral inferior, ella, atormentada y llena de odio en su corazón, regresó al planeta, alrededor de 1866, precisamente en Brasil. Los mentores creían que, lejos de ti y de John, ella podría tener la oportunidad de vivir una vida diferente, sin tormentos ni rencores.

– Pero dijiste que yo vivía en Brasil, al mismo tiempo.

– Sí; sin embargo, desencarnaste durante un enfrentamiento en la Guerra del Paraguay en 1865. La vida no quería que ambos estuvieran en la misma dimensión. Regresaste a la patria espiritual y Denise regresó a la Tierra.

Denise regresó como una mujer adinerada, dueña de fincas cafetaleras. Se casó con Edgar y vivieron juntos durante unos años. Un día, desconfiado, la atrapó en brazos de un esclavo, Jofre. Indignado, exigió satisfacción. Denise, fría y desprovista de todo sentimiento, le pagó al esclavo una buena suma para que matara a su marido.

– Denise está severamente comprometida con tantas malas acciones – dijo Leandro.

– Aquí en el mundo espiritual no juzgamos las actitudes de las personas como buenas o malas. Ellas son las que te juzgarán en el momento de la desencarnación. Cada uno es dueño de su conciencia y el dolor que derivan del espíritu mismo. Ustedes son los que entran en pánico al desencarnar.

– ¿Por qué?

– Porque muchos todavía creen que cuando mueres todo se acaba. Craso error –. Leandro quiso continuar la conversación, pero una voz familiar resonó en la habitación:

– ¡Papá! ¡Papá! Soy yo, estoy vivo. Vuelve conmigo y con mamá. Regresa a casa. ¡Vuelve a la vida!

– ¡Es la voz de Ricardo!

– Así es – respondió Leonidas.

– Es mi hijo. Me está llamando.

– Estás al lado de tu cuerpo en la UCI.

– ¿Qué debo hacer?

– Quieres volver o...

Leonidas no tuvo que terminar la frase. El deseo de volver a la vida en el planeta, el deseo de estar con su amado hijo y esposa fueron más fuertes que cualquier otra cosa. Leandro cerró los ojos y se durmió.

Ricardito seguía llamando, llamando. La enfermera se acercó y dijo:

— Tú no puedes estar aquí. En vista de los acontecimientos, le permitimos que viniera a ver a su padre por unos minutos. Ahora tienes que irte.

— Solo un poco más.

— Tienes que irte, querido —dijo la enfermera amablemente—. Son estándares hospitalarios —. Ricardo, con un latido del corazón, se despidió de Leandro. Lo besó en la frente y se fue, manteniendo la cabeza vuelta.

Leandro movió la cabeza lentamente, se volteó hacia un lado y abrió los ojos. Balbuceó:

— ¡Hijo!

EPÍLOGO

Han pasado seis meses. Leandro se recuperó bien del ataque. Le habían disparado en la cabeza y la bala no afectó milagrosamente ninguna parte de su cerebro. Otro disparo le alcanzó en el hombro y otro en el brazo izquierdo, dejándolo condenado a vivir con el brazo paralizado. Quizás, a lo largo de los años, podría volver a tener algún movimiento en su brazo izquierdo.

Pero era un hombre feliz. Sostenía a su hija, Camila, en sus brazos cuando Ricardo entró en la habitación.

- ¡Llegaran los hombres!

- Sostén a tu hermana, Ricardo. ¿Le avisaste a tu madre?

- Sí. Ella, Mila y la abuela están perdidas allí en medio de tantas cajas.

- Es mejor no inmiscuirse en este asunto.

- Yo también lo creo.

Leandro se acercó a su hijo. Abrazó a Ricardo y besó a Camila en la frente.

- Son las personas más importantes de mi vida. Te quiero. Y soy tu fan.

- ¿Mi fan?

- Sí, hijo, tú eres mi héroe.

- Vaya, papá, cuando estaba secuestrado, me preguntaba qué haría Grissom, ¿sabes? Recordé ese episodio de CSI...

Mientras padre e hijo conversaban, Teresa indicaba a los muchachos las cajas que debían ir primero al camión de mudanzas. Estaba un poco emocionada y eufórica. Mila la tranquilizó:

– Ten la seguridad que todo estará bien.

– Lo sé, querida – respondió Teresa –. Déjame a mí que me encanta dar órdenes. Ve a la cocina y haz un café para ti y Leticia –. Teresa habló y asintió. Mila miró a su amiga.

Leticia estaba de pie junto a la ventana de la sala, mirando el movimiento fuera de su casa. Ella estaba feliz. Mientras sonreía, sus dedos frotaban suavemente los tres muñequitos dorados que rodeaban su cuello. Ahora, además de los dos colgantes con los nombres de su esposo y su hijo, había otro, de una niña. Decía: Con amor, Camila.

Mila se acercó y le dio un codazo a su amiga.

– ¿Estas soñando?

– Tenía mis pensamientos muy lejos – dijo Leticia y se volvió hacia Mila.

– Tu madre nos pidió que hiciéramos un café –. Leticia miró a Teresa y dijo:

– Envolvimos todo, mamá. Todos los utensilios de cocina se han guardado. ¿Cómo vamos a tomar café?

– Traje una cafetera eléctrica de casa. Estoy acostumbrada a los cambios. Ve, tómate un café con tu amiga. Disfrútala porque no se verán tan a menudo.

Leticia se mordió los labios y sonrió.

– Estoy feliz de irme de Brasil, pero siento un pellizco por dejar a mi madre, mi querida amiga...

Teresa le guiñó un ojo a su hija y siguió dando órdenes. Mila la envolvió alrededor de la cintura de Leticia y se dirigió a la cocina.

– No puedo creer que mamá esté tan bien.

– Ella ha estado frecuentado el espacio esotérico que hay en Recreio. Va conmigo todos los miércoles, religiosamente.

- Después de lo ocurrido, la vida de todos cambió mucho.

- Para mejor, Leticia - añadió Mila -. Mira que Teresa sufrió mucho por el secuestro; sin embargo, creo que sufrió más por la humillación que sufrió por parte de sus amigas del club.

Leticia abrió la cafetera, tomó una cuchara y echó un poco café en el colador de papel. Luego presionó el botón de la cafetera.

- Siento que fue difícil para ella ver que era parte de un mundo lleno de apariencias, lleno de gente sin una pizca de espiritualidad. Le reprocharon en público. Cuando se filtró en la prensa que mi padre tenía una hija fuera del matrimonio y, además, con una empleada doméstica, nadie la perdonó.

- Así es. Teresa sufrió todo tipo de burlas, desprecios. Si no hubiera estado abierto a las enseñanzas espirituales, podría haber sucumbido.

- Yo también lo creo.

- ¿Has visto a tu hermana?

Leticia se rio.

- ¡Lo encuentro tan extraño! Siempre he sido una hija única y después de treinta años descubro que tengo una hermana.

- Una hermana de corazón puro.

- Sin sombra de duda. Marina es una chica brillante y carismática.

- Al menos el proceso de reconocimiento de la paternidad fue rápido, ¿verdad?

- Porque mamá y yo no acudimos a los tribunales, de lo contrario, se prolongaría durante años. ¿Para qué? Somos buena gente. Y el caso, en sí mismo, no era tan complejo. Marina presentó una demanda para reconocer la paternidad a cuenta de la herencia de papá. Luego hicimos el examen de ADN.

- Yo, en mi ignorancia, creí que era necesario exhumar el cuerpo del padre, ya que también había muerto la madre biológica de Marina.

- No entendí mucho del tema, pero nos enteramos que cuando el presunto padre está muerto, es necesaria la presencia de familiares que hayan tenido un vínculo genético directo con él, en este caso de hermanos consanguíneos o hijos biológicos. Fue a partir de esto que fue posible concluir la posible paternidad. Sin la composición genética del fallecido, a través de sus parientes consanguíneos, no hay forma de medir la supuesta paternidad.

- ¡Vaya, qué clase!

- Nos lo dijo un abogado. Estoy feliz porque nos vamos a mudar, reiniciar nuestra vida en otro país. La presidencia de la Compañía fue entregada a Marina.

- La actitud de Leandro me pareció tan hermosa.

- Hizo lo correcto. Pero no le dio la dirección de la empresa en sus manos porque de la noche a la mañana descubrió que era mi hermana. Marina es competente, tiene un currículum fantástico. Una profesional que cuidará mucho de nuestra empresa.

- ¡Mudarse a Canadá! - Mila suspiró y se pasó las manos por los brazos -. Mucho frio.

- Ya no soporto tanto calor. No nací para vivir en los trópicos. Debo tener alma europea.

Ambas rieron.

- Ahora que Carlos Alberto y yo hemos oficializado nuestra relación, tenemos la intención de pasar nuestra luna de miel en Toronto. ¿Qué dices?

Leticia estaba encantada.

- ¡Oh amiga! Qué maravilla. Pronto podremos vernos.

- Vamos. No veo la hora. Quizás el mes que viene después de Nochevieja.

Leticia la abrazó.

- Me alegra que hayas encontrado a un hombre tan bueno como Carlos Alberto. Que Dios bendiga esta unión.

Mila tomó dos tazas, las llenó de café y ofreció una Leticia.

– ¡Un brindis por nuestra felicidad!

– ¡Viva!

✳ ✳ ✳

Marina abrió y cerró los ojos. Respiró hondo, giró alrededor de la enorme habitación y se arrojó a los brazos de Edgar.

– ¡Oh mi amor! ¡Qué hermosa casa!

– Sabía que te gustaría este. El corredor me dijo que es el más codiciado de la región –. Ella lo besó varias veces en los labios.

– ¡Estoy tan feliz! Tenía muchas ganas de vivir cerca de Elisa. Ella es prácticamente mi hermana. Y se convirtió en mi brazo derecho en la Compañía.

– Ella y Paulo, ¿verdad?

– Paulo fue ascendido allí en Domményca. Tiene un futuro prometedor. Hizo mucho por mí. Me ayudó cuando más lo necesitaba. Se merece todo lo bueno.

– Él podría trabajar contigo.

– Paulo tiene un futuro prometedor allí. Sabe que, si quiere, las puertas de la Compañía siempre estarán abiertas. ¡Puedes creerlo!

– Me gustó que nos invitaran a ser padrinos de su boda.

– Yo también. Me regocijé en la felicidad. Como Patricia y Adriano.

– ¿Qué hay de ellos?

– ¿Recuerdas lo felices que estaban cuando los invitamos a ser padrinos de nuestra boda?

Edgar sonrió.

– Así mismo. Fue el día más hermoso de mi vida –. Marina lo reprendió.

– Escuché que dijiste lo mismo cuando te casaste con... – ella bajó la voz –, esa mujer.

– Fui un tonto, un idiota. No sabía lo que era amar. Tenía una obsesión por Denise. Descubrí esto con la terapia y estaba seguro cuando me enamoré de ti. Tú sí, eres la mujer de mi vida.

Marina lo abrazó y lo besó. Después de mirar algunas habitaciones, Edgar se rascó la cabeza y preguntó:

– Bueno, ¿puedo traer Delis para empezar a limpiar?

– No amor. El apartamento va a ser un infierno. Albañiles, carpinteros, contrataré a muchos profesionales para que dejen este piso transformado en hogar. En un dulce hogar.

– ¿Seguiremos unos meses más en mi apartamento?

– Sí. Pero solo por unos meses – se interrumpió y ella preguntó:

– ¿Qué opinas de esta habitación en particular?

– ¿Para nosotros?

– ¡No! Imagina. La nuestra será la *suite master* – señaló en dirección al corredor.

– ¿Qué quieres hacer qué en ella?

– Decórala para nuestro bebé –. Edgar sonrió con encanto.

– No pensé que quisieras tener hijos tan pronto.

– Yo tampoco, no.

– Ahora manejas el mayor fabricante de monitores de TV, apareces en portadas de revistas, eres acosada por la prensa...

Marina llevó el dedo índice a la boca de Edgar y lo silenció gentilmente.

– ¡Shh! Hablas mucho. Puede molestar al bebé.

Edgar no entendió. Marina tomó la mano de su esposo y la llevó a su vientre.

– ¡Todavía es diminuto, pero está vivo y palpitando dentro de mí! – Edgar no lo creyó.

– Me refiero a ti...

– Hum... Hum... Estoy embarazada, mi amor. Esperando a tu hijo.

Edgar no dijo nada más. Abrazó a Marina y la besó con amor. Luego se arrodilló, abrazó su cintura y, con lágrimas de felicidad, besó varias veces su vientre.

Luces de lo más variadas se irradiaban sobre la pareja: varias tonalidades provenientes de lo Alto. Marina y Edgar finalmente estaban felices y enamorados. ¡Habían encontrado el amor verdadero!

FIN

Libros de Marcelo Cezar y Marco Aurelio

El Amor es para los Fuertes
La Última Oportunidad
Nada es como Parece
Para Siempre Conmigo
Solo Dios lo Sabe
Tú haces el Mañana
Un Soplo de Ternura

Libros de Eliana Machado Coelho y Schellida

Corazones sin Destino
El Brillo de la Verdad
El Derecho de Ser Feliz
El Retorno
En el Silencio de las Pasiones
Fuerza para Recomenzar
La Certeza de la Victoria
La Conquista de la Paz
Lecciones que la Vida Ofrece
Más Fuerte que Nunca
Sin Reglas para Amar
Un Diario en el Tiempo
Un Motivo para Vivir

¡Eliana Machado Coelho y Schellida, Romances que cautivan, enseñan, conmueven y pueden cambiar tu vida!

Libros de Mónica de Castro y Leonel

A Pesar de Todo

Con el Amor no se Juega

De Frente con la Verdad

De Todo mi Ser

Deseo

El Precio de Ser Diferente

Gemelas

Giselle, La Amante del Inquisidor

Greta

Hasta que la Vida los Separe

Impulsos del Corazón

Jurema de la Selva

La Actriz

La Fuerza del Destino

Recuerdos que el Viento Trae

Secretos del Alma

Sintiendo en la Propia Piel

Libros de Vera Lúcia Marinzeck de Carvalho y Patricia

Violetas en la Ventana
Viviendo en el Mundo de los Espíritus
La Casa del Escritor
El Vuelo de la Gaviota

Vera Lúcia Marinzeck de Carvalho y Antônio Carlos

Amad a los Enemigos
Esclavo Bernardino
la Roca de los Amantes
Rosa, la tercera víctima fatal
Cautivos y Libertos
La Mansión de la Piedra Torcida
La Casa del Acantilado
La Gruta de las Orquídeas
Ocurrió
Aquellos que Aman

Grandes Éxitos de Zibia Gasparetto

Con más de 20 millones de títulos vendidos, la autora ha contribuido para el fortalecimiento de la literatura espiritualista en el mercado editorial y para la popularización de la espiritualidad. Conozca más éxitos de la escritora.

Romances Dictados por el Espíritu Lucius

La Fuerza de la Vida

La Verdad de cada uno

La vida sabe lo que hace

Ella confió en la vida

Entre el Amor y la Guerra

Esmeralda

Espinas del Tiempo

Lazos Eternos

Nada es por Casualidad

Nadie es de Nadie

El Abogado de Dios

El Mañana a Dios pertenece

El Amor Venció

Encuentro Inesperado

Al borde del destino

El Astuto

El Morro de las Ilusiones

¿Dónde está Teresa?

Por las puertas del Corazón

Cuando la Vida escoge

Cuando llega la Hora

Cuando es necesario volver

Abriéndose para la Vida
Sin miedo de vivir
Solo el amor lo consigue
Todos Somos Inocentes
Todo tiene su precio
Todo valió la pena
Un amor de verdad
Venciendo el pasado

Romances de Arandi Gomes Texeira y el Conde J.W. Rochester

El Condado de Lancaster
El Poder del Amor
El Proceso
La Pulsera de Cleopatra
La Reencarnación de una Reina
Ustedes son dioses

Libros de Vera Kryzhanovskaia y JW Rochester

La Venganza del Judío
La Monja de los Casamientos
La Hija del Hechicero
La Flor del Pantano
La Ira Divina
La Leyenda del Castillo de Montignoso
La Muerte del Planeta
La Noche de San Bartolomé
La Venganza del Judío
Bienaventurados los pobres de espíritu
Cobra Capela
Dolores
Trilogía del Reino de las Sombras
De los Cielos a la Tierra
Episodios de la Vida de Tiberius
Hechizo Infernal
Herculanum
En la Frontera
Naema, la Bruja
En el Castillo de Escocia (Trilogia 2)

Nueva Era
El Elixir de la larga vida
El Faraón Mernephtah
Los Legisladores
Los Magos
El Terrible Fantasma
El Paraíso sin Adán
Romance de una Reina
Luminarias Checas
Narraciones Ocultas
La Monja de los Casamientos

Libros de Elisa Masselli

Siempre existe una razón
Nada queda sin respuesta
La vida está hecha de decisiones
La Misión de cada uno
Es necesario algo más
El Pasado no importa
El Destino en sus manos
Dios estaba con él
Cuando el pasado no pasa
Apenas comenzando

World Spiritist Institute
https://iplogger.org/2R3gV6

www.ingramcontent.com/pod-product-compliance
Lightning Source LLC
La Vergne TN
LVHW041619060526
838200LV00040B/1341